사회적
인간의 본성

국립중앙도서관 출판시도서목록(CIP)

사회적 인간의 본성
= (The) Nature of Social Personality / 이성록 지음.
– 서울 : 다빈치하우스-미디어숲, 2008
  p. ;   cm.

ISBN 978-89-91907-19-5 03330 : ₩20000
331.5-KDC4
306-DDC21   CIP2007003648

사회적
인간의 본성

The Nature of
Social Personality

이성록 지음

미디어숲

지은이 _ 이성록

저자는 경영학과 신학 및 사회복지학을 전공하였으며 자원봉사에 관한 연구로
사회복지학 박사 학위를 취득하였다. 그동안 저자는 자원봉사활동 교육훈련가로서
NGO/ NPO 및 정부기관과 기업 등에서 2,000여 회의 강연을 하였으며,
중앙공무원교육원, 연세대학교 행정대학원, 가톨릭대학교 사회복지대학원,
성균관대학교 사회복지대학원 등에서 지역사회복지론과 자원봉사론을 강의하였다.
현재 국립 한국재활복지대학 교수로 재직하고 있다.

사회적
인간의 본성

초판 1쇄 인쇄 ┃ 2008년 1월 2일
초판 1쇄 발행 ┃ 2008년 1월 7일

지은이 ┃ 이성록

펴낸이 ┃ 김영선
기획·편집·마케팅 ┃ 이교숙
디자인 ┃ (주)다빈치하우스

펴낸곳 ┃ (주)다빈치하우스 - 미디어숲
주소 ┃ 서울시 마포구 합정동 362-5 조현빌딩 2층 (우 121-884)
대표전화 ┃ 02-323-7234
팩스 ┃ 02-323-0253
찍은 곳 ┃ 이산문화사
홈페이지 ┃ www.mfbook.co.kr
출판등록번호 ┃ 제2-2767호

값 20,000원
ISBN 978-89-91907-19-5   03330

책을 펴내면서

동기와 의도

최근 인류사회는 행복과 삶의 질을 추구하면서 인간과 환경에 대한 관심이 증대되고 있으며, 특히 인간의 행복과 안전을 위협하는 빈곤과 질병, 범죄와 폭력, 인권침해, 재난재해 등 비인간적 문제들로부터, 자발적이고 직접적인 참여를 통하여 개개인의 안전을 담보하는 인간안보(human security)에 대한 욕구가 확산되고 있다.

동시에 인간의 욕구가 양적인 측면에서 질적인 측면으로 확장되면서 특히 프로슈머(prosumer)라는 신조어가 등장할 만큼 과거 전문가를 중심으로 하는 일방향의 서비스 생산 및 공급 체계는 소비자들이 참여하는 쌍방향의 체계로 전환되고 있다. 또한 프로튜어(proteur)라는 말이 생겨날 만큼 삶의 질 향상에 전문가 못지않은 시민들의 직접적 참여가 확산되는 경향을 보여주고 있다.

프로슈머와 프로튜어의 시대를 맞이하면서 사회복지, 자원봉사 등 휴먼서비스 분야는 새로운 환경과 욕구에 부응하기 위하여 가치체계와 실천방법의 변화를 모색하고 있다. 이러한 변화의 핵심은 기술적 문제가 아니라 인간 그 자체에 대한 질문으로 방점이 전환되고 있음을 의미한다.

휴먼서비스에 있어서 새로운 환경은 인간에 대한 근원적 이해로부터 출발하는 새로운 접근을 요구한다. 특히 지역사회에서 사회복지 및 자원봉사 실천과정은 다양한 사람들과의 상호작용을 전제하며, 서비스의 질적 수준은 인간에 대한 이해가 더 본질적 요소가 된다. 따라서 이 책은 기본적으로 지역사회복지를 공부하는 학생들과 비영리민간조직(NPNGO)과 지역사회조직(CBO)에서 인간자원 및 조직 관리를 담당하고 있는 관리조정자들의 인간에 대한 이해를 돕기 위하여 쓴 것이다.

지역사회복지와 자원봉사 활동과 관련하여 사회복지사 혹은 관리조정자들이 학습해야 할 실무기술들이 산적해 있는데, 새삼 인간의 본성에 관한 책을 내놓게 된 것은 사회복지와 자원봉사가 근본적으로 가치를 실현하는 학문이라는 점은 물론, 실천현장에서 발견한 몇 가지 문제점 때문이다.

먼저, 현실적으로 많은 경우 자원봉사자 혹은 조직 구성원에 대하여 지나치게 기능적으로 접근하고 있다는 것이다. 즉 자원봉사자 혹은 구성원들이 조직의 목표를 이루는 데 어떻게 기여할 것인지에 집중함으로써 인간을 수단화하는 우(憂)를 범하고 있다는 점이다. 지역사회복지 및 자원봉사 가치를 올바르게 실천하기 위해서는, 기능론적 접근을 최소화하고 존재론적 접근을 강화하여 자기 삶에 대한 주체로서 변화시켜야 한다는 것이다.

동시에 다양한 차원의 속성을 지닌 "사회적 인간"에 대한 이해 부족으로, 휴먼 서비스에 참여하는 구성원들을 미화하거나 지나친 기대를 하고 있다는 것이다. 예컨대 자원봉사는 인간의 사회적 행동 중 가장 이타적 행동 중 하나이지만 그 동기마저 이타적인 것은 아닐 수 있다는 사실을 간과하고 있다는 것이다. 자원봉사 그 자체가 이타적인 것이므로 자원봉사 행위자 역시 오로지 이타적 존재로 가상함으로써, 오히려 바람직한 관계 설정에 실패한다는 것이다.

또한 공동체 개념에 대하여 긍정 편향적 이해를 갖고 있다는 것이다. 많은 사람들이 공동체는 마땅히 추구해야 할 가치이며 미덕이라고 믿는 신화를 갖고 있다. 물론 공동체는 궁극적으로 우리가 추구해야할 미덕이지만 그러나 현실

세계에서, 공동체가 지니는 속성, 즉 개별적 인간의 특성을 몰개성화하는 전체주의적 역기능에 대해서는 간과하고 있다는 것이다.

구성과 내용

인간이란 무엇인가? 사람들은 누구나 자신과 관계를 맺고 있는 사람들의 특징이나 일상적 경험을 통하여 인간에 대한 풍부한 정보를 갖고 있다. 그러나 이러한 인간에 대한 이해는 스스로 학문적 논증을 도출하거나, 그런 논증에 의해 반박될 성질의 것은 아니다.

어차피 학문적 논증도 근원적 해답을 내리지 못하고, 다만 파생적 지식들을 논리적 지형으로 그려내고 있을 뿐 아니던가! 따라서 이 책은 새로운 논리를 통하여 기존의 지식을 확장하려는 것이 아니라, 이미 알고 있는 지식들을 실천적 필요에 따라 논리적 지형도를 그려보는 데 본연의 의미가 있다.

인간이 사회적 존재라는 것을 부인할 사람은 없을 것이다. 인간은 타자로부터 도피할 수 없는 존재이며 타자와의 관계 속에 존재하는 사회적 실존이기 때문이다. 관계함으로써 존재하는 인간 실존은 타자 지향적이면서도 자기지향적인, 자기 지향적이면서도 타자 지향적인 이중적 속성을 가진 존재이다. 이 책에서 사회적 인간은 곧 이중적 인간으로 파악된다.

인간의 본성에 대한 탐색으로서는 지극히 제한적이지만 인문학적 주제를 사회과학적 관점에서 다루고자 했다. 제호를 "사회적 인간의 본성"이라 했으니 철학적 논증을 목적으로 하지 않으며 동시에 사회학적 인간관을 다루는 것도 아니다. 철학, 사회학, 심리학 등의 학문적 경계를 넘나들며 사회적 실존으로서 인간의 현실을 탐색하였다.

제1장 대화적 인간에서는 부버와 사르트르, 레비나스, 피카르트 등의 시각을 통하여 타자와의 관계를 탐색하였다. 제2장 감정적 인간에서는 포이에르바흐, 막스셸러 등의 감정 윤리학을 탐색하고, 비영리민간조직의 측면에서 호츠쉴드 등의 감정관리와 감정노동에 대한 관점을 다루었다. 제3장 이기적 인간에서는 홉스와 다렌도르프, 호스퍼스, 아담 스미스 등의 관점에서 인간의 이기적 본성을 탐색하고, 합리적 속성으로서 자율성과 자발성에 대하여 분석하였다. 제4장 길항적 인간에서는 알포트 등의 관점을 통하여 공감과 편견, 동조와 일탈, 경쟁과 협동이라는 상대적 개념을 통하여 인간의 속성을 분석하였다. 제5장 집합적 인간에서는 짐바르도, 라인홀드 니부어, 칼 융 등의 관점을 통하여 익명성의 인간이 지니는 이중성이 집단 속에서 드러내는 비극 등에 관하여 분석하였다.

회고와 감사

세월이 빠르다더니 참으로 그런 것 같다. 어느새 자원봉사 실천과 연구에 참여한 지 만 20년이 되었다. 이립(而立)의 청년이 흰머리 성성한 지천명(知天命)의 고개에 올랐다. 돌아보면 지난 20년 동안 자원봉사와 사회복지를 한답시고 참으로 많은 분들로부터 사랑을 받고 은혜를 입었다. 고(故) 윤혜승 박사님, 고(故) 김영원 장로님을 비롯하여 20년 전 대구자원봉사센터를 설립할 때부터 지지해 주신 김진홍 목사님의 사랑을 잊을 수 없다.

또한 초기부터 지금까지 대구자원봉사센터를 발전시켜온 전석복지재단 여운재 이사장님을 비롯하여, 박은수 변호사님 · 박승영 · 이수창 · 김용환 선생님 · 윤욱 · 양재섭 · 문성학 교수님 · 이철상 박사님 · 이해윤 사장님 등과의 동역은 평생 잊을 수 없는 은혜이다. 그리고 함께 청춘을 불태웠던 이성도 · 박은득 · 이헌록 · 이길락 · 배재송 등 초대 간사들과 최정범 · 강미경 · 김남희 · 정연욱 · 노기봉 · 윤순화 · 김명수 간사 등등의 얼굴은 잊을 수 없다. 그리고 늘 뜻을 함께 해 준 장기수 · 임제동 · 김준목 · 방성수 · 도광조 · 정규진 · 이종훈 위원 등등의 얼굴이 파노라마처럼 스쳐가며 그 때의 감동을 불러 일으킨다.

대구자원봉사센터 20주년을 맞이하여 이름을 기억하지 못하는 분들께도 잊지 않고 감사의 말씀을 올리며 뜻을 함께 나누었던 모든 분들께 미욱하고 미흡한 이 책이나마 감사하는 마음으로 헌정한다.

2007. 11. 30 이 성 록

society21@hanmail.net

대구자원봉사센터 창립 20주년을 맞이하여 이 책을 헌정합니다.

추천의 말씀

〈갈등관리론〉에 연이어 이성록 교수가 다시 좋은 책을 출간하였습니다. 이 책은 사회적 인간의 본성을 파고드는 깊이가 있는 책으로 건강한 인간이해를 심도 있게 다루고 있습니다. 나는 이 책이 출간되기 전에 원고를 먼저 읽으며 '우리 사회에 꼭 있어야 할 책이 나오게 되었구나!' 하는 생각을 하였었습니다. 이렇게 좋은 내용을 갖춘 책들을 집필하여 출간하는 이성록 교수의 정열과 정성에 찬사를 보내는 바입니다.

"인간이 무엇인가?"에 대한 질문은 인간의 역사만큼이나 오래된 질문입니다. 그리고 이 질문만큼이나 정답이 없는 질문도 없을 것입니다. 이 책의 저자는 책 속에서 여러 가지 인간에 대한 이해를 골고루 소개하면서 인간 본성에 대한 질문을 펼쳐나가고 있습니다. 그래서 읽는 사람들이 스스로 인간에 대하여 생각하고, 고민하도록 이끌어 줍니다.

사람이 사람답게 살아감에 꼭 있어야 할 것이 인간에 대한 올바른 이해입니다. 오늘날 우리 사회가 혼란에 혼란을 거듭하고 있는 이유들 중의 하나가 인간 본성에 대한 올바른 성찰이 없기 때문일 것입니다 그런 점에서 이 책은 우리들에게 인간을 올바로 이해함에 있어 좋은 길잡이가 될 것입니다.

인간이 인간답게 살아감에 있어 더불어 살아가는 사회적 인간의 모습이 왜 중요한지를 이 책은 구체적으로 설명해 줍니다. 너 나 할 것 없이 우리 모두가 인간다운 삶을 누리려면 더불어 살아가는 사회성을 소중히 하여야 합니다. 그렇게 하지 않고서는 인간은 행복을 누릴 수가 없게 됩니다. 사회적 삶이 인간의 본래의 모습이기 때문입니다. 이 책은 그 점을 여러 자료들을 통하여 자세하게 일러 주고 있습니다. 바라는 것은 많은 독자들이 이 책을 읽고 인간답게 살아가는 길을 체득함에 큰 도움이 되기를 바라며 추천의 글을 보냅니다.

2007년 10월 17일
두레공동체 대표 김 진 홍

사회적 인간의 본성
The Nature of Social Personality

차 례

사회적 인간의 본성

1장 대화적 인간

> 인간이란 무엇인가? 무엇보다 인간은 끊임없이 자신의 존재에 대하여 질문하는 존재이다. 인류의 사색을 망라한 모든 철학은 인간의 자기이해, 곧 인간의 얼굴을 그려보려는 시도였다. 소크라테스는 "너 자신을 알라!"는 명제를 남겼지만 그것은 곧 "나는 타자에게 어떤 존재인가?" 그리고 "타자는 나에게 과연 무엇인가?"라는 질문으로 귀결된다.

1. 질문하는 존재

1)질문의 의미

우리 인간은 살아가면서 수많은 질문을 던지며 살아간다. 질문들 중에는 즉각적으로 답을 얻을 수 있는 질문도 있고, 답을 얻는데 긴 시간이 필요한 질문도 있으며, 영원히 답을 얻지 못할 질문도 있다. 그러나 질문은 어떤 상황에서건 다른 방향, 새로운 방법을 찾아내고, 한계를 새롭게 규정하며 불가능을 가능으로 만들어 낸다. 낡고 고루한 문제는 새로운 것으로 재탄생시킨다. 어떤 대답을 얻느냐는 어떤 질문을 했느냐에 달려 있다. 바른 질문만이 바른 답을 가져온다. 인생을 만들어가는 데 있어서 우리가

당신의 기억에 남아 있는 질문들 중에서 가장 먼저 했던 질문이 무엇인가? 기억하고 있는 첫 질문은 그 사람의 성향을 파악하는데 단서가 될 수 있다. 필자의 첫 질문은 "우리 엄마는 누구예요?"로 기억된다. 너는 다리 밑에서 주워왔다는 어른들의 농담을 심각하게 생각했던 것이다. 그래서일까? 5살 때부터 가출을 시작하였다. 필자의 아내가 기억하는 첫 질문은 "내 인형 어디 있어?"였다고 말한다. 그래서인지 아내는 매우 현실적인 성향을 갖고 있다. 한 후배는 첫 질문을 "엄마 언제와요?"로 기억한다. 그는 사람에 대한 집착이 매우 강하다.

던지는 질문만큼 중요한 요소는 없다.

의미 있는 질문은 세상과 사람을 변화시키고 성숙하게 만든다. 고정관념을 깨뜨리고 편견을 줄이는 길은 단 하나밖에 없다. 질문하는 일이다. 늙지 않는 비법도 질문에 있다. 끊임없는 호기심이 젊음을 가져다준다. 왜 살아야 하는가에 대한 성찰 없이 제대로 살기는 어렵다.

아이들은 외부환경에 대하여 질문을 하면서 인격을 형성하고 성인은 내면에 대한 질문을 통하여 인격이 성숙된다. "나는 누구인가"와 같은 가장 근원적인 인생에 대한 질문은 자기성찰을 통하여 새로운 인생으로 거듭나게 한다. 길거리로 밀려난 노숙자도, 절망적인 마약중독자도 자신의 인생에 대하여 스스로 질문을 함으로써 새 삶을 찾게 된다. 일명 '클레멘트 코스(Clement course)' 이다.

클레멘트 코스는 미국의 작가 얼 쇼리스(Earl Shorris) [1]가 1995년 노숙자, 빈민, 마약중독자 등을 대상으로 클레멘트 기념관에서 인문학 교육을 무료로 실시한 것이 그 효시이다. 밑바닥 인생을 살고 있는 소외계층에게 정작 필요한 것은 무료급식이나 당장 취직하기 위한 기술이 아니라 자기정체성과 존재에 대한 질문을 통하여 자기존중의식과 자립의지를 일깨우는 성찰학습이 더 중요하다는 것이 쇼리스의 생각이었다.

클레멘트 코스는 현재 북미 호주 아시아 3개 대륙 5개 도시에서 53개 코스가 운영된다. 지난 11년간 전 세계에서 빈민 4000여 명이 코스를 졸업했고 최근엔 한해 신입생이 1200여 명에 이른다. 국내에서도 2005년 노숙자 다시서기 지원센터와 성공회대학교가 공동으로 '성 프란시스 인문학강좌' 라는 한국형 클레멘트 코스를 처음 열었다. 강좌를 수료한 노숙자들은 모두 노숙생활을 청산했고 일부는 취업해 전혀 다른 인생을 살아가는 등의 성과를 거뒀다고 한다. 자신의 인생에 대하여 질문하게 하는 클레멘트 코스는 노숙자에게만 필요한 것이 아니라 모두를 위해 필요하다.

얼 쇼리스(Earl Shorris)

인간은 질문하는 존재이다. 그러나 우리는 질문을 하지 않는다. 뿐만 아니라 질문하는 것을 가로 막기도 한다. 필자는 질문을 많이 하였다. 학창시절 수업 시간에 교수가 도무지 이해되지 않는 말을 하기에 손을 들고 질문을 했다. 내용은 기억이 나지 않지만 꽤 도전적인 내용이었던 것 같다. 그런데 그 교수는 질문에 대해 답을 주기는커녕 수업 흐름을 방해한다며 오히려 야단을 쳤다. 게다가 질문을 많이 하였더니 학과회의에서 수업 진도에 지장을 주니 아무개는 질문 좀 그만하라고 결의해 버렸다. 물론 마음의 상처를 크게 받았고 학업에 흥미를 잃고 말았다.

지금은 선생이 된 필자는 학생들에게 강의 중간에라도 언제든지 질문하라고 수업 시간마다 얘기한다. 그런데 학생들은 거의 질문을 하지 않는다. 그래서 "모두 이해했느냐?"고 물어보면 고개를 젓는다. 그런데 왜 질문하지 않느냐고 물었더니, 한 학생이 "뭘 알아야 질문을 하지요?" 라고 말했다. "뭘 알면 왜 질문하겠는가? 모르니까 질문하라는 것 아닌가!" 라고

---

1) Earl Shorris: 소외계층을 위한 칼리지 수준의 인문학 교육 과정인 '클레멘트 코스' 의 창설자이자 자문위원회 위원장. 미국 시카고 대학을 졸업했고 1972년부터 미국 잡지 '하퍼스 매거진' 의 편집자를 지냈다. '위대한 정신의 종말' '라티노스: 인민들의 자서전' '가난한 이들을 위한 보물: 클레멘트 코스의 인문학' 등의 저서가 있다.

말했지만 나중에 생각해 보니 질문은 반드시 뭘 몰라야만 하는 것이 아니었다. 질문하고 대답하는 행위를 통해서 얻는 지식도 중요하지만 사실은 질문을 하고 대답을 찾아가는 과정에서 형성되는 인간적 소통과 관계가 더 중요하다는 것을 깨달았기 때문이다.

인간은 질문을 통하여 대화하고 관계를 확장해 나간다. 그러나 모든 인간이 자기에 대해 근본적인 질문을 제기하거나 추구하지 않는다. 모든 사람들은 제각기 나름대로의 인생관과 자기이해를 가지고 있으며, 거기에 근거하여 인생을 영위한다. 그러나 질문을 통하여 검증되지 않은 자기이해는 그의 인생에 큰 불행과 파멸을 초래할 수도 있다. 그러므로 인간관을 점검하고 확립하는 절차가 필요하다.

질문에도 질(質)이 있다. 외부 환경에 대한 질문보다 높은 수준의 질문은 자기 내부에 대한 질문이다. 사람이 세상에 태어나 성장하면서 먼저 자기보다는 자기 주변에 먼저 눈길을 돌리게 된다. "엄마, 내가 누구예요?"라고 묻는 아이는 없다. 대신에 아이는 "엄마, 저게 뭐예요?"라며 이 세계에 대해 끊임없이 묻는다. 그러다가 청소년기에 이르면 비로소 "나는 누구인가?"라는 질문을 하게 된다. 이처럼 사람은 먼저 자기 외부 세계를 알려고 하고, 그 다음 자기 내면세계인 자아의 존재에 눈뜨게 되면서 점차 성숙한 인격으로 성장하게 되는 것이다.

인간은 주어진 정체성과 획득한 정체성 사이에서 갈등하는 존재이다. 또한 누구나 살아가는 동안 무수히 많은 모순과 곤란에 직면한다. 단기적인 해결책은 요령이며 중장기적인 해결책은 문제해결 방법이지만 근본적인 답은 본질적 질문과 자기성찰에 있다. 나는 질문하는 인간인가? 회피

하는 인간인가? 나는 누구인가? 왜 사는가? 삶이란 무엇인가? 인간의 질문 중에 가장 근원적인 것은 인간본성에 관한 것이다. 인간은 자신의 근원에 대하여 질문하고, 관계에 대하여 질문함으로써 인격이라는 것을 비로소 갖게 된다.

자신의 내면세계를 깊이 응시하는 사람은, "인간은 대화적 존재이며 만남은 본원적이며, 참된 모든 삶은 만남" 이라는 사실을 깨닫는다. 이것을 아직 깨닫지 못하거나 거부하는 사람은 무명에 휩싸여 있거나 독단론적 근본주의자일 뿐이다. 대화를 한다는 것은 인간을 사회적 정치적 존재로 동일시하는 존재, 사회의식을 가진 존재로 발전시킨다. 나와 너의 대화적인 관계에서, 서로가 자신을 확인 받고, 본원적 만남을 통해서 존재를 실현한다.

그런데 만남은 어차피 '나' 와 다른 실재와의 만남을 전제하며, '나' 와 다르기 때문에 만남은 의미 있고, 다르기 때문에 '나' 를 새롭게 하며, '나' 와 다른 것과의 만남이 있기에 '나' 는 창조적으로 변하면서 풍요로워지며, '나' 의 정체성은 더욱더 돈독해지고 깊어짐을 알게 된다. 만남은 상이한 체험들의 나눔을 통해서 서로 새로운 체험을 낳고 '나' 를 비춰보는 거울이 되고, 새로운 견해와 관점과 체험들은 '나' 의 이전 것들과 낯설고 다른 그대로 내 안에서 '나' 를 더 풍요롭게 하는 구성요소가 되는 것이다.

마음, 마음아!

열 길 우물 속은 알아도 한 길 사람 속은 모른다고 했던가! 타자의 마음은커녕 내 자신의 마음조차 알 수 없다. 사람의 마음은 바람에 날리는 갈대와 같이 변덕스러워 금방 잡아먹기라도 할 것처럼 으르렁대다가도 어느새 손잡고 죽고 못 사는 사이가 되는가 하면, 입안의 것을 내줄 듯하던 사이가 갑자기 살부지수(殺父之讐)인양 변해 버린다. 화장실 갈 때 마음과 올 때 마음이 다르고 때로는 찌질이가 되기도 하고 영웅이 되기도 한다. 그래서 일찍이 달마대사는 "마음, 마음 마음아 알 수 없구나! 너그러울 때는 온 바다를 받아들이면서 한 순간 옹졸해지니 바늘하나 꽂을 곳이 없구나!" 하지 않았던가!

사람의 마음은 바다와 같이 한없이 너그러울 수도 있으나 한 순간 옹졸해지면 바늘 하나 꽂을 수도 없게 된다는 것은 우리에게 절망이다. 그러나 반대로 옹졸한 마음도 되돌리기만 하면 바다와 같이 너그러운 마음이 될 수도 있다는 것은 우리에게 희망이다. 그러고 보면 우리 마음속엔 희망과 절망이 함께 있으니 모든 것이 결국 '마음먹기'에 달려 있다. 돌이켜 보면 사람의 마음은 마치 구정물통 같다. 구정물통을 들여다보면 고요할 땐 맑은 듯하지만, 휘저으면 밑바닥의 온갖 찌꺼기들이 소용돌이치며 추한 모습을 드러내고 만다. 우리들 마음속에도 온갖 욕망의 찌꺼기들로 가득하다. 떠오르려는 온갖 욕망들을 애써 가라앉히고 살아가지만, 예기치 못한 일들이 마음을 휘저어 놓으면 그 순간 추한 모습을 드러내고 만다. 이는 곧 불행을 의미한다. 그래서 사람들은 불행하지 않기 위해, 비록 예기치 못한 일이 마음을 휘저을지라도 평정지심을 잃지 않기를 원한다. 그러자면 어떻게 해야 할까? 어떤 시인은 가슴에 시 한 편, 그림 한 점, 악기 하나쯤 걸어두고 살자고 하지만 과연 그것으로 남루한 일상에서 벗어나 아무리 휘저어도 추한 모습 드러내지 않을 수 있을까? 그러나 인생은 어차피 남루한 것 아니던가! 구정물통 같은 존재이기에, 차라리 자신의 못난 모습을 드러낼 수 있는 진솔함이야말로 진정 남루한 일상을 극복할 수 있지 않겠는가! 언젠가 친구는 나에게 지기 위해 애써 본적이 있느냐고 물었다. 그리고 평범하기 위해 노력해 본 적이 있느냐고 묻기도 했다. 진다는 것, 평범하다는 것이 모두 제 자신의 추함을 인정하는 것일진대 대개는 자신의 추함을 깊이깊이 감추기에 급급하고 한편으로는 다른 이의 마음을 휘저어버리려 한다.

결국은 허접하고 남루한 제 인생을 스스로 드러낼 때 우리는 서로를 받아들일 수 있다. 그러나 자신을 드러내기 위해 그 얼마나 애써야 할 것인가! 또한 다른 이를 받아들이기에 또 얼마나 노력해야 할 것인가! 그래도 이 가을엔 모두 노력해 보자. 올 가을엔 기도하고 시를 읽고 아름다운 그림을 보면서 자신의 부족함을 느껴보자. 단풍이 물들고 낙엽이 떨어지기 시작하면 생각 또한 깊어질 테니 서로에게 허물을 드러내 보자. "허물없는 자 있으리오. 고치는 자 착하도다!" 진솔하게 드러내고 애써 마음 고쳐먹자. 열 길 우물 속은 몰라도 한 길 사람 속을 안다면 그게 행복 아니겠는가!

2)인간에 대한 질문

WHO
ARE
YOU?

사람들은 풀기 어려운 갈등이나 딜레마에 처하면 흔히 나도 모르겠다는 말을 내뱉는다. 자신이 모르면 누가 아는가? 부모자식 간에도 오랜 친구 간에도 서로를 몰라준다고 야속해 하고 갈등을 빚는다. 언젠가 김수환 추기경은 사람들은 서울역 가는 길을 물으면 친절하게 가르쳐 주지만 인생이 무어냐 물으면 화부터 낸다고 하였다. 모르는 것을, 그러나 당연히 알아야 하는 것을 물었기 때문이다.

(1)근원적 질문

인간에 대해 연구하는 많은 학문이 있으며, 제각기 인간에 대한 이해를 제시하고 있다. 그러나 이러한 인간관들은 인간의 일부 혹은 일면을 관찰하고 있을 뿐 종합적이고 본질적인 인간이해에 이를 수 없다. 왜냐하면, 그 분야의 제한성이 있을 뿐 아니라, 인간을 존재하게 만든 타자에의 이해가 없기 때문이다.

인류의 가장 오래 되고 영원한 숙제는 "인간의 본성은 무엇인가?" 이다. 결국 이 질문은 인간 밖, 곧 창조주에게 묻는 것이 아니라 인간에게 인간을 어떻게 보아야 할 것인가를 묻는 것이다. 곧 인간의 인간에 대한 관점이다. 관점은 인간을 보다 잘 이해하기 위한 하나의 방법이지만 매우 다양한 것이기도 하다.

인간관에는 인간의 본질에 관한 해석으로서 철학적 인간관, 인간의 행동을 보고 해석을 하는 사회심리학적 인간관 등이 있다. 철학은 인간과 세계의 근본원리를 탐구하는 것이라면 사회심리학은 인간의 사회적 행동의 특성을 탐구하는 학문이다. 이 장에서는 인간에 대한 철학적 질문을

통하여 사회심리학적 인간 이해를 모색하도록 한다.

모든 학문의 근원적인 질문은 "인간이란 무엇인가?"이다. 이 질문은 인류의 역사만큼 오래된 것이지만, 반복되는 질문과 대답 과정에서 인간은 스스로 오류에 빠지지 않을 수 없었다. 첫째 오류는 인간은 자기 자신도 자신을 다 알지 못한다는 점이다. 만일 누군가 "나는 내 자신을 다 안다!"고 한다면 그 사람은 신의 경지에 이른 도인이거나 아니면 과대망상에 사로잡힌 정신병자일 것이다. 그렇다면 나도 나를 모르는데 어찌 너를 알 수 있겠는가!

둘째 한계는 인간의 본성에 대한 질문에 답하는 자가 곧 질문자라는 점이다. 자기 자신에 대해서도 부분적으로 밖에 알지 못하면서 인간에 대해 자문자답하는 오류에 빠져 있는 것이다. 따라서 해답은 완전한 것이 못되고 편린(片鱗)에 불과하며, 질문 역시 관심영역 내에서 부분적으로 이루어지고 있어 해답이 전체적이지 못하므로 편견(偏見)에 빠질 수밖에 없는 것이다.

(2)파생적 질문

일찍이 니체는 "인간이란 아직도 확정되지 못한 인간"이라고 했다. 그러나 인간은 '아직도' 확정지을 수 없는 존재일 뿐만 아니라, '앞으로도' 확정지을 수 없는 존재이다. 철학적 측면에서 인간은 '스스로 존재(I am that I am)'하는 존재(Being itself)가 아니라 '되어지는 존재(I am that I becoming)'로서 실존(existence)이다.[2] 따라서 실존적 인간이해에 있어서는 '나섬의 존재' 곧 새로운 자기 가능성을 창조하는 과정으로 이해

된다.[3)]

이는 곧 인간을 명백하게 규정할 본질이란 없다
는 것이므로 "인간이란 무엇인가?" 에 대한 질문은
불가능해진다. 순수 사유주체로서 인간에 대한 질
문은 행위 하는 존재라는 것을 전제하지 않는 한 사
실상 공허한 것이다. 결국 인간 본성에 관한 질문은
인간의 근원적 본질에서 파생적 성질 곧 '인간적'

프리드리히 니체

혹은 '비인간적' 이라는 정체성에 대한 질문으로 대체되고, '행위주체로
서 인간의 본성은 선한가? 아니면 악한가?' 라는 인성론이 제기된다.

이에 관한 논쟁은 수 세기 동안 활발하게 진행되어 왔다. 맹자의 성선
설(性善說)[4)]과 순자의 성악설(性惡說)[5)]이 그 대표적인 논쟁이다. 성선설을
주창한 맹자는 사람들이 모두 선한 성(性)을 타고나지만 모두 선한 사람이
되지 못하고 인의예지(仁義禮智)의 4덕(德)을 이루지 못하는 것은, 사람의
본성에 차별이 있어서가 아니라 선의 실마리를 힘껏 배양하고 확충하지
않은 결과라고 보고, 군자는 그것을 보존하고 발전시키는 반면 소인은 보
존하지 못하고 상실한다는 하였다.

한편 성악설을 주창한 순자(荀子)는 사람의 인성은 비록 악하지만 후천
적 노력에 의하여 선한 방향으로 바꿀 수 있다고 보았다. 또한 이러한 능력

---

2) 실존(existence)이라는 말은 본래 'existentia' 에서 유래하였다. 이는 'ex(밖에)' 'sistere(선다)'
   의 합성어이다.
3) 송기득, 1984, 인간, 한국신학연구소.
4) 중용(中庸)에서 '천명을 성이라 이른다' (天命之謂性)고 하여 성은 하늘이 사람에게 부여한 것,
   사람이 날 때부터 갖추고 있는 것으로 규정했는데, 맹자는 이것을 선이라고 본 것이다. 그는 그
   근거로 사람이 누구나 남의 불행을 차마 내버려두지 못하는 마음(不忍人之心)을 가지고 있다
   는 점을 들고 이로부터 4단(四端)과 4덕(四德)을 이끌어낸다. 측은지심(惻隱之心)은 인(仁)의
   실마리이고, 수오지심(羞惡之心)은 의(義)의 실마리이며, 사양지심(辭讓之心)은 예(禮)의 실
   마리이고, 시비지심(是非之心)은 지(智)의 실마리가 된다는 것이다.

토마스 홉스

은 누구에게나 갖추어져 있는 것이기 때문에 그것을 모두 발휘할 수만 있다면 평범한 사람도 성인이 될 수 있다는 것이다. 따라서 그는 인성이 형성되는 사회적 조건에 주목했고 교육의 효과를 강조했다.

서구에서도 이러한 논쟁이 진행되었다. 토마스 홉스(Thomas Hobbes)는 "만인의 만인에 대한 투쟁"이라는 명제와 함께 경쟁(competition), 방어(diffidence), 명성(glory) 등 인간의 본성에 내포된 3가지 분쟁의 원인을 제기하였다.[6] 첫째, 인간으로 하여금 목표물을 얻기 위하여 투쟁하게 만들고 둘째, 그들을 방어하기 위하여, 셋째 명성을 구하여 투쟁하는 것이다. 홉스에 따르면 인간이란 본질적으로 이기적 존재자이며 자기보존을 위해서 욕망을 무한히 추구해가는 존재자이다. 욕망을 갖지 않는 인간이란 곧 죽은 인간을 의미한다. 따라서 계약에 의한 사회상태 외에는 항상 모든 사람에 대한 모든 사람의 투쟁이 존재한다. 즉 인간이 그들 모두를 두렵게 하는 '공통의 힘'이 없는 상태에 있다면 투쟁의 상태에 있으며, 그러한 투쟁은 만인의 만인에 대한 투쟁인 것이다.

한편 루소(Jean Jacque Rousseau)는 홉스의 인간관을 직접적으로 비판하면서 새로운 인간상을 제시한다. 그는 자신의 욕망에만 골몰하는 인간의 모습보다는 동료 혹은 타인의 아픔과 불행을 함께 나누고자 하는 인간의

---

5) 사람의 타고난 본성은 누구나 이익을 좋아하고 손해를 싫어하며, 좋은 목소리와 예쁜 용모를 탐하는 성향이 있기 때문에 만일 사람이 있는 그대로의 본성에 따르고 그의 욕구에 따라간다면, 반드시 다툼이 일어나고 사회 질서가 어지러워져 혼란을 초래하게 될 것이다. 그러므로 반드시 스승이 있어 법으로 교화하고 예로 인도한 뒤에야 사양하는 데로 나가고 예(禮)의 세세한 조리에 합당하게 되어 천하는 질서 있게 된다는 것이다.

6) 토마스 홉스, 1994, 리바이어던, 한승조 역, 삼성출판사, pp. 231-232.

모습을 강조한다. 인간은 천성적으로 선한데 사
회와 문명이 인간을 사악하게 만들었다는 입장
을 취한다. 모든 것은 조물주의 손으로부터 나
올 때는 더할 나위 없이 선하나 인간의 손에 들
어오면 모든 것이 타락하고 말았다면서 인간의
자연성을 강조 하였다.

장 자크 루소

(3)불가한 대답

까마귀 무리 속에 흰 비둘기를 넣는다. 비둘기는 선망과 질투를 한 몸
에 받다가 결국 까마귀들의 부리에 찢겨나간다. 붉은 살덩어리로 전락한
비둘기와 피 묻은 부리를 보며 까마귀들은 자신의 추악함을 발견한다. 순
수한 존재의 추락은 그동안 까마귀들이 몸에 둘렀던 위선이라는 가면을
빼앗는다. 진실을 목도하고 그동안 가려왔던 패악에 대해 괴로워하게 될
것이다. 비극은 잠시 세상을 변화시킬 것이다. 그러나 그래왔듯이 세상은
또 다시 희생양을 필요로 한다. 이 세상은 얼마나 더 큰 비극을 경험해야
근본적으로 변할 수 있는 것일까.

과연 인간은 선한 존재인가 아니면 악한 존재인가? 대답은 불가능하다.
다만 군이 답을 한다면 "그 때 그 때 달라요"가 아닐까? 한 가지 분명한 사
실은 인간은 선한 측면과 악한 측면을 동시에 지니고 있다는 것이다. 결국
인간 본성에 관한 대조적 사유는 모두, 현실적으로 인간이 모순과 갈등 속
에 살고 있음을 전제한다. 우리 인간은 그 본성이 악하든 선하든 간에 대
조적인 삶을 살고 있다. 인간처럼 다양한 얼굴을 가진 존재는 없다. 인류
의 사색을 망라한 모든 철학은 인간의 자기이해, 곧 인간의 얼굴을 그려보
려는 시도였다. 이러한 시도는 사실상 자기 자신을 바라보는 시각이다.

도그빌

록키산맥 자락에 도그빌(Dogville)이라는 작은 마을이 있었다. 창백한 얼굴의 미인 그레이스가 갱들에게 쫓겨 이 마을로 숨어 들어온다. 그레이스는 청소, 애 봐주기, 채소 가꾸기 등 자신이 할 수 있는 일을 찾아서 하며 평온함이 깨질까 경계하는 마을 사람들의 마음을 열게 한다. 그런데 어느 날 마을에 경찰이 들이닥쳐 그레이스를 찾는 포스터를 붙인다. 사람들은 숨겨주는 대가로 그레이스에게 노동착취를 하고 성폭력을 일삼아 그녀와 마을 사람들의 관계는 친구에서 노예로 변해간다. 도망에 실패한 그녀에겐 쇠사슬의 개목걸이가 채워진다. 영화는 가공할 응징으로 결말이 난다. 그레이스의 아버지가 이끄는 마피아들이 들이닥쳐 신의 응징처럼 마을을 기관총으로 쑥대밭을 만든다. 아이들까지야 하는 상식조차도 허용되시 않았다. 도그빌에서 딘 하나 살아남은 생명체는 '모세'라는 이름의 개 한 마리뿐이었다.

라스 폰 트리에(Lars Von Trier) 감독의 〈도그빌〉이라는 영화의 줄거리이다. 2003년 제56회 칸느영화제에서 최고의 화제작이었던 이 영화는 사람의 선의가 어떻게 악의로 바뀌어 가는지 그리하여 마침내 인과응보를 치러야만 했던 마을 사람들과 이방인의 관계를 보여준다. 초대받지 않은 한 여인의 방문으로 인해 겉으로는 평온하기만 했던 한 공동체와 사람들에게 잠재되어 있던 추악함과 위선을 낱낱이 까발려진다.

라스 폰 트리에 감독은 어떤 작은 외부적 계기만으로도, 본색을 드러내고 양심이 무디어지는 과정을 통하여 과연 인간이 선과 악의 판단을 제대로 할 수 있는 존재인지, 자유와 평등이란 개념 자체가 얼마나 허약해질 수 있는 것인지 등을 잔인하고 냉혹하게 증명해 보여준다.

마을의 똥개 '모세'가 살아남는 장면은 참으로 인상적이다. 개는 개의 본능에 충실할 뿐, 선악을 모른다. 선과 악이란 가치와 도덕윤리는 철저히 인간적인 산물이다. 자유의지 혹은 선택이란 주사위로 끊임없이 선악을 구별하고, 도덕에 맞춰 같이 살아야 하는 게 인간이지만, 그 밑바탕에는 '모든 사람은 모든 사람에 대해 늑대'이며, '본능적 이기심'이라는 의식이 또아리 틀고 있는 것이다.

그래서 처음에는 선의를 베풀고 차별과 폭력을 주저하던 마을사람들이 점차 별다른 죄의식 없이 노동착취와 성적 유린을 일삼는다. 라스 폰 트리에 감독은 선인의 대책 없는 수난과 인간의 비열한 폭력성을 적나라하게 보여주면서 우리들에게 거의 고문 수준의 질문을 던진다. 이런 인간의 이기심과 폭력적인 본색에도 불구하고 넌 정말 네 이웃을 사랑한다고, 사람들을 신뢰한다고 얘기할 수 있느냐? 너는 어떤 부류인가?

인간은 선과 악이 한 몸에 깃든 이중적 존재이다. 그렇다면 선과 악을 선택할 수 있는 존재인가? 그렇다면 선과 악은 분리될 수 있는가? 그렇다면 선은 악을 이길 수 있는가? 끊임없이 되풀이되는 질문에 부응하여 로버트 L.스티븐슨은 「지킬박사와 하이드」에서 인간의 이중성을 극단적으로 부각시키며, 선과 악의 분리라는 특단의 조치를 시도한다.

도덕적이고 양심 있는 의사 지킬 박사는 정신병으로 고통 받는 사람들을 치료하기 위해 "선과 악을 분리하는 약물"을 개발하지만 동료들의 반대로 결국은 자신에게 약물을 투여한다. 약물은 성공적으로 선과 악을 분리해 낸다. 하지만 지킬박사는 간과한 점이 있어 보인다. 자기 내면에서 '악'이 더 강할지도 모른다는 사실 말이다. 지킬박사는 착함이 악함을 컨트롤하거나 없애버릴 수 있다는 전제 하에서 약물을 만들어 내지만 결국 악의 결정체인 하이드에 의해 끌려 다니는 형국이 되고 만다.

선과 악은 분리될 수 있는가? 그리고 자유의지에 따라 선과 악을 선택할 수 있는가? 대답은 불가하다는 것이다. 인간은 선과 악이 한 몸에 깃든 존재이므로 인간의 본성에서 선과 악은 근본적으로 분리할 수 없는 것이다. 그래서 개인은 선하나 사회가 악한 것으로 그 대답에 갈음한다.[7] 개인으로서는 양심적이고 이성적일 수도 있다. 그래서 자기를 도덕적이 되게 할 수 있다. 그러나 사회 집단은 그렇지 않다는 것이다.

그러면 선량한 개인들이 모인 사회가 어떻게 악할 수 있는가? 모순이다.[8] 하지만 그러한 모순된 사회가 우리의 진면목이다. 인간은 선하면서도 악한 존재이기 때문이다. 다만 인간은 선과 악을 동시에 지닌 존재이므

---

7) Niebuhr, Reinhold., Moral Man and Immoral Society; A Study in Ethics and Politics, 이한우 역, 1998. pp.61~65.
8) 이 책 제5장에서 이 문제를 구체적으로 다룬다.

로 공생의 가능성도, 공멸의 가능성도 함께 갖고 있다. 따라서 공생하고자 하는 욕구를 지닌 인간들은 결국 공생의 기치를 걸어 공동선을 만들어낸다. 즉 인간에 대한 근원적 질문은 집단의 몰개성화를 극복하고 인격이 반영된 사회를 추구함으로써 공동선을 모색하게 한다.

3)공동선의 모색

다수의 인간은 내재된 선악의 양면성을 자각하고 공멸을 두려워하고 공존을 그리워한다. 따라서 순수사유의 주체로서의 인간본성에 대한 질문은 행위주체로서 인간본성에 대한 질문으로 대체된다.

사유주체로서의 인간에 대한 질문은 행위 하는 존재라는 것을 전제하지 않는 한 사실상 공허하기 때문이다. 행위주체로서 인간에 대한 질문은 고립적이고 독립적인 사적 자아를 넘어 서서 외부세계 및 공동체와의 공적으로 관계 맺는 인간관을 지지해 준다. 개인은 사회를 필요로 하고 사회는 개인을 필요로 한다.

따라서 사회구조와 행위주체의 역할은 서로를 배제하지 않는다. 개인은 오로지 자기 속에서 침잠하여 살아갈 수도 없고, 그렇다고 사회 속에서 자기를 해체하고 살아갈 수도 없다. 행위자는 사회구조를 인지함으로써 자신의 욕구를 조절하는 한편, 동시에 자신의 욕구에 따라 구조를 개선하려고 시도함으로써 행위와 구조는 상호작용을 한다.

유기적 질서를 앞세운 전체주의와 자유로운 행위를 앞세운 개인주의의 대립으로 인한 폐단과 해악을 경험한 인류는, 인간존엄성에 근거하여 개인의 선익을 강조하는 인격주의와 유기적 개념을 중시하는 공동선의 조화를 모색한다.

결국 이러한 양자의 조화는 인간연대를 가능하게 하는 것이다. 이 경우에 비로소 이론과 실천의 간격이나 이분법적 사고방식으로부터 생긴 해결할 수 없는 난제들과 딜레마에 빠지는 것을 해결할 수 있다.

공동선은 개개인의 이익을 넘어 개개인이 생존하고 발전하여 자기완성을 성취할 수 있는 사회적 여건을 의미한다. 이는 물질적 풍요를 넘어 인격적 유대를 전제로 하는 공동유대 속에서 이루어진다.

공동선은 개인들이 누리는 복지의 총화(總和)라기보다 집단이 누리는 복지의 본질이며, 개개인을 위하여 전원이 복지를 추구하는 것이다. 연대성 역시 부분들의 총화가 아니라 인간과 인간의 인격적 관계로서 이루어지는 것이다.

2. 관계하는 존재

소크라테스는 "너 자신을 알라!" 는 유명한 명제를 남겼지만 그것은 곧 "나는 타자에게 과연 어떤 존재인가?" 그리고 "타자는 나에게 과연 무엇인가?" 라는 질문으로 귀결된다. 과연 나는 타자에게 악마와 같은 '놈' 의 존재인가? [9] 아니면 천사와 같은 '님' 의 존재인가? 타인은 나에게 지옥인가? 아니면 구원인가? 또 나는 타인에게 구원인가 지옥인가? 이러한 질문은 결국 인간의 상호의존성으로 귀결된다.

인간은 타인과 투쟁을 하면서도 타인을 필요로 하는 상호작용 관계 속에 존재하는 실존(existence)인 것이다. 즉 "인간은 무엇인가" 라는 궁극적

---

9) 이성록, 2003, 자원봉사매니지먼트, 미디어숲, pp. 108~114. 이성록은 인간관계 양식을 '님' 과 '놈' 의 관계로 설명하고 있다. 즉 '님' 의 관계는 그리움을 전제하는 '나와 너(Ich und Du)' 의 관계로서 소외자(estrangement)의 관계이며 '놈' 의 관계는 두려움을 전제한 '나와 그것(Ich und Es)' 의 관계로서 낯선자(stranger)의 관계이다.

질문은 인간과 인간 사이에 어떠한 관계양식을 갖고 있느냐에 대한 실존적 질문으로 대체되는 것이다. 나는 타자에게 어떤 존재이며 타자는 나에게 어떤 존재인가? 이 절에서는 '나' 그리고 '너'에 대한 근원적 질문들을 검토한다.

1)나에 대한 인식

'이름표를 붙여줘!' 대중가요 가사가 유난히 마음에서 떠나지 않는 오늘 하루! 진정 내 자신의 인생이 있을까? 불현듯 찾아오는 낯선 인생에 내 이름표를 붙여두는 것은 아닌가. 흔히들 방황이라지만 이미 존재한, 그러나 지금 마주친 내 인생에 이리도 낯설어하는 것은 아닌가. 그래 오늘은 또 어떤 인생에 내 이름표를 붙여야 하고 내 이름표를 달고 있는 인생에 또 얼마나 낯설어할 것인가!

(1)본질적인 나

라마나 마하리쉬는 「나는 누구인가」라는 저서를 통하여 육체는 허상이고 정신만이 실재하는 것이며, 그 정신적인 부분에서 비본질적인 그림자들을 제거하고 남는 부분이 진정한 자아라고 말한다. 신체적인 내가 진짜 내가 아니라면 의식과 생각은 어떨까? 그러나 생각해 보자. 생각이나 의식은 매분 매초마다 수시로 변해버린다.

사유나 의식이 과연 '나'인가? 그런 고민을 해본 사람도 있을 것이다. 나 자신을 못마땅해 하는 나는 누구인가? 내가 하나가 아니고 둘이란 말

인가! 자신이 잘못한 일을 두고, 자신을 견
딜 수 없다고 느낀다면 나는 둘이어야 마
땅하다. 평소의 내가 있어야 하고 나를 못
마땅하게 여기는 또 하나의 내가 있어야
한다. 그렇다면 어느 쪽이 진짜 나일까.

　시간에 따라 변화되는 한, 내 몸의 그
어느 것도 진짜 내가 아니다. 수많은 세포
들이 내 몸을 이루는데 '나'란 도대체 어
디에 있는 것일까. 육체가 죽으면 붙들고
있을 것이 없다. 그럼에도 불구하고 사람들은 한사코 상(相)이 있는 자기
에게 매달리고자 한다. 항상 변화하지 않는 '나'를 발견하기란 불가능하
다. 진아(眞我)란 아상(我相)을 가진 그런 세속적인 존재가 아니다.

　라마나 마하리쉬는 진아(眞我)를 개아(個我, 개체적 자아)와 대비되는, 우주
삼라만상에 내재하는 유일한 실체이며 존재하는 모든 것의 진정한 근원
이라고 한다. 이는 서양 철학에서 말하는 범신론적 신의 개념과도 흡사하
며, 사람이 곧 하늘이요 나의 마음이 곧 너의 마음이라는 우리의 전통 사
상과도 일맥상통한다고 볼 수 있다. 그렇다면　현상계, 육체 등 물질적인
것은 전적으로 부정되어도 되는 것일까?

(2) 변모하는 나

　나는 누구인가? 이보다 더 중요하고 근본적인 질문이 있을까? 누구나
한번쯤 가져보는 의문이지만, 대답은 제각각일 수밖에 없다. 그만큼 풀기
어렵고, 그래서 이 문제는 항상 뒤로 미뤄지곤 한다. 때론 선가(禪家)의 전
유물이나 된 듯 회피하기도 한다. 그러나 기실은, 인간의 자기성찰과 이해

는 자아완성을 위한 가장 중요
한 관심사이다.

인간은 자신에 대한 확실성
이 결여된 불안정한 존재이다.
칼 융은 인생을 어머니로부터
의 탄생, 자아를 획득하며 나타
나는 탄생, 나는 누구인가를 묻
게 되는 탄생 등으로 나누어 설
명하였다. 결국 인간은 자신에 대한 치열한 질문을 통하여 새로운 '나'로
거듭나게 된다는 것이다. 이는 곧 자기 인식이 고정된 것이 아니라 자기성
찰에 따라 변화될 수 있음을 의미한다.

나는 누구인가? "유행가 가사 속에는 인생이 담겨 있다"는데 '나'를 표
현한 노래 가사 속에 나타난 '나'에 대하여 분석해 본다. 먼저 양희은이
노래한 "아침이슬"의 나는 자유와 희망을 갈망하는 강한 의지를 갖고 있
는 나를 표현하고 있다. "태양은 묘지위에 붉게 떠오르고 한낮에 찌는 더
위는 나의 시련일지라. 나 이제 가노라 저 거친 광야에 서러움 모두 버리
고 나 이제 가노라"라는 가사로 볼 때 가사속의 '나'라는 존재는 희망과
자유를 위해서 위험을 두려워하지 않는 강한 정체성을 지닌 '나'를 표현
하고 있다.

그러나 '나'는 자유와 희망이라는 목표를 위해서 자신을 희생하고 위
험을 무릅쓰는 확고한 의지를 갖고는 있지만 여전히 서러움을 부둥켜안
고 있는 나약한 존재이다. 즉 나는 암울한 시대의 상황 속에서 자신이 꿈
꾸는 세상을 향한 결단을 내리고 있지만, 자신의 마음과 상태를 한 개체의
'슬픔'이 아니라 타자와의 관계를 전제하는 '서러움'이라는 단어로 표현

하고 있다.

즉 나는 서러움을 딛고 일어설 강한 의지를 갖고 있는 존재이기도 하지만, 그러한 나는 곧 나로 인해 상처를 주고받는 나약한 존재이기도 하다. "내 속에 내가 너무도 많아 당신이 쉴 곳 없네." 이는 시인과 촌장이 부른 〈가시나무〉라는 노래의 가사이다. 여기서 '나'는 나의 이기심으로 인하여 고통 받는 불완전한 나를 표현하고 있다. "쉴 곳을 찾아 지쳐 날아온 어린 새들도 가시에 찔려 날아가고"에서 '어린 새'는 타인으로 생각할 수 있으며 '가시'는 '나' 또는 '나'의 이기심으로 볼 수 있다. 가시나무는 이기심으로 가득 찬 나이며, 어린 새는 나와 관계를 맺고 있는 '너'의 상징이다. 동시에 어린 새는 나로 인해 상처 받는 또 다른 나일 수도 있다.

그러나 "그 메마른 가지 서로 부대끼며 울어대고", "내가 이길 수 없는 슬픔"으로 가득 찬 상처투성이의 '나'이지만, 다시 태어 날 수도 있는 나이기도 하다. "다시 태어난 것 같아요. 내 모든 게 다 달라졌어요. 그대 만난 후로 난 새 사람이 됐어요. 우리 어머니가 제일 놀라요." 윤종신이 부른 〈환생〉이라는 제목의 노래 가사이다. '환생'에서의 '나'는, 나를 사랑하는 사람이 나로 인하여 부끄럽지 않도록 '다시 태어난 나'를 그리고 있다. '그대'를 만난 이후 나를 가장 잘 아는 '어머니'가 놀랄 정도로 달라졌다는 것이다. "오 놀라워라 그대 향한 내 마음 오 새로워라 처음 보는 내 모습"에 스스로도 놀라고 있다.

의미 있는 '너'의 존재로 인하여 모진 이 세상, 거친 광야에서도 거뜬하게 살아갈 수 있을 만큼, 새로운 존재로 거듭 태어난 '나'는 어떤 존재인가? 너를 만나기 이전의 나와 이후의 나는 같은 존재인가, 다른 존재인가? 분명한 것은 나는 나를 정의할 수 없다는 것이다. 나를 정의하기 위해서는 변하지 않는 존재(being itself)이어야 한다. 그러나 인간은 끊임없이 변화되는 실존(existence)이기 때문이다. 그래서 변화되고 변화하는 나에 대한 질문이 끊임없이 요구되는 것이다.

(3)다층적 정체성

나는 누구인가? 해외여행을 하면서 출입국신고서 빈칸에 적어 넣은 신상이 나인가? 이력서 빈칸에 채워지는 글자대로의 모습이 나인가? 그것들은 영원할 수 있는가? 과거의 나와 현재의 나, 그리고 미래의 나, 어느 것이 참 나인가? 과거의 나마저도 타자들이 기억하는 '나' 는 내가 기억 하는 '나' 와는 다르다. 게다가 사람마다 다르다. 어느 것이 진정 나인가?

인간은 귀속적 및 획득적 정체성 등 많은 단면들을 가진, 다층적인 정체성들의 산물이다. 예를 들면, 나는 아들이고 형 또는 오빠이고, 남편이면서 아버지이며, 대학의 선생이고, 친구이며 선배 후배이고, 특정 지역 거주민이고, 대한민국의 국민이다. 그러나 이러한 대부분의 정체성들은 변하는 것들이다. 생물학적 태생과 같은 극히 소수의 귀속된 정체성들만이 고정되고 불변하는 것일 뿐 획득된 정체성은 영원한 것은 없다. 관계에 의해 특정되는 '나' 는 언제나 변할 수 있다.

그렇다고 나의 의식과 생각이 진정 '나' 인 것도 아니다. 생각이란 시시각각 변하는 것이다. 지킬과 같은 내가 하이드 같이 변한다면 어느 것이 진정 나라고 해야 하는가? "강물 속으론 또 강물이 흐르고 내 맘 속엔 또 내가 서로 부딪히며 흘러가고" 라는 노래 가사처럼 내 속에 또 내가 있으니 어느 것이 진정 나인가? 그렇다고 내게 붙여진 이름이 진정 '나' 인 것도 아니다. 그것은 하나의 기호에 지나지 않는다. 그래서 "이름표를 붙여줘 내 가슴에" 노래하면서 인간은 허상이 아닌 진짜 이름표를 붙이고 살기를 기대한다.

체계화하지 않더라도 우리는 여러 가지 '나'
를 생각해 볼 수 있다. 나의 육체, 그 육체를 조
종하는 마음, 관찰자로서의 나, 주변 사람에게
반향된 모습으로서의 나, 상대적 역할로 규정
지어 지는 나, 무의식으로서의 나, 상상 속의 나
등 '나' 라는 것은 여러 가지 다른 속성이나 모
습으로 설명된다. 그 각각의 나는 서로 떼어낼 수 없고 구분할 수 없는 종
합적인 하나의 존재를 구성하고 있긴 하지만, 한 측면만을 분리해야만 설
명이 가능한 이질적인 구성 요소들의 비총체적인 개념적 합이기도 하다.

(4)파생적인 나

나는 탐욕적이다. 나는 갖고 싶은 것이 많다. 나는 경쟁적이다. 나는 불친절하다. 나는 판단한다. 나는 비판적이다. 나는 비판받는다. 나는 상처를 잘 받는다. 나는 인사를 잘 하지 않는다. 나를 다른 사람을 무시한다. 나는 쓸모없는 사람이다. 나는 사랑받지 못한다. 나는 버려졌다. 나는 비난받는다. 나는 소외되어 있다. 나는 별 볼 일 없는 사람이다. 나는 다른 사람들에게 관심 밖이다. 나는 뜻대로 일을 한다. 나는 사람들에게 사랑받고 싶다. 나는 괜찮은 사람이다. 나는 다른 사람들보다 우월하다. 나는 자기주장이 강하다. 나는 질투심이 많다.

나는 누군가와 친해지는 것이 두렵다. 나는 죄의식을 느낀다. 나는 후회로 가득 차 있다. 나는 미래를 걱정한다. 나는 다른 사람을 믿지 않는다. 나는 고집불통이다. 나는 항상 옳아야 한다. 나는 유명해지고 싶다. 나는 칭찬받고 싶다. 나는 최고가 되고 싶다. 나는 열등감을 느낀다. 나는 분노로 가득 차 있다. 나는 배신감으로 가득 차 있다. 나는 공허하다고 느낀다. 나는 허망하다고 느낀다. 나는 비열하다. 나는 고독하다. 나는 감사할 줄 모른다. 나는 다른 사람들을 이용한다. 나는 오만하다. 나는 감정들을 억누른다. 나는 항상 이익을 추구한다. 나는 명분을 추구한다.

이와 같은 나에 대한 기술은 '본질적 나'에 대한 것이 아니라, 모두 타자와의 관계가 반영된 '파생적 나'에 대한 묘사들이다. 나의 존재는 타자와의 상호작용의 관계 속에서 파악된 나이다. 인간은 타자와의 상호작용을 통하여 '너'가 '나'를 어떻게 생각하고 있는지를 추측함으로써 자신이 '누구'인지를 파악하게 된다. 내가 어떤 사람인지를 지각하는 과정과 타자가 나를 어떻게 보고 있느냐 하는 것을 근거로 해서 자신이 어떤 존재인지 평가하는 것이다.

이는 타자의 의미가 투영된 자신에 대한 평가로서 '반영된 평가(reflected appraisal)'이다. 일찍이 쿨리(C. H. Cooley)는 반영된 평가란 마치 거울에 비친 자기 자신을 들여다보는 것과 같다고 하였다. 반영된 평가라는 용어는 자기에 대한 평가가 자신에 대한 타자의 평가를 반영하고 있다는 의미를 내포하고 있다. 쿨리에 의하면 '나'는 나에 대한 타자의 생각을 추측하고 타자들이 나를 어떻게 보고 있느냐가 자기평가에 결정적인 영향을 미친다는 것이다.[10]

상징적 상호작용이론을 구축해 온 미드(C. Mead) 역시 타자의 의미가 반영된 평가로서 타자가 부여한 의미와 내가 나에게 부여한 의미가 일치할 때 스스로 사회적 객체로서 인식한다는 입장을 취하였다. 미드는 자아를 'I'와 'me'로 구분하고 'me'는 타자의 입장에서 자신을 의식하는 대상 혹은 객체로서의 성찰적 자아로 설명하였고, 'I'는 'me'에서 타자의 의미를 반영하지 않은 상태로서 능동적이고 충동적인 자아로 설명하였다.[11]

이는 'me=I+you, I=me-you'로서 'I'는 타자와의 관계와 소통이 배제된 '본질적인 나'이라면 'me'는 타자와의 관계와 소통이 반영된 '파생적

---

10) 박종영, 1995, 사회심리학, 대왕사.
11) 손장권 외, 1994, 미드의 사회심리학, 일신사.

인 나'로 설명할 수 있다. '파생적인 나'는 사회조
직 체계 내에서 타자와의 상호작용과 커뮤니케이
션을 통하여 인식되는 정체성인 것이다. 따라서
'I'의 행동은 무한히 가변적이나 'me'의 행동은
타자와의 관계를 반영함으로써 소위 파생적 규칙
성을 갖는다.

다시 말해서 'I'가 행위를 유발하지만 'me'라
는 성찰적 자아에 의해 검토됨으로 'I'가 완전히 행위를 이끄는 것은 아니
며, 나의 자기개념은 나에 대한 타자들의 생각을 반영하는 것이라고 볼 수
있다. 예컨대 "엄마와 나는 웬수 지간이다. 엄마는 나만 보면 아이고 이
웬수라 한다.… 그래 맞다. 엄마와 나는 웬수 지간이다." 이 글은 한 초등
학생의 글이다. 무능하다고 힐난 받은 사람보다 유능하다고 칭찬받음으
로써 자신이 유능한 사람임을 알게 된 사람이 과업에 더 충실한 것이다.

한편 인간은 본질적인 나(I)에 대하여 질문하고, 파생적인 나(me)로서
대답한다. 나는 타자와의 상호작용을 통하여 사회를 가능하게 하고 사회
는 인간에 대한 정의를 가능하게 한다. 인간은 타자와의 상호작용을 통하
여 자신을 인식할 뿐만 아니라 나아가 사회적 비교 과정을 통하여 자신이
누구인지를 파악하게 된다고 본다.

먼저 사회비교이론(social comparison theory)에 의하면 사람들은 "나는
누구인가?"에 대한 질문에 직면하면 타자와의 차이점이나 자신만의 특
이성을 찾음으로써 자기를 인식한다. 이러한 사회적 비교에 관한 핵심적
이론모형은 유사성가설(similarity hypothesis)로서 자신과 비슷하거나 좀 더
높은 사람과 대비시켜 보는 경향이 있다는 것이다.[12) 예컨대 자신을 타
자와 비교할 때 자신이 얼마나 우월적 위치에 있는지를 확인하려 하는

것이다.

한편 관련속성가설(related attributes hypothesis)에 의하면 사람들은 자기 자신을 자기 자신과 같은 속성을 지닌 사람과 비교해 봄으로써 자신의 위치를 파악하려 한다는 것이다.[13] 즉 여성은 다른 여성과, 남성은 다른 남성과 비교하고, 이질적 집단보다는 정체성이나 유대감이 긴밀한 사람들과 비교하는 경향이 있다. 따라서 비교결과에 의해 "사촌이 땅을 사면 배가 아픈" 카인 콤플렉스가 일어난다.

특히 자존심과 같은 자기평가는 타자와의 비교를 통하여 영향을 받는다. 예컨대 자신보다 우월한 사람 앞에서는 열등감을 느끼고, 자신보다 열등한 사람 앞에서는 우월감을 느끼는 것이다. "그대 등 뒤에 서면 작아지는" 존재인 것이다. 그러나 자신보다 뒤떨어진 사람들과의 하향적 비교를 통하여 스스로를 고양시키기도 한다. 하향적 비교는 실패한 뒤나 자존심이 낮은 경우 자기합리화의 기제로 작동되는 일종의 "자기 유능화의 편향(self-serving bias)"이라고 할 수 있다.[14]

이러한 편향은 자신을 긍정적으로 평가하려는 욕망을 반영한 것이다. 경우에 따라 타자의 자존심을 훼손하면서까지 자신의 자존심을 충족하려는 부정적 현상으로도 나타난다. 그러나 나와 타자와의 비교로 우월성을 유지하는 저급한 자기의식이 아니라 '어제의 나'와 '오늘의 나'를 비교하는 성숙한 자기의식과 성찰이 가능해야 할 것이다.

한편 자기가치유지가설(theory of self-evaluation maintenance)에 따르면, 자

---

12) Wheeler, L., Koestner, R. E., & Driver, R. e., 1982, Related attributes in choice of comparison others. Journal of Experimental Social Psychology, 18, 489-500.
13) Goethals, G. R., & Darley, J. M., 1977, Social comparison theory: An attributional approach. In J. M. Suls & R. L. Miller (Eds.), Social comparison processes: Theoretical and empirical perspectives, New York: Hemisphere. Goldthorpe.
14) 편향에 대해서는 이 책 제3장에서 구체적으로 다루고 있다.

기 자신에 대한 긍정적 평가는 건설적인 효과를 가져오기도 한다. 자기평가 유지를 위하여 실력을 향상시키려 노력한다. 필자 역시 초등학교 시절 친구에게 지기 싫어 풍금을 남몰래 배웠고, 고교시절 기타 치는 친구에게는 아무 말 하지 않고 혼자 배워 어느 날 그를 놀라게 해 준 적이 있다. 이와 같이 타자와의 비교는 긍정적 효과와 부정적 효과를 동시에 수반하고 있다.

그런데 타자와의 비교에 따라 타자와의 관계에서 자신의 차별성을 강화하려는 경향을 보이기도 한다. 자신의 힘과 능력을 비범한 것으로 보이기 위해 '독특성 편향(uniqueness bias)' 을 드러내는 것이다. 예컨대 타자와 차별을 위해 독특한 패션을 택하거나 10대 소녀가 자신의 우월감을 드러내기 위해 임신을 하는 경우와 같은 것이다.

이와 같이 사람들은 "나는 누구인가" 라는 질문에 직면하여 타자의 영상이 투영된 존재로서 사회적 비교를 통하여 자신의 정체성을 설명하려고 한다. 이러한 자기 이해는 '본질적 나' 에 대한 것이 아닌 사회적 존재로서 '파생적 나' 에 대한 자기 인식이라고 할 수 있다.

(5)타자 가운데의 나

버스제도가 바뀌기 전 학생카드를 대면 "학생입니다"라는 말이 나오던 시절에, '나는 누구일까?'를 고민하는 한 청년이 있었다. 그는 고민을 하고 또 해도 답을 못 찾았다. 그러던 중 한 친구가 답을 찾는 방법을 알려주었다. 우선 학생용 버스카드를 준비한다. 그리고는 버스에 타자마자 사람들에게 이렇게 외친다. "나는 누구인가?" 그러고는 학생용 버스카드를 기계에 찍는다. 그러면 "학생입니다!"라고 기계가 답할 것이다. 청년은 '한번 해볼까?' 라는 치기가 발동하여, 동생의 학생용 버스카드를 빌렸다. 일요일 오후 청년은 시내버스에 올라타고는 "나는 누구인가?"라고 외쳤다. 그러자 많은 사람의 시선이 청년에게 쏠렸다. 청년은 버스카드를 기계에 찍었다. 그러자 기계가 답했다. "잔액이 부족합니다." 그렇다. "난 부족한 놈이다!"

흔히 초면 인사를 나누면서 "부족한 사람입니다. 잘 부탁합니다!" 라고 한다. 인간은 근원적으로 불완전한 존재이고 불안정한 존재이다. 그러나 타자와의 관계를 통하여 불완전성, 불안정을 극복해 나간다. 인간 개체는 분리되어 보이지만 관계로 연결되어 있다. 부족한 인간이라는 고백은 곧 관계의 결핍을 표현하는 것이다. 관계는 기(氣)와 같은 것이다. 프로이드 식으로 말하자면 삶의 기운과 죽음의 기운이 있고, 맑은 기운과 탁한 기운, 사랑의 기운과 증오의 기운이 서로 상호작용하고 있다.

너와 나 사이에 사랑과 평화의 기운이 작용하면 모두가 행복해진다. 자신은 물론 주변까지 긍정적 에너지로 충만하다. 가수 김종국은 "세상이 힘들어도 널 보면 마음에 바람이 통해. 이런 게 사는 거지. 이런 게 행복이지. 이제야 느끼게 됐어 나는… 널 행복하게 해주기 위해 내가 날 아끼게 됐어. 내 모습 내가 봐도 이제 조금은 괜찮은 놈이 된 것 같아. … 기다림이 즐겁고 이젠 공기마저 달콤해" 라고 행복을 노래한다.

사랑을 통하여 '별 볼일 없던 나' 는 '괜찮은 놈' 이 되었다. 그리고 나를 사랑하는 사람을 위하여, 나를 사랑하게 되었다. 타인을 사랑한다는 것은 결국 나를 사랑하는 일인데, 이 일이 가능하기 위해서는 먼저 자신에게서 자신을 비워야만 가능하다. 그러나 자신도 모르게 자신 안에 편견과 욕심 그리고 분노와 상처 등 부정적 기운들이 가득 채워져 있기에 타자와 의미 있는 관계를 갖지 못하고 지옥 같은 불행을 경험하는 것이다. 결국 지옥도 내가 만들고 천국도 내가 만드는 것이다. 나를 가둔 것도 타인이 아니라 자신이다. 따라서 지금 '나' 들은 현실적으로 삶을 어떻게 살아가고 있는 지를 질문해야 한다. '나'의 지혜와 몸을 빌려 과연 '나'는 얼마나 '나'의 삶의 주인이 되고 있으며 다른 '나'를 얼마나 배려하고 있는지. 얼마나 다른 '나'와 소통하고 있는지, 그리고 온 몸과 느낌을 쾌적하게 만들고 있는지를 질문해야 한다.

많은 '나'들이 다른 '나'를 배려하지 않고 수단화하는 모습을 드러내기에 "나는 누구인가?"라는 질문은 더욱 빛이 난다. 퇴행적 즐거움과 꾸며진 놀이에 '나'의 몸과 감정을 내 맡기는 '나'가 많기 때문에 이 질문은 지속되어야 한다. 인간은 '나'에게 질문할 수 있으며, 성찰하며 '나'를 즐기고 '나'를 스스로 바꾸어 갈 수 있기에 빛나는 존재다. 따라서 "나를 부인한다"는 말의 참뜻은 '나'라는 존재의 완전한 부정이 아니라 '나'라는 개체의 독립적 실체가 있다는 인식을 부정하는 것이다. '나'는 '나' 아닌 무수한 타자들과의 관계 속에서 비로소 존재하는 실존이기 때문이다.[15]

곧 '나'라는 존재는 수많은 인연의 결합에 의해서 생겨났고, 다른 존재와 연결되어 있으며, 여러 가지 맡겨진 역할을 하면서 살아간다. 모든 사물은 홀로 있지 않고 다른 것과 관계를 맺으며 있게 된다. 그래서 붓다는 이것이 있으면 저것이 있고 이것이 생기면 저것이 생긴다. 또 이것이 없으면 저것도 없고, 이것이 사라지면 저것도 사라진다(此有故彼有 此生故彼生 此無故彼無 此滅故彼滅)는 연기(緣起)사상을 가르쳤다.[16]

즉 "이것이 있으면 저것이 있고, 이것이 없으면 저것이 없다(此有故彼有 此無故彼無)"라고 하는 것은 동시적(同時的) 의존관계를 나타낸 것이고, "이것이 일어나면 저것이 일어난다. 이것이 소멸하면 저것이 소멸한다(此生故彼生 此滅故彼滅)"

라고 하는 것은 이시적(異時的) 의존관계를 나타낸 것이라고 볼 수 있다.

다시 말해서 인간은 독립적으로 있다가 차차 사물과 관계를 맺어가는 것이 아니라 사물과 관계 속에 태어나서 관계 속에 있다는 것을 차차 깨달아 가는 존재이다.

그래서 유치환이 "세상의 고달픈 바람 곁에 시달리고 나부끼어/ 더욱 더 의지 삼고 피어 헝클어진/ 인정의 꽃밭에서/ 너와 나의 애틋한 연분도/ 한 방울 연연한 진홍빛 양귀비꽃인지도 모른다"고 노래하였고, 김춘수는 "나의 이 빛깔과 향기에 알맞은/ 누가 나의 이름을 불러다오./ 그에게로 가서 나도/ 그의 꽃이 되고 싶다.// 우리들은 모두/ 무엇이 되고 싶다./ 나는 너에게 너는 나에게/ 잊혀 지지 않는 하나의 의미가 되고 싶다"고 화답하였다.

인간은 스스로 있는 존재가 아니라 타자와의 관계 속에 있는 실존이다. 타자와의 만남을 통하여 비로소 '나' 라는 존재의 의미를 갖게 되는 것이다. 그래서 인간은 '타자 〈그리고〉 나' 로 분리된 존재가 아닌, 타자와의 직면을 피할 수 없는 '타자 〈가운데〉의 나' 로서 존재하는 것이다. 즉 인간(人+間)의 영역은 '나의 안(in)' 도 '너의 안(in)' 도 아닌 '나와 너' 가운데(among)의 영역, 곧 '우리들의 영역' 이다. 따라서 '우리들의 영역' 은 '이미(already)' 전체로서의 합일이 아니라 '아직은(not yet)' 분리된 존재로서 각 개체들의 비총화(非總和)적 영역이다.

---

15) 서양의 근현대철학에서 '나' 는 대체로 이성과 자유의지를 가진 자율적인 주체로 간주되어 왔다. 그러나 레비나스는 이성에 기초한 자율적 주체 개념에 대하여 비판을 가한다. 즉 '나' 는 실체가 아니면서도 항상 주체로 간주되어 왔다는 것이다. 레비나스에게서 주체는 타자를 위한 존재이며 '나' 의 주체성은 타인과의 윤리적 관계에서 비로소 가능해진다. 타자에 대하여 책임진다는 것은 '나' 를 포기하는 것이 아니라, 개체로서 자기성을 확보함으로써 타자와 철저하게 분리된 실존적 한계를 전제한 윤리적 관계를 의미한다.

16) 木村泰賢 著, 朴京俊 譯, 1992, 原始佛敎 思想論, 경서원, p.103.

너로부터 도피할 수 없는 나

필자는 거지가 되고 싶었다. 타자와의 얽힘으로 덧칠된 내 자신이 아닌 있는 비천한 내 모습으로 생긴 대로 자유롭게 살고 싶었기 때문이다.

그러나 거지는 아무나 할 수 없는 일이었다. 참된 거지가 되려면 두 가지 능력을 갖추어야 한다. 첫째, 참 거지는 자기 자신의 존재가치에 대한 평가가 무(無)의 수준에 이르러야 가능하다. 곧 온갖 멸시를 견딜 수 있는, 머리하나 눕힐 곳 없는 '비천의 능력'이 있어야 한다. 둘째, 참 거지가 되려면 물상의 욕망으로부터 완전하게 자유로워야 가능하다. 즉 '무소유의 능력'이 있어야 한다.

거지노릇을 실패한 것은 나를 알아보는 사람이 없는 곳에서도 자존심이라는 내 자신이, 비천한 나를 못 마땅하게 지켜보고 있었기 때문이다. 동시에 이기심으로부터 자유롭지 못하여 무엇이든 소유하고자 하는 욕망에 지배되었기 때문이다. 돌아보면 세상에는 사이비 거지, 얼치기 거지들만 있을 뿐이다. 이기적 자기욕망에 지배되는 거지근성은 있어도, 이기적 자기를 떨쳐버린 참 거지는 없다. 비천의 능력, 무소유의 능력을 갖춘, 진정 너로부터 자유로운 참 거지는 찾아볼 수가 없다.

잠시 얼치기 거지노릇을 하면서 깨달은 것은 진정한 거지는 예수와 부처 같은 신적 존재뿐이라는 것이었다. 즉 '너'로부터 자유로운 절대적 '나'는 신적인 존재일 뿐이다. 인간은 결코 타자로부터 도피할 수 없다.

중학교 시절, 음악시간에 배운 〈장안사〉라는 가곡은 "흥망이 산중에도 있다 하니 더욱 비감하여라!"로 끝난다. 인적 없는 산중에도 흥망, 곧 사람과 사람의 얽힘이 있으니, 인간은 결코 "니로부터 도피할 수 없는 나"라는 근본적 한계를 지닌 실존인 것이다. 인간에게 있어서 타자와의 관계는 피할 수 없는 사건인 것이다.

〈이성록 칼럼, "아름다운 세상" 중에서 발췌〉

2)너에 대한 인식

(1)불확실성의 너

다니엘 디포의 「로빈슨 크루소」는 절망적인 상황에서 무엇보다 이름을 불러 줄 존재가 생존의 필수조건임을 보여준다. 앵무새에게 자신의 이름을 가르치고, 이름을 불러 줄 때 감격하여 눈물을 흘린다. 홀로 존재한다는 것은 존재하는 것이 아니다. 만일 이 세상에서 누군가 이름을 불러 주는 이가 없다면 이미 존재하고 있는 것이 아니다. 그래서 소월은 "산산이 부서진 이름이여!/ 허공중에 헤여진 이름이여!/ 불러도 주인 없는 이름이여!/…떨어져 나가 앉은 산 위에서/ 나는 그대의 이름을 부르노라"며 설움에 겹도록 이름을 불러 보지만 '하늘과 땅 사이가 너무 넓어' 서로 비껴가는 처연한 존재의 고독감을 표현하고 있다.

과연 '너'는 나의 존재에서 어떤 존재인가? 시와 노래에서 '너'는 언제나 '나'로부터 멀리 있고, 멀어져 가며, 그래서 나를 더욱 간절하고 안타깝게 하는 그리움의 존재이다. '너'가 없는 세상은 무인도이다. 그래서 그대가 있으매 나도 있으며 네가 내 이름을 불러 줄 때 나는 하나의 의미로 세상에 존재한다고 시인은 호소한다. 그리고 철학자들은 너와 나의 관계는 곧 나의 실존이라고 거들고 나선다.

어느 가수는 "그대 지금 어느 곳에서 행복하는가. 너와나 굳은 약속 저버렸나. 예전에는 우린 서로 사랑했는데. 왜 이젠 변한 것이 그대였는가!" 그래서 우리는 로빈슨 크루소처럼 '너' 없는 세상에 표류하면서 그리움만 쌓인다고 노래한다. 그러나 그런 '너'는 이미 변하여 나를 두렵게 하는 존재이기도 하다.

더 이상 그리움의 존재가 아니라, 나를 이용하고 믿음을 저버리고 파멸의 늪에 빠뜨릴 수 있는 두려움의 낯선 이가 될 수도 있다. 사람들은 그리움의 '너'가 두려움의 '너'가 될 수 있음을 잘 알고 있기에 '남'이라는 글자에 점 하나만 찍으면 '남' 이라는 노래가 히트할 수 있는 것이다. 그래서 일찍이 마틴 부버(M. Buber)는 타자를 인격적 관계의 '너(Du)'와 비인격적 관계의 '그것(Es)'으로 구분했고, 폴 틸리히(P. Tillich)는 그리움의 '소외자 (Estrangement)'와 두려움의 '낯선자(Stranger)'로 구분하였던 것이다.[17]

폴 틸리히(Paul Tillich)는 인간관계를 낯선자(stranger)의 관계와 소외자(estrangement)의 관계로 설명하고 있다. '낯선자의 관계'란 위험을 예견하는 두려움의 관계이며 '소외자의 관계'는 인격적 만남의 회복을 전제로 하는 신뢰의 관계로서 해석된다. 즉 어떤 사람과의 만남은 비록 밀접하고 오랜 만남이지만 언젠가 해칠 수 있는 위험이 있는 관계이며 어떤 만남은 비록 처음 만남이지만 서로를 충분히 이해하고 서로 도울 수 있는 인격적관계로 발전될 수 있는 것이다. 다시 말해서 낯선자(stranger)의 관계란 마틴 부버의 '나와 그것(Ich und Du)'의 관계이며 소외(estrangement)의 관계란 '나와 너(Ich und Es)'의 관계를 실존적으로 표현한 것이다.

인간관계에 있어서 근본적인 문제는 어떻게 타자를 낯설고 위협적인 존재가 아니라 '제2의 나'로서 '너'를 받아들이냐는 것이다. 그것은 무엇보다 '너'에 대한 올바른 인식에서 가능할 것이다. 인간 사이에서 발생하는 오해와 갈등은 대부분 그들 사이의 인식의 불일치 때문에 발생한다. 타인에 대해 우리가 할 수 있는 일은 상대를 알고자 노력하는 것이다.

그렇다면 과연 '너'의 정체는 무엇인가? 과연 나는 너를 알 수 있는가? "네가 나를 모르는데 난들 너를 알겠느냐"는 노래 가사처럼 인간은 초월적 존재이므로 타인을 안다는 것은 불가능하다. 특히 안다는 것의 주체인 이성은 그 기능이 아무리 순수하게 작용한다 해도 대상 그 자체를 완전하게 알 수 없다. 이성에 의한 분석이 아무리 우수하다 해도 그 대상은

---

17) 이성록, 2005, 자원봉사매니지먼트, 미디어숲.

이미 어제의 '너'일 뿐이며, 오늘의 '너'는 아니기 때문이다.

이는 이성의 기능에 문제가 있는 것이 아니라 분석의 대상이 예측 불가능하기 때문이다. 즉 이성적 분석의 대상인 '너'의 존재는 법칙이나 질서에 순응하는 틀에 박힌 기계적인 존재가 아니라 역동적으로 살아 움직이며, 끊임없이 자유롭게 새로운 가능성을 모색하는 존재이며, 이성적인 존재가 아니라 욕망과 격정과 충동에 얽매인 감정적 존재이기 때문이다.

결국 인간은 이성적 분석에 의존한 '너'에 대한 이해는 한계가 있는 것이므로 '너'에 대한 승인은 "인식(認識)"이 아니라, "인정(認定)"이란 말로 표현하는 것이 더 적절할 것이다. 타자를 인격적 주체인 '너'로 인정한다는 것은 내가 유일무이한 주체라는 유아론(唯我論, solipsism)[18]을 탈피하여, 나 이외에 타자에게도 고유한 자의식이 있으며, 자의식이 다양함을 인정하는 것이다.

한편 타자를 인정한다는 것은 타인이 느끼는 것을 공감(共感)하는 것이다. 공감은 최소한 상대의 독자성을 부정하지 않고 같은 느낌을 갖는 것이며 상대가 내적으로 겪고 있는 처지와 나의 처지를 구분하면서도 양자 사이에는 어떤 내적 연관성이 있다고 보는 것이다. 공감은 타자의 정서와 꼭 동일한 것은 아니더라도, 부합하는 정서를 대리적으로 경험하는 것이며 타자의 내면적인 감정적 체험을 적극적으로 이해하는 인간능력이므로 불확실성 속에서도 애정 어린 공감은 '너'의 핵심을 알게 해 줄 것이다.[19]

18) 유아론(solipsism)은 실재하는 것은 자아뿐이고 다른 모든 것은 자아의 관념이거나 현상에 지나지 아니한다는 이론이다. 즉 정말 있는 것은 '나의 나, 자아' 뿐이며 '너의 나, 타자' 나 그밖의 모든 것은 나의 인식내용에 지나지 않는다는 인식론적으로 극단적 형태의 주관적 관념론이다.

19) 맥도갈(W. McDougall)에 따르면 우리는 공감을 통해서 남의 정서를 경험할 수 있을 뿐만 아니라 나와 남의 즐거움을 향상시키고 고통을 감소시킬 수 있으며, 심리학자인 올포트(G. W. Allport)에 따르면 공감이 그 자체로는 도덕적 가치가 없지만 연대 의식의 고양으로서 도덕성의 발달을 촉진시킨다.

(2)지옥으로서 너

델마와 루이스

리들리 스콧 감독이 제작한 영화 〈델마와 루이스 Thelma & Louise〉는 1991년작 미국 영화이다. 가정주부인 델마는 덜렁대는 성격과 뜨거운 가슴의 소유자이지만 외출도 남편에게 허락받아야 하는 답답한 현실이 불만스럽다. 델마의 동창생인 루이스는 웨이트리스로 꼼꼼하고 이성적이지만, 반복되는 일상이 지겹기만 하다. 두 사람은 의기투합하여 각자 간단한 메모만을 남긴 채 짧은 여행길을 떠난다.

그러나 고속도로 휴게실에 차를 세웠을 때 평범한 두 여인의 짧은 여행길은 일상과 영원히 이별하는 예기치 못한 상황을 맞이한다. 해방감에 들뜬 델마는 술을 마시고 모르는 남자와 춤을 추는데, 남자는 곧 치한으로 변해 주차장에서 그녀를 강간하려 한다. 루이스가 권총을 가져와 델마를 구하지만 치한이 성적 모욕을 받고 자기도 모르게 총을 쏴 그를 살해하고 만다.

이제 델마와 루이스는 도망자 신세가 되고, 애정을 사칭한 건달에게 갖고 있던 돈마저 빼앗긴 후, 절도와 강도행각으로 극한 상황에 빠져든다. 경찰의 추격 끝에 그랜드캐년의 벼랑 끝에 몰리게 된 두 여인. 델마가 루이스에게 그냥 앞으로만 달리자고 소리친다. 서로의 눈빛을 확인한 두 사람은 그랜드캐년의 벼랑 끝을 질주한다. 절벽을 벗어나 허공을 떨어지는 청색 자동차의 스톱 모션으로 영화는 끝난다.

이 영화는 평범한 두 여성이 기존 질서에 저항하며 통렬하게 죽는다는 설정으로 페미니즘 영화의 정수를 보여 준 것으로 평가되지만, 한편으론 우리 인생이 사소한 것 때문에 전혀 다른 길로 빠질 수 있음을 매우 잘 보여주고 있다. 경찰에 지명수배 되어 쫓기면서 델마는 "나는 무엇인가를 이미 건너 왔어. 다시는 돌아갈 수 없지, 이젠 벗어날 수 없어!"라고 말한다. 이 영화에서 타자는 벗어날 수 없는 지옥이 되고 있는 것이다.

나는 너에게, 너는 나에게 과연 어떤 존재인가? 사르트르에게서 '나'는 타자에 대해 무관심을 행사하면서 일종의 유아론(唯我論)의 상태에 빠져든다. 즉 나는 타자에게서 오는 나를 객체화시키는 모든 위험을 무시하면서 마치 세계에서 나 혼자 존재하는 것처럼 안하무인격으로 행동하는 것이다. 무관심에서 나는 타자에 대해 타자의 시선은 나를 절대로 객체화시키지 못한다는 신념을 갖고 나는 편안한 상태에 있게 된다.

그러나 사르트르는 이와 같은 무관심 역시 궁극적으로는 실패로 귀착된다고 보고 있다. 먼저, 타자란 언제 어디에서든 자신의 시선을 폭발시켜 나를 객체로 소환할 준비가 되어 있는, 그렇기 때문에 항상 내가 주의를 기울여 다루어야만 하는 존재이다. 무관심을 실패로 이끄는 또 한 가지 이유는 바로 무관심 속에서 내가 절대적으로 무시하는 타자란 나의 존재 근거의 확보에 필수 불가결의 존재라는 점에서 연유한다.

사르트르에 따르면, 타자는 자신의 시선을 통해 나를 바라보면서 나의 세계를 훔쳐가고 동시에 나에게 객체성을 부여한다. 그렇게 해서 타자와 나와의 관계는 주체의 위치를 차지하기 위한 투쟁으로 귀착될 수밖에 없다. 타자는 나를 규정하는 존재로서, 그 타자가 나에게는 욕망의 대상이자, 내가 또 다른 타인에게 욕망의 대상이 되는 관계는 지옥이다. 결국 사르트르는 희곡 "닫힌 방(Huis-Clos)"의 주인공들을 통하여 "타자는 곧 나의 지옥"이라고 선언하게 한다.

1944년 장폴 사르트르(Jean-Paul Charles Aymard Sartre)는 「닫힌 방(Huis-Clos)」이라는 희곡을 썼다. 이 작품에는 두 여자와 한 남자가 등장하는데, 이들은 각자 죽은 뒤 닫힌 방 안에서 만난다. 그들은 살면서 저지른 행동 때문에 지옥에 떨어져, 흔히 얘기하는 고통과 괴로움에 시달릴 것이라 예상한다. 그러나 아무리 기다려도 그런 일은 일어나지 않는다. 대신 각자가 서로에게 불길한 미래이자 비극이라는 사실을 서서히 깨닫는다. 세 남녀는 이미 죽었기 때문에 서로를 죽일 수도 없고, 방에서 도망칠 수도 없다. 마침내 그들은 자신들이 더 이상 지옥을 기다릴 필요가 없다는 걸 알게 된다. 그들은 이미 지옥에 와 있었기 때문이다. 지옥의 '유황과 장작불과 석쇠'의 고통을 예측했던 그는 마지막에 이렇게 결론내린다. "석쇠는 필요 없어. 타인이 곧 지옥이야!"

지옥에 온 한 남자와 두 여자! 그들은 곧 유황불이 아니라 서로가 서로에게 지옥이 된다는 것을 깨닫는다. 왜 그들은 서로에게 지옥이 되는가? 그들은 죽은 존재이기에 더 이상 관계를 생성할 수 없으며 자신의 자유를 행사할 수 없다. 좀 더 구체적으로 설명하자면 지옥에는 자신의 존재를 규정할 수 있는 '거울'이 존재하지 않으므로 그들은 더 이상 자신의 존재를 비춰볼 수 없기 때문이다.

여기서 거울이 없다는 것은 단지 옷차림새를 다듬고, 화장을 위한 도구로서 거울이 없다는 의미가 아니다. 그것은 스스로가 타인과의 관계에서 최소한의 조건으로서, 관계의 매개를 상실했다는 상징적인 의미로서의 '거울의 부재'이다. 왜냐하면 인간은 다른 사람과 '관계'를 형성하고 그 관계가 의

장폴 사르트르

미를 생성하려면, 먼저 '나' 스스로를 규정할 수 있어야 하기 때문이다. 그러나 나를 비춰볼 수 있는 거울이 없으니 '나' 없는 '너'와의 관계가 어떻게 가능하겠는가? 내가 관계를 맺는다는 것은 내 안에 있는 또 다른 '나'와의 관계를 통해서이다. 그것이 이를테면 스스로의 내부에 있는 '상징적인 거울'인 것이다. 그 매개를 통하지 않고서는 관계는 성립되지 않는다.

지옥에는 타인과 관계할 수 있게 하는 내부의 '또 다른 나'가 존재하지 않는다. 즉 내가 나를 볼 수 있는 아무런 수단도 존재하지 않는다. 유일하게 있는 것은 타인의 시선이다. 그 시선을 통해서 나는 '나'를 본다. 하지만 이미 그때의 나는 스스로를 규정할 수 있는 매개를 잃어버린 나, 곧 '상징적인 거울'을 갖고 있지 않은 나이다.

그래서 그들은 타자에 의해 이 세계에 나타난 '나의-바라보인-존재'로서 그저 대자(對自)의 관성(慣性)으로 움직이는 즉자(卽自)의 존재들이다. 좀 더 분명하게 말하자면, 그들은 이미 더 이상 의미가 아니다. 그의 본질은 '과거'이다. 즉 과거의 재현으로서만 그들은 의미를 지닌다. 그런 의미에서 그들은 그저 무의미한 대상일 뿐이다. 그런데 그들은 아직도 욕망하고 있다.

그들을 욕망하게 하는 조건은 그들의 과거이다. 그런데도 그들은 아직 살아있다고 생각한다. 그러나 그들은 죽은 존재이며 그런 그들의 욕망은 서로 어긋난다. 그들의 욕망은 서로 비껴나가고, 물고 물린다.

그래서 그 관계는 본격적인 지옥이 된다. 왜냐하면 그들의 관계는 상호 작용하는 관계가 아니라 스스로를 파괴하는 욕망만이 있는 관계이기 때문이다.

나는 타자의 타자이며 타자는 나를 규정하는 존재인데, 그 타인이 나에게는 욕망의 대상이자, 내가 또 다른 타인에게 욕망의 대상이 되는 관계는 지옥이다. 그 관계의 양태는 서로 끊임없이 어긋나고, 어긋남은 무한히 계속될 것이기 때문이다. 그들은 '대타적인 생성'이 불가능한 존재들이다. 그저 끝없는 동어반복의 지루한, 숨 막히는 시간과 공간만이 거기에 존재한다.

결국 우리가 타인과의 관계에 들어설 수 없고, 의미를 생성할 수 없을 때, 매개 없는 욕망으로 자신을 파괴할 때, 그리고 그 욕망을 타인에게 투사하고, 스스로는 그 욕망에 대해 아무런 말도 하지 않고, 침묵할 때 타인은 지옥이 된다. 그러나 '타인은 지옥'이라는 말은 '타인은 지옥일 수 밖에 없다'는 본원적인 부정과 한계를 그 안에 내포하는 것은 아니다. 오히려 사르트르의 "타인은 지옥이다"라는 말은, '타인은 지옥'이라는 말을 '거울'로 삼고, 그것을 극복하려는 인간의 의지를 오히려 강조하고 있는 것이 아닐까?

(3)윤리적 사건

타인의 취향

아네스 자우이 감독의 프랑스 영화 "타인의 취향"은 주인공 카스텔라를 중심으로 여러 인간의 다양한 유형을 보여준다. 카스텔라는 자신의 세계를 갖지 못한 존재에서, 새로운 세계에 눈을 뜨며 자신의 세계를 발견해나가는 유형이고, 연극배우이자 카스텔라의 영어선생으로 나오는 클라라는, 자기 자신의 시선, 곧 자기 세계의 시선으로만 세상을 보는 유형이다. 하지만 그녀 역시도 카스텔라라는 새로운 세계를 발견하고, 그 새로운 세계를 사랑하게 된다.

카스텔라의 부인 안젤리크는 전형적인 폐쇄적 인간유형이다. 그녀에게는 모든 것이 자기를 위한 존재일 뿐이다. 세상에 대한 불신으로 창을 모두 닫아걸고 오로지 자신만의 세계에서 살아가는 유형이다. 그런 그녀와 극단적으로 비교되는 유형이 카스텔라의 운전수로 나오는 브루노라는 인물로 그는 자기 자신보다 세상을 더 믿는 인물이다. 사랑하는 여인에게서 배신을 당해도 그는 세상에 대한 신뢰를 잃어버리지 않는다. 그는 비록 자기 세계가 없지만 세상의 일부로 조화롭고 평화롭게 살아가는 유형이다.

이 영화는 사랑하는 상대를 위한 배려가 인간관계에 얼마나 의미 있고 풍요로울 수 있는지를 섬세하게 그리고 있다. 사랑은 느낌에서 시작되지만, 그 느낌만으로는 인격적인 관계가 형성되지 않는다. 사랑의 느낌은 한 개인에게 머물러 있으나 관계는 이미 자신을 넘어 타인과 더불어 삶에 새로운 의미를 부여한다. 타인은 자유를 구속하기도 하지만 타인을 통해 풍요로운 삶과 자유를 추구하기도 한다는 점에서, 이 영화는 강력한 메시지를 담고 있다. 결국 이 영화는 한 개인에게 자기를 발견한다는 것이, 그리고 자기의 세계를 발견한다는 것이 무슨 의미가 있는지를 묻고 있는 영화이다. 그건, 곧 타인의 취향 곧 타인의 세계를 발견하는 출발점이 되는 것이기 때문이다.

타자성의 철학 : 자연 상태의 인간본성을 이기적이라고 보고 근대 사회계약을 촉발한 홉스(T. Hobbes)가 말하는 만인의 만인에 대한 투쟁, 헤겔(F. Hegel)이 말하는 주인과 노예로서 종속관계의 생사를 건 상호인정투쟁

에서부터 마르크스(K. Marx)가 말하는 유물론적 계급투쟁, 그리고 탈현대 사회이론의 중심에 서서 모든 사회관계를 보이지 않는 감시와 억압이 작동하는 생체제어의 권력관계로 파악하고 있는 푸코(M. Foucault)에 이르기까지, 타인을 '나'의 삶의 방해꾼이자 적대자로 보는 시각은 서구의 오랜 전통이다. 이러한 인식은 '타인이 지옥'이라고 선언한 사르트르(J. P. Sartre)에게서 절정을 이룬다.

이 같은 상황에서 자아 중심적 서구 철학에 대해 근본적 비판을 시도하면서 타자성의 철학이라는 새로운 대안을 제시한 이는 엠마뉴엘 레비나스 (Emmaneul Levinas)이다. 그는 서구철학이 존재론적 경향 내지는 유아론으로 귀결되어 타자의 의미를 제대로 밝혀 주지 못하는 문제점을 지적한다.

임마누엘 레비나스

레비나스는 서양철학을 타자에 대해 거의 체질적으로 거부현상을 보이는 철학으로서 '다른 이'와 '다른 것'을 '나'로 환원시키거나 동화시키려는 전체성의 철학, 또는 동일성의 철학이라고 비판하였다. 즉 서양철학은 대체로 질적 다양성 또는 다원성을 수적 다양성으로 대치하고, 이것을 또다시 일원성 또는 단일성으로 환원하는 철학이다. 따라서 나와 구별되는 다름이 무시되고 나의 세계로 환원되거나, 나와는 다르다는 이유로 배제된다.

다른 이의 존재를 인정하더라도 다른 이는 나와 함께 존재하는 존재자나 나를 감시하는 시선일 뿐, 나의 존재 형성에는 무관한 존재에 지나지 않는다. 그러므로 레비나스는 이에 대립하여 타자의 존재가 인간존재에 차지하고 있는 자리를 드러내 보이고자 하였으며 다른 이의 존재를 존경하고 다른 이와 함께 하는 '타자성의 철학'을 하나의 대안으로 제안하였다.[20]

얼굴과 얼굴로 대면하여 '나'와 대화를 나눌 수 있는 인격적 타자에 관한 사유를 촉구한 사람은 포이에르 바흐(F. Bach)와 대화철학자 부버(M. Buber)였다. 1930년 당시 파리의 전위 철학자들의 모임에서 마틴 부버의 '나와 너'의 관계가 주로 거론되었고 이 모임에 참여였던 레비나스는 이를 계기로 자아와 타자의 문제를 철학의 중심주제로 삼게 된다.

이후 레비나스는 친밀한 관계의 '너'로서 '우리 안'의 타자가 아닌 전혀 낯선 '그'로서 '우리 밖'의 타자에 대한 윤리적 의미를 근원적으로 밝히고 정교화한다. 고통받는 자에 대한 책임과 연대를 강조하면서 1인칭적 관점을 벗어나 2인칭적 관점에서 존재를 해석하고, 나와 타자의 관계를 다시 근본적으로 검토해야 한다는 것이 레비나스 철학의 핵심이다.

낯선 이로서 타자 : 타자에 대한 레비나스의 해석에서 흥미로운 것은, 그가 말하는 타자가 나와 구별되는 동시에 나와 동일한 자아를 가진 '다른 자아(alter ego)'가 아니라는 점에 있다. 타자는 지금은 서로 소외되어 있지만 곧 '우리' 속에 용해되어야 할 부버의 '너'로서 타자가 아니라, 전적으로 나와는 다른 낯선 '그'이며, 그러한 낯선 이는 하나의 체계 속에 수렴되거나 통합되지 않는 다원적 존재들이다. 즉 타자의 타자성은 자아의 동일성으로 환원될 수 없는, 자아 밖에 있는 존재이며, 그 때문에 타자의 타자성은 전적으로 낯선 것이다.

여기에서 레비나스는 무엇보다도 타자성을 가진 타자가, 나와 더불어 공동의 존재에 참여하고 있는 또 다른 자아가 결코 아니라는 것을 강조한다. 타자와의 관계는 공동체와의 전원적이고 조화로운 관계도 아니며, 우리가 타자의 입장에서 봄으로써 우리 자신이 그와 유사하다고 인식하도록 하는 공감도 아니다. 타자와의 관계는 우리에 대해 전적으로 외재적이다.

타자는 결코 나 자신의 반영이 아니며 나의 공감과 연민, 감정 이입의 대상이 아니다. 내가 너에게 타자가 되고, 네가 나에게 타자가 되는 그와 같은 상호적 관계에는 진정한 의미의 타자가 존재하지 않는다. 그것은 단지 항(項)을 서로 대치할 수 있는 형식적인 의미의 타자일 뿐이다. 이러한 상호존재는 집단성만을 제공해 줄 뿐, 진정한 타자 개념을 제공하지 않는다.

따라서 레비나스의 타자는 부버의 '너'와 구별된다. 타자는 나와 너의 친밀한 관계 속에 용해될 수 있는 자가 아니다.[21]

레비나스가 말하는 타자는 나에게 거리를 두고 있고 나에게 낯선 이로, 나의 삶에 완전히 포섭될 수 없는 '그'이다. 타자는 극복되어야 할 것도, 극복될 수 있는 것도 아니다. 타자는 나와 너의 조화 속에서 용해되거나 소멸하지 않는다.

전혀 예측할 수 없는 미래를 나에게 열어주는 타자와의 관계는, 성격과 외모, 심리와 상관없이 단지 내가 아니며, '나와 다르다'는 사실만으로 인정하고 받아들이는 관계이다. 만일 타자를 나와 동일한 또 다른 주체로 생각하면 나와 타자가 맺는 관계는 헤겔의 주노(主奴)의 관계, 종속관계를 뛰어넘을 수 없기 때문이다. 두 주체가 다 같이 자유를 주장하면 결국 투쟁이 일어나고 결국 한편의 자유가 배제된 종속관계가 계속 이어질 것이다.

공자는 "군자는 다르지만 서로 어울리고, 소인은 같지만 서로 어울리지 못한다(子曰 君子 和而不同 小人 同而不和)"고 말했다. 레비나스와 공자는 시공을 초월해 타자의 윤리학은 '나와 너'의 차이와 숱한 타자들의 다양성을 인정하면서 어울리려 하는 '존재양식의 삶-화이부동(和而不同)'이라고 한 것이다. 나와 다른 남을 인정하지 못함은 자신과 남의 차이를 구분 짓고 우월성을 점하려는 의도이며, 자신과 다른 사람을 차별, 억압, 배제하게 되는 것이다.

---

20) Emmaneul Levinas, 강영안 역, 1999, 시간과 타자, 문예출판사.
21) 강영안, 2005, 레비나스의 철학-타인의 얼굴, 문학과 지성.

그러므로 타자를 인정한다는 것은 그의 '다름'을 수용하는 것이다. 즉 타자는 단지 나와 다른 자아가 아니라, 내가 아닌 사람이다. 타자는 나와 마주한 '너'가 아니라 제3자, 곧 어떤 맥락도 갖고 있지 않은 낯선 이로서 '그'이다. 타자는 나와 동등한 이가 아니다. 타자는 강자가 아니라 이방인이고 변호자도 기득권도 없는 예컨대 약한 사람, 가난한 사람, 과부와 고아이다.[22] 낯선 이로서, 고아와 과부로서 타자는 보편적인 인간성을 열어주는 것이다.

존재론적 모험 : 존재론적 모험은 '나'라는 존재가 전혀 낯선 타자와의 관계에 들어서는 것이다. 나는 자기존재와의 관계에서 나만이 내 존재를 지배하기 때문에 항상 고독하다. 우리가 너와 나의 합일과 공동체를 외치지만 그 누구도 내 대신 아플 수 없으며 목욕할 수 없으며, 아무리 사랑하는 사람이라도 대신하여 화장실에 가고, 대신하여 죽을 수 없는 고독한 실존이다.[23]

따라서 '나'의 존재 가운데 틈을 내고 그 속에 나로 환원될 수 없는 전혀 낯선 타자가 들어설 자리를 마련해야 한다. 이는 곧 존재론적 모험으로서 단지 '나와 다르다'는 사실, 바로 이 '타자성'으로 인해 타자에게 나를 비워주는 것이다.

존재론적 모험은 아리스토텔레스가 제시한 유유상종(類類相從)의 공동체를 탈피하여 오히려 대립적이고 이질적인 존재들 간의 상호수용으로서 기독교의 사랑[24]과 불교의 자비[25]와 상통하는 것이다. 그러나 서양철학은 전체에 객체를 용해하는 것으로서 합일을 추구함으로서 존재 속에 타자가 들어올 여지를 마련해 주지 못하였으며, 결과적으로 전체를 중심으로 환원과 배제의 원리를 강요하였다.

그래서 레비나스는 서양철학이 타자에게 자신의 규칙만을 강요하는 어리석음을 범했다고 한다. 서양제국주의의 식민정책과 히틀러의 유대인 말살정책이 대표적인 예다. 레비나스는 타자와 잘 만나는 동기는 '주고받기(give & take)'와 같은 공리성이 아니라, '나와 타자' 사이에 교환이 불가능한 '어떤 도덕'이라고 한다. 예컨대 위기에 처한 사람을 구하거나 가난한 사람, 이주노동자, 장애인 등을 지지하는 사람들이 자원봉사를 통하여 경제적 혜택이나 명예 등을 바라지 않고 단지 윤리적 호소에 의해 타자를 배려해야 진정한 타자의 윤리학이라는 것이다.

특히 레비나스는 나와 너의 동일성을 통해 정당화된 책임이 아니라, 타자의 다름, 곧 타자성이 명령하는 것에 대한 책임을 주장한다. 타자는 강자의 모습으로 나타나는 자가 아니라, 낯선 이방인의 모습, 비참한 이방인의 모습으로 나타난다는 것이다. 타인은 그의 비참함 가운데, 자기 방어가 불가능한 가운데, 신체적·도덕적 우월성을 상실한 가운데, 낮고 비참한 가운데, 쉽게 상처받을 수 있는 가운데 나에게 요구하고 호소한다.

타자의 얼굴과 윤리적 사건 : 그렇다면 왜 타자의 요구와 호소에 응답해야 하는가? 무엇에 근거하여 우리는 생판모르는 낯선 이에 대해서까지 도덕적 책임을 져야 하는가? 어떻게 나와 친밀성을 지닌 가족이나 이웃의 범위를 넘어서는 나와 무관한 사람들(alienus)에게까지 윤리적 관계를 확대시킬 수 있는가? 레비나스는 이 같은 난제를 '타자의 얼굴'이라는 근원적 윤리어를 통해 해결한다.

타자의 얼굴은 절대적으로 낯선 영역으로부터 우리 세계 안으로 발을 들여 놓는다. 그 낯섦은 타자의 본질이다. 낯선 것은 두렵고 끔찍하다. 그래서 사르트르는 "타자는 지옥이다"라고 했다. 그러나 레비나스에게서 그 낯섦은 지옥을 천국으로 뒤바꾸는 윤리적 사건을 일으키는 요소이다. 윤리적 사건은 낯선 타자 얼굴의 출현으로 시작된다. 얼굴은 외재적 존재의 현시로서 '그 자체 스스로 드러내 보여 줌'으로 나타난다. 타자얼굴의 출현은 윤리적 사건, 곧 '나의 중심성'이 실패하게 됨을 의미한다.[26]

배고프고 헐벗은 가운데, 사회적 불의 가운데 나에게 호소해 오는 타인은 지금까지 거리낌 없이 자유를 행사하던 나에게 문제를 제기한다. 나를 고발하고 소환한다. 타자는 얼굴을 통하여 나에게 호소하고 요구한다. 이를 통하여 나는 자기중심적인 삶을 재검토하게 됨으로써 결국 '자기중심성의 실패'라는 '윤리적 사건'이 일어나는 것이다. 윤리는 나의 자발성을 타인의 현존으로 문제 삼는 것이다. 즉 비천에 처한 타자가 나에게 간청해 올 때, 그 간청으로 인해 나의 자유가 문제 시 될 경우 윤리적 관계가 등장한다.

레비나스는 인간의 얼굴은 단적으로 어떤 맥락과도 무관하게 윤리적

---

22) Emmaneul Levinas, 강영안 역, 1999, 시간과 타자, 문예출판사.
23) 레비나스는 이를 '향유의 존재'로 설명한다.
24) 즉 '너희 친한 사람끼리만 사랑하면 무엇이 훌륭하냐?(마태복음6:38-48)' 따라서 '유대인과 이방인, 주인과 노예, 남자와 여자, 노인과 젊은이, 건강한 사람과 병든 사람, 모두가 하나이므로(갈라디아서 3:28, 고린도전서 12:13)' '그리스도께서 너희를 받아들인 것 같이 너희도 서로 받아들이라(로마서 15:7, 요한복음 13:15)'는 것이 기독교 공동체 원리의 핵심이다.
25) 불교의 중심사상으로서 자비는 '타인을 자기와 같이 생각하여 시시비비하지 않고 중생의 통고를 나의 통고로 여기며 진심을 베푸는 것'이므로 자타합일의 상호관계를 지향하는 자원봉사를 사상적으로 지지한다.

근원어를 함축한다고 본다. 이는 우리에게 윤리적으로 행동할 것을 촉구하는 것이기도 하다. 고통받는 타인의 얼굴은 우리에게 윤리적으로 무엇을 호소하는가? 타인의 고통과 기아, 불의, 병고의 시름은 우리에게 무엇을 보여주는가? 그것은 윤리적 책임을 느끼도록 호소하는 것인 동시에 윤리적 행위를 요구하는 명령이기도 하다.

그러면 타자의 얼굴이 나에게 갖는 힘은 어디서 나오는가? 레비나스의 답은 상처받을 가능성, 무저항성에 근거해 있다. 상처받을 수 있고 외부적 힘에 대해 저항이 불가능하기 때문에 얼굴로부터 도덕적 호소력이 나오는 것이다. 타자의 얼굴이 지닌 비폭력적, 윤리적 저항은 강자의 힘보다 더 강하게 나의 자유를 문제 삼는다. 힘없는 타자의 호소를 인정할 때 나의 자유, 나의 실현을 무한정 실현할 수 없다.[27] 진정한 죄책의 경험은 타자에 대한 욕망에서 비롯된다.

그렇다면 타인의 얼굴과 이방인은 무슨 관계가 있는가? 타자의 범주 안에는 단지 '가족'이나 '아는 사람'만이 해당되는 것은 아니다. 오히려 모든 인간 존재자들은 얼굴 그 자체로 나타난다. 타자는 어디서 왔든지, 젊든지 늙었든지, 가난하든지 부자든지, 동족이든지 이방인이든 간에 그의 사회적, 경제적, 문화적, 민족적 특수성을 뛰어넘어 "벌거벗음 가운데 나타나는 얼굴"이며 벌거벗음 가운데 타자의 얼굴이 나타나는 것은 보편적인 인간성을 열어주는 "윤리적 사건"이라고 레비나스는 말한다. 타자가 벌거벗은 얼굴로 나타난다는 사실은 그가 누구든 상관없이 내가 그를 환대하고 그에게 관용하며 그의 생명을 존중해야 한다는 뜻이다. 윤리적 호소를 보내는 타자는 친밀한 관계의 사람으로만 제한되지 않기 때문이다.

---

26) Bernhard H, F. Taureck, 변순용 역, 2004, 레비나스, 인간사랑.
27) Emmaneul Levinas, 강영안 역, 1999, 시간과 타자, 문예출판사.

(4)너를 찾아서

피터 한트케(Peter Handke)는 '느린 귀향(Langsame Heimkehr)'에서 타자의 부재가 갖고 있는 의미와 타자를 찾아나서는 한 인간의 여정을 그리고 있다. 타자의 부재는 주인공 조르거(Sorger)가 가진 삼중의 단절에서 비롯된다고 볼 수 있다. 먼저, 주인공은 북극에 거주하는 지질학자로서 자신이 속했던 세계를 떠나왔다. 둘째, 원주민들의 세계에서 이방인으로 존재할 수밖에 없다. 셋째, 과거와의 의도적 단절이다. 그는 자신의 과거 유럽에서 온 편지들을 쌓아놓을 뿐이다. 그는 단절된 세계 속에서 단독자로서 존재한다.

한트케는 조르거와 타자들의 공간을 분리시켜, 조르거로 하여금 바라보는 존재로 남게 한다. 조르거는 창밖에서 창안을 들여다보고 있는 경우가 많다. 보는 자에겐 타자의 의도는 중요하지 않다. 그러나 바라보기 시작했다는 것은 곧 관심을 의미하기도 한다. 소극적이지만, 조르거가 타자를 바라본다는 것은 타자를 인식하기 시작하였음을 의미한다.

더 나아가, 타자의 공간을 응시한다는 것은 타자와 함께하는 공간에 대한 욕망을 가지고 있음을 의미한다. 그러한 까닭에 그의 여행은 타자를 찾아가는 여행이고, 타자와 공유할 수 있는 공간을 찾아가는 여행이다.

북극에서 시작해서 뉴욕을 거쳐, 자신의 고향에 이르는 여행을 통해 조르거는 자신의 공간에서 벗어나, 타자들과 함께 하는 공간 속으로 들어간다. 그리고 바라보고 있는 자에서, 듣는 자로, 함께 느끼는 자로 전환된다. 타자와 함께 하는 세계의 가능성을 발견한 조르거의 여행은 계속된다.

그 여행의 끝에서 그가 발견하고자 하는 것은 존재의 이유와 존재의 의미를 지닌 자신의 모습이다. 조르거의 경우, 자신으로 돌아오는 길은 아주 멀다. 공간을 가로지르고, 시간을 거슬러 올라가야 하기 때문이다. 그래서 그의 귀향은 느릴 수밖에 없다.

결국 인간에게서 타자는 돌아가야 할 고향과 같은 존재이며 나는 너를 찾아 떠나는 순례자이다. "영혼 깃든 네 향기에/ 외롭게 아파하며/ 천년을 남루한 신발로/ 걸어서, 눈물이 나도/ 눈물이 나도/ 네가 기다려 주고 있는/ 바다가 보이는 저 언덕 위/ 힘에 부친 이승의 길이라도/ 오랜 그리움 펄럭이는/ 나만의 풍경 속에/ 네가 있는 곳/ 긴 세월 끝에/ 마지막 불빛처럼,/ 내가 닿은 곳/ 네사랑 이외엔/ 빈자리 없어/ 내 영혼이 진실로/ 안아볼 만한 너인 것을" 시인은 너라는 존재의 의미를 노래한다.

<느린 귀향>에서 피터 한트케(Peter Handke)가 주인공을 통하여 던진 질문은 나와 타자 간의 관계이다. "고민하는 자"라는 뜻의 이름을 가진 주인공 조르거(Sorger)는 세계 속에 존재하고 있으나, 세계 속에 뿌리를 내리지 못하는 인물이다. 조르거는 "세계 속에 혼자 존재하는 것이 아니라, 세계 없이 혼자 존재하고" 있다는 느낌을 가질 정도로 절대적인 고독에 사로잡힌 존재이다.

피터 한트케

존재한다는 것은 세계 속에 자리하고 있음을 의미한다. 세계는 주체와 타자가 함께 만들어가는 공간이며, 세계 속에서 나라는 존재를 확인시켜 주는 것이 타자의 존재라고 할 때, 조르거의 존재론적 문제는 타자의 부재에서 비롯된다고 볼 수 있다. 레비나스가 말하듯이 주체는 혼자로서 존재하지 않을 때, 타자와의 관계를 가질 때 비로소 완전한 주체가 될 수 있다. 그러한 의미에서 타자의 존재가 주체를 구축한다고 볼 수 있다.

주인공 조르거에게 있어 타자란 존재하지 않는다. 그는 자기의 지각을 통해서만이 세계를 인식하고 있다. 그의 눈과 귀는 자연 세계의 변화를 세밀하게 감지해내고 있다. 그것이 바로 세계 속의 자신의 존재를 현실화시키는 유일한 방법인 것이다. 그러나 지각은 존재를 현실화시키는 일차원적 방법일 뿐, 존재의 의미를 가져다주지는 못한다. 존재의 의미를 가져다주는 것은 타자의 존재다.

타자의 존재를 찾고 바라보는 것에는 고독을 통해 사회성을 정의하는데 머물지 않고 그것을 뛰어넘는 권유가 들어 있다. 특히 하이데거의 경우와 같이, 진리를 가운데 두고 그것을 중심으로 서로 관계하는 방식에는 얼굴과 얼굴을 마주한 '마주보기'가 없다. 이른 아침 연인 한 쌍과 버스를 함께 탔다. 여자는 거울을 꺼내 들고 화장을 마친 후 "나 예뻐?" 남자에게 물었다. 호박에 줄 그린다고 수박되는 것은 아닐진대, 남자는 예쁘다고 했다. 거울을 보는 듯 홀로보기가 아니라 그들은 서로 '마주보기(face to face)'를 하고 있는 것이다. 홀로보기에는 현재의 순간, 겉으로 드러난 것만이 존재하지만 미래의 기대는 없다.

그래서 타자와의 마주보기는 마술이라고 독일 시인 케스트너는 노래한다. "너와 내가/ 당신과 당신이/ 마주 봅니다./ 파랑 바람이 붑니다./ 싹이 움틉니다.//⋯ 우리가 쌓아 온 적막 속에서/ 우리가 부셔 온 폐허 위에서// 너와 내가/ 당신과 당신이/ 마주 봅니다./ 파랑 바람이 붑니다./ 싹이 움틉니다.// 피곤에 지친 눈을 들어/ 사랑에 주린 눈을 들어/ 너와 내가/ 당신과 당신이/ 마주 봅니다.// 마술의 시작입니다." 그래, 마주보기는 현재를 뛰어넘는 진정한 미래이며, 타자는 초월적이고 영원한 노스텔지어이다.

러브 디텍터

　최근 미국 뉴욕의 한 기업은 이스라엘에서 나온 거짓말 탐지 소프트웨어를 기반으로 목소리를 분석, 대화 상대에 대한 호감 수준을 −1~5까지 7단계로 측정하는 사랑 탐지기 "러브 디텍터(Love Detector)"를 개발했다고 한다. 최고치인 5는 로미오와 줄리엣도 저리 가라 할 만큼 뜨거운 사랑이고, 최저치인 −1은 차라리 조각상이 더 따뜻하다고 할 만큼 냉담한 상태를 의미한단다.

　일면 사랑의 열병에 빠진 이들에게 희소식일 듯하다. 이제 탐지기가 설치된 컴퓨터에 전화기를 연결한 후 관심을 두고 있는 사람과 통화하기만 하면 자동으로 사랑과 미움의 수준을 알려 준다니, 이제 상대가 나를 사랑하는지 아닌지 애태울 필요가 없기 때문이다. 러브 디텍터로 탐지하여 수치가 낮으면 "너는 왜 날 사랑하지 않는 거야?" 따질 수도 있다. 만일 맘에 들지 않는 사람이 언감생심 넘본다면 "너 왜 이렇게 수치가 높아! 앞으로 조심해 알았어?" 엄중하게 경고하면 되지 않을까?

　그러나 인생사란 사랑과 미움의 감정들이 범벅된 희노애락(喜怒哀樂)이거늘 사랑을 탐지해 낸다면 이제 우리의 인생사는 어떻게 변모될까? 그가 혹은 그녀가 나를 사랑하는지 아닌지 몰라 애태우는 것 그 자체가 사랑의 신비가 아니던가? 사랑의 마음을 확인하기 위해 애쓰던 긴긴밤의 애틋함이 사라지면 이제 연애 소설과 드라마도 그리고 저 수많은 연가(戀歌)들도 사라질지도 모른다. 그리고 너 나 할 것 없이 호의를 베풀다 러브 디텍터에 걸려들어 망신당하는 사람도 부지기수 일터, 마음조심! 감정조심! 조심조심해야 할 것이다.

　도로에 설치된 무인 속도측정기에 대항하여 속도측정기를 탐지하는 기계가 등장하였다는데, 러브 디텍터를 탐지하는 장치도 곧 등장하지 않을까? 이래저래 돈들 일만 남은 것 같다. 그렇다면 진정 사랑 탐지기 '러브 디텍터'는 이기(利器)인가 흉기(凶器)인가? 이제 열 길 물속은 알아도 한 치 사람 속은 모른다는 속담도 바뀌어야 될 것 같다. 문명이 발달하니 곰곰이 생각해 볼 일도 참 많아진다.

〈이성록 칼럼, "아름다운 세상" 중에서 발췌〉

3)너와 나의 관계

벗이여/ 이제 나를 욕하더라도/ 올 봄에는/ 저 새 같은 놈/ 저 나무 같은 놈이라고 욕을 해다오/ 봄비가 내리고/먼 산에 진달래가 만발하면/ 벗이여/ 이제 나를 욕하더라도/ 저 꽃 같은 놈/저 봄비 같은 놈이라고 욕을 해다오/ 나는 때때로 잎보다 먼저 피어나는/ 꽃 같은 놈이 되고 싶다.[정호승—벗에게 부탁함]

중세 철학자 아우구스티누스는 "인간이야 말로 가장 풀기 어려운 수수께끼"라고 말했다. 우리에게는 "열 길 물속은 알아도 한 치 사람 속은 알 수 없다"는 속담이 있다. 이 모두가 인간관계에서 서로가 서로에게 어떤 존재인지 알 수 없다는 것이다. 시인들은 너와 나는 서로에게 의미 있는 존재로서 대화를 청하고 있다. 시인은 대화적 존재로서 참다운 삶의 의미를 찾으려 하는 것이다.

인간이란 모든 면에서 복잡한 존재이며, 자기도 자기 자신을 다 알지 못하는 불완전한 존재이다. 또한 인간은 자기 안에서 자기 자신과 관계를 맺고 있으며 자기 바깥에서도 다양한 관계를 맺고 있다는 의미에서 인간은 관계적 · 상대적 존재이다. 인간은 자의든 타의든 간에 생의 모든 과정에서 타인들과의 관계 속에서 살아간다.

인간은 인간과 인간 사이에 있다. 한자말 인간(人間)은 '사람과 사람 사이'를 가리킨다. 즉 인간은 '사이(間)'의 존재이며 끊임없이 타자와 상호 작용하는 관계적 존재이다. 그래서 관계양식으로 인간의 존재양식을 파악한다. 문제는 관계의 양식이다.

(1)존재론적 관계

인간의 본성을 인간 상호간의 대화적 관계로 처음 표명한 철학자들은 야코비(Fr. H. Jacobi)와 훔볼트(W. V. Humbolt) 그리고 포이에르바흐(L. Feuerbach)이며, 이 철학자들의 인간에 대한 사상은 그 당시 철학의 기본방법이었던 사변과는 대립한다. 누구보다도 야코비는 관념론적인 '나(주체적 자아)'에 대한 사상에 첫 번째로 대항하면서 '너-문제'의 해답을 위한 좋은 본보기를 선취한 철학자인데, 그는 스피노자에 관한 책 머리말에서 "모든 유한한 사물의 현존은 공존에 의존하며, 따라서 너 없는 나는 불가능하다"고 했다.

훔볼트는 인간 현 존재를 이원적이며 너를 조건부로 하는 존재로 규정했는데, 인간 존재의 이원적인 특징은 무엇보다도 언어의 구조에서 잘 나타난다고 보았다. 훔볼트에 의하면 격리된 화자는 실제로 있지 않다. 단어들의 불명료함과 단어의 의미가 갖고 있는 한계점은 활력 있는 대화에서 서로 묻고 답변하는 과정에서 비로소 명료해지며, 따라서 독자적인 주체로서 인간은 언어를 소유할 수 없다.

그리하여 언어는 본질적으로 인간 상호간의 관계를 전제로 한다는 것이 훔볼트의 주장이다. 포이에르바흐 역시 관념론적인 인간학과의 관계를 끊은 철학자로서 그의 저서 「미래 철학의 기본 원칙(Grundsätze der Philosophie der Zukunft)」에서 '나-너-철학(Ich-Du-Philosophie)'을 말하는데, 인간은 본질적으로 타자와의 존재적 관계에 있으며, 실제의 나는 너를 마주하고 있는 나이며 스스로는 다른 나를 마주하고 있는 너이다.

훔볼트와 마찬가지로 포이에르바흐 역시 사상도 언어처럼 나와 너의 관계임을 강조하면서 인간의 본질을 공동체 즉 인간과 인간의 통일성에서 보았고 그러나 이 통일성은 현실적으로는 나와 너의 차이를 인정한 것이었다. 그리하여 포이에르바흐의 인간 개념은 인간 상호간의 관계에서 가능해진다.

그런데 인간이 이렇듯 타자와 더불어 존재함은 무엇보다도 인간 자신이 육체적 존재이기 때문에 포이에르바흐는 인간의 만남과 상호관계를 어디까지나 감각적이고 육체적인 사건으로 해석한다. 그럼에도 불구하고 인간은 타인과 더불어 존재한다는 포이에르바흐의 사상은 오늘날 대화 혹은 만남 등의 테마에 몰두하는 많은 사상가들에게 그들의 사상을 확립하는데 적잖은 영향을 주었다.

(2)대화적 관계

마틴 부버

마틴 부버는 그의 저서 「나와 너」[28])에서 인간을 인격적 관계방식에서 파악하였다. 인간은 인간이라는 존재 하나만을 떼어 가지고서는 알 수가 없으며 인간이 무엇인지 알려면 사람과 사람 사이 즉 인간관계 양식을 들여다보아야 한다는 것이다. 부버에 의하면 인간은 두개의 관계 속에 있는 존재로서 발견되는데 하나는 '나와 너(Ich und Du)'의 관계이고 다른 하나는 '나와 그것(Ich und Es)'의 관계이다. 인간에게서 이 두 가지 기본적 관계양식 중 어느 것이 지배적이냐에 따라 삶의 양식이 달라진다.

만일 내가 취한 삶의 양식이 '나와 그것(Ich und Es)'의 관계가 우세하게 되면 '나'에 대해서 상대는 오직 나를 위한 수단으로서 존재할 뿐이다.[29])

---

28) M. Buber, 김천배 역, 1983, 나와 너, 대한기독교서회.

그러므로 여기에는 상호적 관계는 없고 오직 일방적인 명령만이 있을 뿐이다. 그러나 '나와 너(Ich und Du)'의 관계 양식이 우세하게 되면 '나'라는 주체는 곧 '너'라는 주체와 관계를 맺게 된다.[30] 이 관계에서는 상호간 인간적인 관계가 나타난다. 따라서 이 관계의 영역은 나의 안(in)도 너의 안(in)도 아닌 '나와 너' 사이(gap)의 영역이다. 즉 우리들의 영역이다.

사람들은 인간문제를 지적하면서 사랑의 공동체를 요청한다. 칸트는 "타자를 나의 수단이 아니라 목적으로 대하라!"는 명제를 통하여 근본적 인간관계의 변화를 요청하였다. 부버에 의하면 참된 공동체는 '나와 너'의 관계가 지배적인 곳에만 가능하다. 그런데 현실 속에서 '나'와 만나는 타자는 대부분 '그것'으로 존재한다. 과연 우리에게 있어서 상생의 관계로서 '너'는 실제로 가능한 것인가?

인간은 사촌이 땅을 사면 배가 아픈 소위 '카인 콤플렉스'를 갖고 있는 자기중심적 존재이기에 나를 만나는 타자는 '그것'이 될 수밖에 없다.[31]

---

29) 나와 그것 관계의 특성-①경험과 이용의 관계: 인간과 그것의 세계와의 근본적 연관성은 경험과 이용에 있다. 경험은 계속적으로 세계를 재구성하고 이용은 세계를 그의 다양한 목적 속에 이끌어 간다. ②주·객관의 관계: 부버는 주관과 객관의 비대화적 관계성을 타동사의 사용영역에서 밝혀낸다. 주관은 일방적이며 객관을 목적적 관계로서 대상화 하여 소유하며 객관은 철저한 피동성에 지배된다. ③간접적 관계: 부버는 이때에 간접성은 참 존재가 이원적 상호성에서 대면하는 현존재의 결여로 인하여 과거 속에 있게 되며 이때에 주체인 나는 수많은 내용물로 둘러 있을 뿐 현재성이 아니라 과거성으로 존재한다. 그러므로 이 관계의 성격은 일반적으로 지적 및 실험적 활동의 중심 및 대상이 된다.

30) 나와 너 관계의 특성-①상호성: 인격적 존재의 상향성(相向性)은 서로 상대를 수용하고 승인하게 된다. 대화는 응답되어져야 할 의무적인 것이 아니라, 응답될 수 있는 성질의 것이다. 즉 대화의 능동적·자발적 특성을 부버는 지적하고 있다. ②직접성: 여기서 직접성이라는 말은 '나와 너'의 관계는 어떤 관념이나 실험적 지식이나 환상 같은 것이 게재되는 것을 일체 허용하지 않고 직접 '나와 너'가 대면하는(face to face) 관계를 의미한다. ③현재성: 부버는 '현재성은 나의 속에 존재하지 않고 나와 너 사이에 존재한다'고 했다. 그리고 이와는 반대로 대상물은 정지, 중단, 분립, 관계 결여, 현재 결여 등이라고 시사하면서 현재성이 곧 직접성임을 암시하였다. ④밀접성: 밀접성은 외부의 어떤 개입이나 관여를 완전히 배제할 때 나타나는 관계 권능이다.

하여, 타자를 독자적인 주체로서 대하지 않고 객체화하고 수단화한다. 서로 상대를 깔보고 억누르고 짓밟고 괴롭히면서 우월 감을 드러내고 자신의 뜻에 복종하기를 바 란다. 상대는 자신을 위해서 가능한 한 크 게 이용해야 할 대상이다. 이 경우 만남은 서로를 지배하고 복속시키려는 파워게임의 과정일 뿐이다.

한편 인간마다 고유의 존재양식이 있으므로 '나는 나, 너는 너' 라는 인 식 속에, 상대를 위협적이지도 않고 친근하지도 않은 존재, 나와 같은 존 재도 아니고 다른 존재도 아니라는 태도를 취하기도 한다. 이는 일면 불간 섭과 관용으로 보이지만 기실은 참 만남이 아니라 상대를 '그것' 으로 대 하는 소극적 수단화일 뿐이다.

그렇다면 '나와 너' 로서 인격적 만남은 불가능한 것인가? 근본적으로 인간은 관계적 존재이며 '나' 는 '너' 없이 살 수 없는 실존이다. 인간이 사는 세계는 본시 '나의 세계' 가 아니라 '우리의 세계' 이다. 세계는 나를 위해서도 너를 위해서도 아닌 우리를 위하여 존재하는 세계이다. 그런데 서로가 '나와 너' 로서 존재하는 인간관계는 불가능하다. 따라서 바람직 한 인간관계가 필요하지만 바람직한 인간관계가 불가능하다는 것이 딜레 마이며, 이 딜레마 속에 인간은 혼돈과 갈등을 겪고 있다.

한편 '나와 너' 는 무수히 많은 '우리' 와 연결되어 있다. 사람들은 '나 와 너' 로 상징되는 일군의 씨줄과 날줄의 관계를 '가족 유사성(family

---

31) 인간은 이기적 존재이다. 이기성은 선한 것도 악한 것도 아니다. 어떤 정황에서 이기적이고 이 타적인가의 문제가 있을 뿐이다. 이기는 '나' 를 위해 '그것' 을 '너' 로 받아들이는 에너지이 기도 하다. 이타는 이기의 반대가 아니라 이기의 또다른 차원의 표현이기 때문이다.

resemblance)'의 형태로 공유한다. 나와 너는 같은 '우리' 내부에 있을 수도 있고 서로 안과 밖에 있을 수도 있다. 이처럼 모든 '나'와 모든 '너'가 수없이 많은 '우리'와 연결되기 때문에, 나와 너는 같은 '우리' 안에 있으면서 동시에 그 안에서 서로의 밖에 있다.

따라서 나와 너의 사회적 관계는 우리라는 맥락 속에서 상이한 형태를 갖기 때문에 자아와 타자의 관계로 축소 환원될 수 없다. 자아가 본질적으로 타자의 타자이기 때문에, 타자성 중심의 타자 윤리학은 동일성 중심의 자아윤리학으로 언제나 전복될 수 있다. '우리'를 인류로 환원시키는 모든 형태의 철학은, 그것이 주체 중심적이든 타자 중심적이든 관계없이 근본적으로 '우리 밖의 타자'와 '우리 안의 타자'의 문제를 제거함으로써 진정한 이방인의 자리를 빼앗을 수 있다.

(3)책임의 관계

그렇다면 '우리 안의 타자'와 '우리 밖의 타자'는 어떻게 다른가? 레비나스는 마틴 부버의 '나와 너' 개념을 확장하고 정교화한다. 따라서 레비나스의 타자는 부버(M. Buber)의 '너'와 구별된다. 타자는 나와 너의 친밀한 관계 속에 용해될 수 있는 존재가 아니다. '우리 밖의 타자'는 동일성을 지향하는 '너'가 아닌 낯선 이로서 '그'이다.

레비나스는 부버의 '너'를 확장하여 타자성을 가진 이방인에 대해서까지 무한한 책임을 요구한다. 그는 마틴 부버적인 '나-너' 관계에서 동등성과 상호성을 분석해 낸다. 즉 부버에게서 '나'를 부르는 '너'는 이런 부

름 속에서 이미 '나'에게 '너'라고 말하는 또 다른 '나'이다. 나를 통해 너라고 하는 것은 나에게 있어서 상호관계 내지 동등성을 의미한다. 그러나 레비나스에게서 '나-너'의 관계는 나와 너의 동등한 관계가 아니라 다름이 있는 관계이다.[32] 너는 나와 '함께' 걸어가지만 '같이' 가는 것은 아니다. 나의 힘과 타자의 무력함으로 인해 나는 타자를 또 다른 나로서가 아니라, 나의 도움을 절대로 필요로 하는 존재이다. 이런 도움의 실현은 결코 강제가 아니다. 타자의 호소로부터 자유롭지 못한, '타자에 대한 책임'이 있는 입장에 있기 때문일 뿐이다. 타자에 대한 책임은 자발적인 어떤 의지와 행위로써 발생하는 것이 아닌, 낯선 타자의 얼굴을 받아들임으로써 발생하는 책임이다.

이러한 책임은 나의 의지나 자유와 상관없이 발생함은 물론 이전에 어떠한 관련이 존재하지 않았음에도 불구하고 발생하는 것이다. 제노비스 사건과 같이 나는 아무것도 하지 않았다고 하더라도 항상 관련되어 있다. 레비나스는 이를 '관련성 책임', 혹은 '만남의 책임'으로 규정하고 구경꾼들에게 책임을 묻고 있다. 비록 구경꾼으로 머물 수 있다 하더라도 나에게는 책임이 있는 것이다.

1964년 미국에서 제노비스라는 20대 여성이 야심한 시각 주택가에서 수십 분간에 걸쳐서 비명을 지르며 자신을 죽이려는 정신이상자를 피해 도망 다니다 결국 살해당한 사건이 있었다. 경찰 조사 결과 강간과 살해당하는 장면을 지켜 본 목격자들이 38명이나 있었고, 일부는 자신의 집에 조명까지 켠 채 그 모습을 보고 있었지만, 그 누구도 도움을 주지 않았을 뿐만 아니라 경찰에 신고조차 않았다는 것이다. 심리학자 비브 레테인과 존 달리는 이 사건에 대해 당시 아무도 제노비스를 구하지 않은 것을 '제노비스 신드롬' 혹은 '방관자 효과'라 명명했고 이는 '내가 하지 않아도 누군가 신고하거나 도와주겠지'라고 생각하고 책임을 미룸으로써 일어난 것으로 설명한다.

32) Bernhard H. F. Taureck, 변순용 역, 2004, 레비나스, 인간사랑.

레비나스의 근본생각은 "만남의 상황에서 도움을 필요로 하는 타자의 실존은 나를 책임 있게 하며, 그러므로 나는 책임자로서 존재한다"는 것이다.

따라서 타자의 휴머니즘으로 표현되는 레비나스의 타자 윤리학은 주고받는 상호 대칭적 호혜성을 근간으로 하는 휴머니즘에 반대한다. '나'는 타자에 대한 책임을 지닌 존재이기 때문이다.

그러나 이러한 타자에 대한 전면적이고 무한한 책임을 어떻게 실현할 것인가? 레비나스는 자아와 타자의 관계에 대한 새로운 이해를 제시하였고 또한 그는 타자의 얼굴을 깊은 시선으로 응시하여, 타자의 얼굴을 향한 새로운 책임의 과제를 우리의 몸에 동여맸다. 문제는 어떻게 실현할 수 있는가이다. 레비나스는 이에 대하여 뚜렷한 설명을 하지 않고 있다. 다만 책임의 무한성이 책임의 실제적인 무한함이 아니라, 책임이 받아들여지는 정도만큼의 책임의 증가라고 설명한다.

결국 책임의 무한성은 '내'가 책임을 인수하는 수준만큼 증가한다는 것이다.[33]

그렇다면 이는 무한책임에 대한 유한책임이라는 모순이 아닌가? 레비나스 역시 에덴시대 이래 '그리움의 얼굴'을 상실한 슬픈 인류에게, 진솔한 자성을 요구하는데 그치는, 현실적 한계를 드러낸다.

한편 레비나스의 타자 윤리학은 동일성이 아닌 타자성을 지향함으로써 분명히 휴머니즘적 전통에 반기를 드는 것처럼 보일 수 있다. 그러나 레비

---

33) 레비나스가 제시한 '리투르기(Liturgie)와 손해(Defizit) 개념을 통해 책임실현방식을 추측할 수 있다. 리투르기의 원래 의미는 관직의 수행인데, 특히 무보수일 뿐만 아니라 그것을 수행하는데 들어가는 비용조차 자신이 부담하는 자원봉사로서의 관직행사를 의미한다.

나스의 타자성 역시 '우리' 라는 울타리를 근본적으로 부정한다는 측면에서 휴머니즘의 동일성 논리를 완전히 극복하지 못한 것으로 보인다. 앞에서 자세하게 논의한 것처럼 휴머니즘과 계몽주의의 테두리 안에서 이성과 합리성을 배타적으로 고수하는 개인주의적 전통은 타자는 받아들이면서도 타자성은 인정하지 않는다.

그런데 원자적 개인(주체)들의 결합체인 인류 공동체가 타자성 없는 타자만을 가상적으로 포용하는 기만적이고 폐쇄적 공동체로 전락한 것은 '우리' 의 안과 밖의 경계를 나누는 울타리가 무너지고, 정당화 절차 없이 '우리' 를 '인류' 로 전환하는 데 그 원인이 있다.

레비나스의 타자 윤리학 역시 '우리' 담론을 소화하지 못했다는 측면에서 휴머니즘의 한계를 벗어나지 못하고 있다는 비판이 제기될 수 있을 것이다.

3. 대화의 단절

변신

인간은 대화적 존재, 즉 말을 주고받음으로써 사람으로 탄생하는 존재이다. 그러나 대화는 간단하지 않은 난제이다. 인간 대 인간으로의 소통과 대화를 상실한 소외된 삶속에서 우리의 존재는 어떤 의미를 갖는가? 프란츠 카프카(Franz Kafka)는 그의 소설 「변신」을 통하여 어느 날 아침 자신의 몸이 벌레로 변신한 한 남자의 이야기를 그리고 있다.

주인공 그레고리는 다른 사람들의 말을 들을 수 있고 그들의 감정을 파악할 수 있지만 가족은 그의 말을 도통 알아들을 수 없다. 오직 벌레의 소리로만 들을 뿐이다. 결국 그레고리와 가족 간의 소통의 단절을 보여준다. 이 같은 소통의 단절은 그레고리에게 아무런 관심을 가져주지 않음으로써 소외된 존재로 나타난다.

그레고리는 왜 벌레의 모습일까? 가정에서 그레고리의 위치는 절대적이고 필수적이었다. 가족의 생계를 책임지는 가장으로서 막중한 역할을 수행한다. 하지만 그가 벌레로 변신한 이후 그는 더 이상 가족들에게 아무런 도움이 되지 못한다. 즉, 그레고리는 가족 내에서 하나의 사용 가치로서만 존재했던 것이다. 돈 버는 기계로서 역할을 수행하지 못하는 그는 가족들에게 더 이상의 의미를 갖지 못한다. 가족들은 결국 인간 그레고리가 아닌 흉측한 벌레로서 그리고 사용 가치를 상실한 불필요한, 사라져야 할 존재로 보고 있는 것이다.

평균 가족 간의 대화가 30분 미만이라는 통계도 있듯이 우리는 가장 가까운 가족들 사이에서도 대화를 하지 않는다. 카프카의 「변신」은 1910년대에 쓰였지만, 소통의 단절 속에 처한 현대인의 존재 상실에 대한 문제를 제기해 준다. 소통의 장애를 심화시키는 현대사회의 요인들에 대하여 살펴본다.

1) 맥락의 단절

지금 이 순간, 누군가는 전 생애를 걸며 악착같이 연애를 하고 있겠지만 그 행위의 목격자는 마치 어제 본 TV 드라마처럼 전달한다. 연애는 절실한 삶의 한 형태가 아니라 인터넷 채팅 방에서 손쉽게 얻을 수 있는 사교술이 됐다. 우리는 연애에 대해 5분도 이야기하지 않는다. 오랫동안 짝사랑하였으나 그 결실을 이루지 못한 사람이 한순간의 격정으로 상대방을 와락 껴안으면, 이제 그것은 스토커의 성추행이 되고 만다. 그것이 스토커의 몹쓸 짓인가 아닌가에 대하여 이 사회는 매우 시사적으로 이야기를 나누지만, 그 사람의 오랜 가슴앓이에 대해서는 아무도 관심을 보이지 않는다. 최근 우리는 사랑에 대한 그 어떤 절실한 소식도 들은 적 없다.

6천년의 사랑

현대인의 근원적 문제는 맥락의 단절이다. 독일의 철학자이자 작가인 막스 피카르트(Max Picard)는 현대인의 정신적 상황을 '맥락 없음 (Zusammenhanglosigkeit)'이라는 독특한 고유어(idiom)로 표현한다.[34] 그의 저서 「우리 안의 히틀러」는 제2차 세계대전이 끝나고 1년 뒤에 나온 책으로, 심리학과 철학의 관점에서 나치스라는 현상을 통해 나타난 인간의 본성을 날카롭게 분석하고 있다.

그 본성을 향하여 우리는 다음과 같은 연쇄적 질문을 던지게 된다. 가령 우리는 타인의 실책에 분노하면서도 자신의 잦은 폭력성에는 얼마나 둔감한가? 실제로 나치스는 고전 음악을 들으면서 태연히 유태인들을 죽이지 않았던가? 그렇다면 인간의 모순은 어디가 끝인가? 결국 무슨 일이

---

34) Max Picard, Hitler in uns selbest, 김희상 역, 우리안의 히틀러, 2005, 우물이 있는 집.

닥칠지 걱정하는 사람도 없고, 그저 모든 것이 일체의 맥락을 잃고 뒤죽박죽 뒤섞여 있을 따름이 아니겠는가?

피카르트에 의하면, '순간' 과 '물질' 을 좇는 현대인의 내면은 '혼란' 그 자체이다. 일체의 연관을 상실한, 혼란스런 내면을 가진 현대인은 아무 맥락이 없는 외부의 혼돈과 부딪히며 살아 갈 뿐인 것이다. 그 아무런 맥락이 없는 내면의 카오스 속에 도사리고 있는 폭력적인 '무(無)' 의 상태가 바로 '우리 안의 히틀러' 이다.

막스 피카르트(1888~1965)

왜냐하면 나치스의 히틀러는 '불연속성, 도처에 도사리고 있는 맥락 없음으로 인해' 우리에게 각인된 존재이기 때문이다. 피카르트는 현대인의 내면 속에 이미 그런 히틀러가 존재한다고 간파하고 있는데, 현대인은 신으로부터 도망하였으며, 순간만을 좇으며, 일체의 내적 연속성을 잃어버렸으며, 타자들과의 연관을 모두 상실한 채 살아가기 때문이라는 것이다.

히틀러같이 아무것도 아닌 하찮은 존재가 지도자가 될 수 있는 것은 총체적인 불연속성의 세계에서만 가능하다. 모든 것이 맥락을 잃어버린 이런 세상에서는 사람들이 비교를 하는 데 익숙해 있지 않기 때문이다. 히틀러는 그저 다른 것과 똑같은 별 볼일 없는 존재다. 매순간 모든 것이 변화하는 이런 세상에서, 사람들은 적어도 하나의 하찮은 놈이 별 차이 없는 다른 놈 앞에 서 있다는 사실에 안도할 뿐이다. 위계질서가 분명한 세상이라면 무가치한 히틀러는 저절로 무(無)의 나락으로 떨어져버렸을 것이다.

'총체적인 불연속성의 세계' 혹은 '모든 것이 맥락을 잃어버린' 세계에서는, 자신을 향한 고함만 지를 뿐 타자와의 일체의 연관성을 상실한 아돌프 히틀러(Adolf Hitler)는 같은 인물이 광기와 무지와 폭력성으로 군림하게 된다. 그것은 '진리'가 지속적이며 사람과 사물을 끌어 모으는 것에 철저하게 대비되는 속성을 보여준다. 왜냐하면 '진리'는 맥락과 연속성을 가진 세계를 창조해내기 때문이다. 말하자면 히틀러로 표상되는 '맥락 없음'의 세계는 단지 스쳐 지나가는 욕망의 휘파람일 뿐이다.

따라서 "나치스란 완벽할 정도로 내면의 맥락이 없는 상태의 인간이다. 나치스는 많은 것을 필요로 하지 않는다. 그저 순간에서 순간으로, 아무것도 아닌 삶에서 어떤 것일 수도 없는 삶을 이어갈 뿐이다. 나치스가 하는 일이라고는 허공에 대고 고함을 지르는 것뿐이다"라는 작가의 발언이 자연스럽게 이어지는 것이다.

이러한 맥락 없는 불연속성의 세계를 동분서주하면서 살아가는 인간형은, 기억을 상실한 인간, 순간에 사로잡힌 인간, 어우러짐이 없는 인간, 발전이 없는 인간, 늘 새롭게 시작만 하는 인간, 잔혹한 인간 등으로 표상된다. 그들은 '무엇이 앞이고, 무엇이 뒤인지를 모르는 인간, 그 내면은 온통 뒤죽박죽이어서 전혀 맥락을 모르는 인간'이다. 그들은 자신의 존재의 연속성을 알지 못하기 때문에 늘 단속적으로 자기 존재를 망각하고 방기하고 결국에는 망가뜨리고 만다.

2005년 일부 간호사 또는 간호조무사들이 신생아를 장난감 다루듯 가지고 노는 사진들을 인터넷 사이트에 올려놓아, 사회적 문제가 되었었다. 사진 중에는 신원을 알 수 없는 사람이 손으로 신생아의 얼굴을 찌그러뜨리거나 비닐 팩 속에 신생아를 집어넣은 장면 등 도저히 상상할 수 없는 가학적인 모습이 담겨 산모들을 경악하게 했다. 반창고를 신생아 뺨에 장난스럽게 붙여 놓은 장면과 나무젓가락을 신생아 입에 물린 장면, 신생아 얼굴에 큰 주사기를 올려놓은 엽기적인 장면 등도 있었다. 백의에 천사, 얼마나 고귀한 단어인가! 그러나 간호사로서의 본분을 망각함으로써 엽기적 사고를 내고 만 것이다.

이처럼 망각과 아집 속에 빠져 있는 사람들은 조급해하고 심지어는 철저하게 자기중심적이기도 하다. 피카르트는 "나치스에게 진정한 공동체란 없었다. 공동체라는 무늬만 흉내 냈을 뿐이다. 이는 사회를 풍자하기 위한 가면극도 아니다. 유머를 잃어버린 세상에서 사람들은 가면극이나 벌일 여유가 없다. 나치스의 공동체는 공장의 실험실에서 배달되는 것"이라면서 공동체가 마치 벽돌을 찍어내듯 만들어진다고 신랄하게 비판하고 있다.

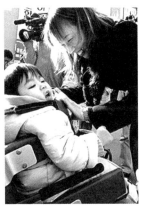

이처럼 맥락 없는 사회에서는 사람들 사이에 대화는 없게 되고, 사람들은 독백을 할 뿐이다. 그래서 타자의 존재는 인정되지 않는다. 결국 그것은 대화적 소통을 거부한 사악하고 비인간적인 형상으로 나타날 수밖에 없게 되는 것이다.

내면의 진정한 연속성을 만들어주는 것은 사랑이다. 사랑은 한 인간의 과거를, 그에게 일어난 모든 것을 하나의 내적인 통일로 결집시켜준다. 인간이 자신의 과거를 사랑할 때, 과거를 사랑의 따뜻함으로 품어 안을 때, 인간은 자신의 과거를 정리하고 받아들인다. 다시 말해서, 사랑으로 인해 인간은 자신의 과거와 현재를 연속적인 것으로 받아들인다.

신(神)이 단순히 연속적인 것을 넘어 진정으로 영원한 이유는 여기에 있다. 신(神)은 모든 사물과 인간을 가장 위대한 사랑으로 품어 안기 때문이다. 내면의 진정한 연속성을 만들어주는 것은 사랑이라는 이 엄숙한 선언은, 사랑으로 인해 인간은 자신의 과거와 현재를 연속적인 것으로 받아들인다는 위대한 진리를 전해준다.

영혼이 깊은 사람

뿌리가 깊은 나무는 바람에 흔들리지 않으니 꽃이 아름답고 열매가 풍성하며, 샘이 깊은 물은 가뭄에 마르지 않으니 내에 이르러 바다에 간다는 옛글처럼, 영혼이 깊은 사람은 심지가 곧아 시련과 역경에 흔들리지 아니하고, 눈앞의 유익에 혹하지 아니하여 자신과 세상을 행복하게 만든다. 그러면 내 영혼의 깊이는 얼마나 될까? 들여다보니 끝이 보이질 않는다. 깊어서가 아니라 혼탁해서 그 깊이를 알 수 없을 뿐이다. 과연 어떻게 하면 영혼이 깊은 존재가 될 수 있을까? 영혼이 깊은 사람은 어떤 사람일까?

오랜 전, 필자 가족이 경북 의성에 살고 있을 때, 「몽실 언니」로 유명한 권정생 선생님을 몇 차례 뵐 수 있었다. 김치와 밑반찬 보따리를 들고 처음 찾아뵈었을 때는 한 겨울이었는데, 기름을 아낀다고 방 한쪽만 보일러를 켜 놓은 채, 손님이랍시고 창호지를 타고 햇살 내리는 자리를 권하셨다. 책무더기와 이부자리, 반찬통이 놓인 밥상이 볼품 없이 놓여 있었다. 민망스러워하는 속내를 들여다 본 것처럼 '내 몫 이상을 쓰는 것은 남의 것을 빼앗는 것'이라고 말씀하실 때, 조금이라도 더 많이 가지고 더 편하게 살려고 욕심 부리는 내 자신이 너무나 부끄러웠다.

이 아름다운 사람은 얼마나 깊은 영혼을 가졌을까? 조금만 타협하면 편리하고 풍성하게 살 수 있을 텐데, 그 분은 세속적 소유에는 관심이 없었다. 다만 사람들이 착한 마음을 가지고, 서로를 소중히 여기며 살아가는 것만이 관심사였다. 그래서인지 그의 동화에서는 토끼든, 송아지든, 생쥐든, 풀이든, 심지어 강아지 똥까지도 너무도 착하고 어질기만 하다.

그는 삶과 작품이 일치하는 분이었다. 「몽실 언니」 등으로 많은 돈을 벌 수 있고 풍요를 누릴 수 있었지만 고집스럽게 거절하였다. "돌멩이 하나도 내 것이 아니라 온 세상 모두의 것"이라면서 작품 인세도 아이들을 위해 모두 기탁하였다. 임종을 앞두고 죽은 자신을 위해 기념하는 일은 일절 하지 말라 유언하면서 "제발 너무도 아름다운 세상에, 사람이 사람을 죽이는 일이 없게 해달라고 기도해 줄 것"을 부탁하였다고 한다.

그는 영혼이 깊은 분이었다. 그의 삶과 작품은 탐욕을 부끄럽게 하고 가난하고 소외된 존재들에 대한 사랑을 일깨워주는 힘을 가지고 있다. 보잘 것 없는 존재들에게서 희망을 발견하도록 해준다. 누구나 알아들을 수 있는 쉬운 말로, 우리 사회가 어떻게 변화되어야 하는지를 가르쳐 준다.

그런 그가 "건강한 남자로 태어나고 싶다. 태어나서 25살 때 22살이나 23살쯤 되는 아가씨와 연애를 하고 싶다. 별별 떨지 않고 잘할 것이다. 하지만 다시 폭군 지도자가 있을 테고 여전히 전쟁을 할지 모른다. 그렇다면 환생은 생각해봐서 그만둘 수도 있다"는 유언을 남기고 홀연히 이 세상을 떠났다. 이리도 영혼 깊은 사람이 우리 곁에 잠시 머물렀다는 것만으로도 행복하였다. 평생 홀로 사셨던 권정생 선생님이 환생하여, 연애하고 장가들 수 있도록, 평화로운 세상을 만드는 일은 우리들의 몫이 아니겠는가!

〈이성록 칼럼, "아름다운 세상" 중에서 발췌〉

2)언어의 단절

　한 때 사오정 시리즈라는 유머가 유행한 적이 있다. 사오정이 떡볶이 집을 차렸다. 손님이 "아저씨 떡볶이 좀 주세요!" 하자 사오정 왈 "화장실은 저쪽입니다!"라고 했다. 손님이 화가 나서 "그럼 순대 주세요!" 하자 사오정 왈 "휴지는 없는데요~" 했단다. 사람들은 같은 언어를 쓰면서도 말이 통하지 않는다고 가슴을 치고 서로 사오정이라고 비난한다. 최근 말귀가 어두운 사오정이 대거 늘어나고 있다. 사오정의 전성시대이다. 자고나면 뜻을 알기 어려운 신조어들이 생겨나고 있기 때문이다. 대학에서 젊은이들과 생활하는 필자 역시 소위 신조어 테스트에서 필자는 낙제점을 받아 사오정이 되고 말았다. 국립 국어원은 한글날을 맞이하여 최근 생겨난 신조어를 조사하여 '사전에 없는 말 신조어 사전'을 출간했다. 그런데 '기대를 저버리고 실망을 주는 데가 있다'는 의미로 풀이한 '놈현스럽다'는 신조어가 수록되었다 하여 국가원수 모독시비가 일기도 하였다.

　최근 국립 국어원에서 신조어 사전이 발행될 만큼 새로운 말들이 증가되고 있다. 새로 만들어지는 말은 흔히 사회문화를 비추는 거울이라고도 한다. 그렇기 때문에 사회가 발전함에 따라 언어 또한 발전하며 변화를 거듭한다. 그러나 과도한 신조어의 범람은 의사소통의 왜곡과 단절이라는 사회적 문제를 야기한다. 신조어는 또 다른 신조어를 낳고 결국 의사소통의 소외계층을 낳게 되고 사회적 분열이 일어난다. 좋은 사회는 세대 간, 계층 간의 의사소통이 원활한 곧 말이 통하는 사회이다.

　그러나 우리 사회는 갈수록 의사소통에 어려움이 커지고 있다. 국적 불명의 인터넷 언어와 부정확한 방송 언어, 외래어 범람 등으로 일상 언어가 파괴되고 그 결과 의사소통에 문제를 느끼는 사오정이 늘어나고 있다.

　소위 사이버 신인류라고 불리는 신세대들은 그들만의 언어를 활용하고 있으며 통신언어는 맞춤법이나 언어 규칙도 일탈하는 상황이 되었다. 인터넷 사이버

언어는 컴퓨터간의 통신 서비스를 통해서 이루어지는 언어 사용에는 은어 뿐만 아니라 비어와 속어, 축약어, 그리고 듣기에도 거북할 정도의 심한 욕설 등이 태반이다. 그러나 그 중에서도 신조어의 분별한 사용은 올바른 국어사용과 자연스러운 의사소통을 방해한다는 점에서 심각한 문제점으로 떠오르고 있다.

물론 신조어는 의사소통의 왜곡이나 단절과 같은 부정적인 측면 외에 어휘 다양화 등 순기능도 갖고 있다. 창의성 있는 생생한 표현으로 기존 표준어로 대체될 수 없는 새로운 어휘들이 생겨나고 있기 때문이다. 예컨대 '샤방샤방'이라는 말은 '반짝반짝 빛난다'는 의미로 기존의 '예쁘다'는 말과는 또 다른 참신한 표현으로 훗날 표준어로 인정될 가능성이 있다고 한다.

그러나 신조어들은 타자의 약점을 꼬집는 것으로 긍정적인 것보다 부정적인 의미의 단어들이 더 많다. 우리의 일상생활은 언어의 지배를 받는다. 진정한 우리를 대표하는 문화는 음악이나 미술과 같은 예술이 아니라, 언어이다. 언어문화가 거대한 우리 사회를 움직여 가고 있다. 인간관계의 일차적인 전달 수단도 언어라는 통로로 이루어진다.

그런데 이런 소중한 언어의 가치가 땅에 떨어져서 짓밟히고 있다. 말이 통하지 않는 사오정의 사회는 불신의 사회를 의미한다. 인간관계는 언어의 본질이 회복되면 신뢰의 관계로 발전할 수 있다. 한 마디 말이 천량처럼 전해지는 인간관계는 그 자체로도 깊은 신뢰를 갖게 해준다.

말이 통하면 마음이 통하고 마음이 통하면 행복을 누릴 수 있다. 과도한 신조어로 사오정이 늘어나는 사회는 결코 행복한 세상이 아니다. 신조어의 유행에 휩쓸려 갈 것이 아니라 쉽고 바르게 의사소통할 수 있는 말다운 말을 지켜나가는 노력이 우선 되어야 할 것이다.

3)세계의 단절

행복한 왕자

오스카 와일드(Oscar O'
Flahertie Wills Wilde)의 동화
〈행복한 왕자〉는 아름다운 감동과
날카로운 비판이 매력적으로 어
우러져 있다. 왕자는 궁전에서 살
때는 마냥 즐거웠지만 동상으로
만들어져 높은 곳에서 세워져 도
시를 내려다보며 사람들의 고통
과 슬픔을 알게 된다. 왕자는 사
랑 때문에 무리에서 뒤처진 제비
에게 자신의 보석을 떼어 가난한
사람들을 도와 달라고 부탁한다.

동화 속에는 두 개의 상반되는 세계가 그려지고 있다. 이편에는 도시 중심에서 하늘
높이 솟아 있는 기둥 위에 황금과 보석으로 치장된 왕자의 동상이 있다. 저편에는 도시
변두리에 사는 상처투성이 손의 재봉사와 병든 아들, 너무 굶어서 정신을 잃고 책상에
엎드려 있는 젊은 희곡 작가, 길모퉁이에서 혹한에 떨고 있는 맨발의 성냥팔이 소녀가
있다. 이 두 가지 극단적으로 상반된 세계의 이미지가 주는 것은 무엇인가? 그것은 '단
절'이다. 즉 모든 소통의 배제이다.

부유한 세계와 가난한 세계 사이의 완벽한 단절은 갈등조차 유발하지 않는다. 두 세
계 사이에 있는 것은 절대 무관심이다. 그것은 무거운 침묵의 이미지로 이야기 전체를
억누르고 있다. 제비의 등장은 이런 이미지를 일순 바꾸어 놓는다. 제비는, 자신도 홀
로 남겨진 단절의 고통을 앓으면서도 '불행한 왕자'와 역시 세상과 단절된 채 살고 있
는 사람들 사이를 기꺼이 연결한다.

제비는 겨울을 맞아 얼어 죽을 때까지 이 암울한 상황에 '소통의 다리'를 놓음으로
써 두 세계의 불행을 행복으로 바꾸어 놓는다. 이제 불행한 왕자도 행복한 왕자가 되었
고 사람들도 행복해졌다. 불행과 불행 사이에는 절대 무관심이 도사리지만, 행복과 행
복 사이에는 관심과 대화가 활발하게 존재한다. 제비의 희생은 그것을 가능하게 한 것
이다.

인간사회의 의사소통 방식은 다양하게 변화하고 발전되어 왔는데, 획기적인 변화는 인터넷의 등장이다. 인간은 문자시대와 인쇄시대를 거쳐 19세기 중엽 전신의 발명으로 전화, 라디오, 텔레비전과 같은 텔레커뮤니케이션 시대로 접어들었고, 20세기 중엽부터는 새로운 미디어인 컴퓨터의 발명으로 상호작용적 커뮤니케이션(interactive communication) 시대가 출범하였다.

인터넷은 컴퓨터를 통한 커뮤니케이션의 대표적 방식으로서 전 세계적으로 급속히 확장되고 있다. 정보사회로 진입하면서 직업상 인터넷을 항상 사용해야 되는 인구가 급격히 확대되고 있으며, 일반인도 전자상거래, 금융, 제반 사무, 교육을 위해 인터넷의 사용이 불가피한 시대에 살고 있다.

컴퓨터는 이러한 기능에 가상현실을 추가한다. 또한, 세계적 네트워크의 발생은 자기의 사회통제능력에 대한 포기와 함께 일종의 자기생존전략과 자기방어논리로서 외부와 단절하고 최소자아로의 자기퇴행 또는 자기도취에 안주하는 현실과의 단절을 초래한다.[35] 인터넷에 의존하면서 현실을 기피하고, 모든 일을 인터넷에서 처리하는 악순환 속에 중독증세가 나타난다.

인터넷 중독은 특히 대인관계에 문제를 일으킨다. 다른 사람과의 실제적 접촉보다 모니터를 통한 간접적인 접촉에 집착함으로써 타인으로부터 고립되고, 소외되기 때문이다. 피츠버그 대학의 킴벌리 영(Kimberly Young) 박사의 조사연구결과는 흥미로운 통계자료를 제시했다.[36] 그 중 하나는

---

35) Anthony Giddens, 권기돈 역, 1997, 현대성과 자아정체성: 후기 현대의 자아와 사회, 새물결.
36) Young, Kimberly S. 2001, Caught in the Net: How to Recognize the Signs of Internet Addiction?and a Winning Strategy for Recovery

인터넷 이용자의 주류는 고학력 백인 남성층임에 비하여, 가장 인터넷 중독증에 걸리기 쉬운 계층은 사회적 지지가 취약한 주부이며 그 다음은 청소년들인 것으로 나타났다. 인터넷에 중독되는 주요 원인은 현실과 다른 사회에서 받는 능력에 대한 인정과 새로운 인격 창출이라고 요약하였다.

실제 인터넷을 통하여 사람들은 직접 보지 못해도 강한 유대감을 형성해 현실에서 경험하지 못한 사회적 지지를 얻을 수 있다. 사이버 상에서는 또 자신의 현재 모습과는 전혀 다른 인간을 창출해낼 수 있다. 결국 인터넷을 사용하는 동안 강한 친밀감을 형성하고 시간개념을 잊어버리고 현실감과 통제력을 상실함으로써 자신도 모르는 사이에 인터넷 중독자가 되는 것이다.

따라서 의사소통 수단은 점점 발달하고 있지만 타인과의 소통은 점점 더 어려워지고 있다. 편지 등 아날로그 방식에서부터 인터넷, MSN메신저, 휴대전화, e메일 등 디지털 방식에 이르기까지 의사소통 수단은 점점 더 늘어나고 눈부시게 발달하고 있지만, 타자와의 소통은 점점 더 어려워지고 있다.

> "내가 단추를 눌러주기 전에는/ 그는 다만 하나의 라디오에 지나지 않았다.// 내가 그의 단추를 눌러주었을 때/ 그는 나에게로 와서/ 전파가 되었다.// 내가 그의 단추를 눌러준 것처럼/ 누가 와서 나의/ 굳어버린 핏줄기와 황량한 가슴속 버튼을 눌러다오./ 그에게로 가서 나도 그의 전파가 되고 싶다.// 우리들은 모두/ 사랑이 되고 싶다./ 끄고 싶을 때 끄고 켜고 싶을 때 켤 수 있는/ 라디오가 되고 싶다."- 장정일 "라디오와 같이 사랑을 끄고 켤 수 있다면-김춘수의 꽃을 변주하여"

현대인은 누가 라디오 단추를 누르듯 자신을 눌러줘 소통하길 갈구한다. 누군가에게 '전파-의미'가 돼 '꽃'으로 피어나고 싶다. 세계의 단절로 의사소통이 늘어나면서 소통의 갈급함은 증대되고 있다. 유비쿼터스 시

대를 맞이하여 언제 어디서나 접속이 가능한데 소통의 문제가 참된 관계를 단절시키고 있다.

실제로 가상세계에선 현실세계에 대한 관심이 없는 것으로 나타났다.[37] 연구 결과에 따르면 사용자 대화의 양 중 가상세계와 관련한 대화 내용이 현실세계의 그것보다 7배 이상 많았다. 현실세계 관련 대화는 초기에 국한됐으며 가상세계에 접속한 이용자들은 현실세계의 얘기를 가급적 잘 하지 않는 것으로 나타났다. 또 아바타를 잘 꾸미고 제스처 기능을 많이 쓰면서 얘기를 나누면 친구를 더 많이 만들 수 있는 것으로 분석됐다.

가상세계와 현실세계의 분절은 인간 소외현상의 심화, 다중 인격의 양산 등과 함께 소통과 관계의 단절 현상을 야기하고 있다. 스스로를 고립시키고 외부와 단절시키는 자폐형의 외톨이 인간의 증가는 심각한 문제이다. 자폐형의 외톨이는 대개 우울증, 대인기피증, 폭력적이거나 공격적 성향을 드러내곤 한다. 이는 고립으로 인해 발생하는 여러 특성이다. 외톨이 문제는 당사자 개인의 문제에만 그치지 않고, 가족제도의 붕괴와 사회적 인적자원의 소실 등 사회적 문제와도 연결되기 때문에 심각한 사회문제인 것이다.

한편 현실세계를 절대화할 때 미래는 두렵고 불안하며, 가상세계를 절대화할 때 현실은 그림자로 전락한다. 가상세계는 여러 특성을 갖고 있다.

---

37) 임창빈, 2007, '세컨드라이프를 중심으로 한 MUVEs에서의 친밀감 상승에 관한 연구', KAIST 문화기술대학원.

탈일상성이라는 특성 아래 여러 특성들을 묶을 수 있을 것이다. 이렇게 가상세계가 제공하는 탈일상성은 때로는 주체를 중심으로 세계를 재구성하게 한다. 이미 3차원 영상을 통해 현실세계와 흡사한 가상세계를 구현한 세컨드라이프(Second Life)는 전 세계 1000만 명 이상이 활동하고 있다.

물론 가상세계는 프로그램에 의해서 구성된다. 하지만 현실세계에서는 욕망을 자제하거나 유보해야 하는데 가상세계는 그로부터 벗어나게 함으로써, 또 현실세계를 구성하는 의미와 관계망으로부터 벗어나게 함으로써, '나'에게 자유의지를 가진 주체로서의 지위와 위험이 없는 안전한 세계를 제공한다. 게다가 가상세계는 방대한 '데이터베이스'의 보고(寶庫)이자, 네트워크가 연결된 곳이라면 시간과 공간의 경계를 넘어 전 지구적으로 소통이 가능해진 초월적 공간이다.

사람들은 가상세계에 열광하게 될 것이다. 따라서 앞으로 우리는 어느 세계가 가상세계이고 현실세계인지 알 수 없는 날들을 맞이할 수 있다. 이미 영화 '다크 시티'나 '매트릭스'는 우리가 살고 있는 세계가 사실은 가상세계라는 설정을 통해 세계 자체의 정체성을 뿌리 채 뒤흔들어 놓고 있

다. 가상세계와 현실세계의 구분 문제는 단순히 가상세계란 어떤 것이고 현실세계란 어떤 것이라는 규정을 넘어선다. 그리고 이 문제는 인간이 지금까지 생존해 오면서 만들어온 모든 존재론적 기반을 송두리째 무너뜨릴 수 있을 정도로 공포가 느껴지는 문제일 수 있다. 가상세계의 확대는 존재론적 질문과 그에 따른 불안을 더욱 가중시킬 것이다.

세컨드 라이프

일정한 목표 없이 단지 도구와 공간만을 제공하고 현실세계와 동일하게 자기가 하고 싶은 일은 무엇이든 할 수 있는 세계, 세컨드 라이프는 필립 로즈데일(Philip Rosedale)이 2003년 창업하였고 2005년부터 본격적인 주목을 받아 전 세계 이용자들이 참여하면서 지금은 뉴욕시보다 4배 이상 큰 가상세계로 성장했다.

지금도 IBM같은 글로벌 기업은 사무실과 홍보공간을 두고 세컨드라이프에서 회의를 하거나 직원 면접을 본다. 〈로이터〉나 〈와이어드〉같은 언론도 세컨드라이프에 지국과 전담 주재원을 두고 있다. 필립 로즈데일 CEO의 예언이 점차 현실화되고 있는 추세이다.

필립 로즈데일린든랩은 세컨드라이프의 진화방향을 묻는 질문에 "여행을 하거나 업무를 보고 보수를 받는 등 현실 세계에서 할 수 있는 일들이 가상공간에서도 가능해지는 날이 올 것"이라고 대답했다. 현실과 가상세계의 경계가 허물어지고 양쪽 세계를 넘나드는 생활이 가능해질 것이란 진단이다. 아직은 이용자들이 현실 세계처럼 편리하게 생활할 수 있도록 도구를 제공하는 단계이지만, 앞으로는 가상세계가 현실 세계와 경쟁하는 시대가 올 것이라고 전망했다.

2장 감정적 인간

인간은 감정적 존재이다. 주인과 노예라는 메타포가 상징하는 이성에 대한 감정의 열등성에 대해서 많은 학자들이 이의를 제기하였고, 인간은 근본적으로 감정적 존재이  며, 이성에 대한 감정의 우위성을 논증 해 왔다. 감정은 이제 더 이상 '내면의 괴물(inside dragon)'이 아니라 현명 한 선택과 지혜로운 절제가 가능한 것 으로 인간 행복의 근원적 요소로 인식 되고 있다. 그러나 이성주의의 폐해처 럼 감정주의의 폐해도 나타나고 있다. 대인관계가 늘어나고 감정의 기능이  중요하게 부각되면서 불가피해진 과도한 감정의 사용이 역기능적 문제 역시 야기하고 있기 때문이다.

1. 감정윤리

누군가 특정인을 두고 "저 사람 감정적 인물이야!"라고 평가한다면 대체로 '자제력이 없다' 등과 같은 혹평이 되고 부정적 이미지를 갖게 된다. 왜 그럴까? 그 동안 철학자들은 이성은 논리적으로 완전한 것이고 감성은 불완전하다는 신화를 창조하였다. 우리는 이러한 신화에 사로잡혀 우리 들은 부지불식간 인간행동에 있어서 감성의 역할을 부정적으로 생각하는 경향을 갖게 된 것이다. 이러한 신화적 오해를 해소하기 위해 이성과 감성 의 역할에 대한 윤리학적 논의를 검토하고 인간행동에 있어서 의미를 정 리할 필요가 있다. [1]

1)이성적 존재

인류사회에 있어서 인간의 본성과 관련된 오래된 논쟁 중 하나는 이성과 감성의 역할과 관련된 것이다. 인간을 '이성적 동물'로 규정한 아리스토텔레스(Aristoteles) 이후 오늘날까지 철학적 논의에서 지배적인 이념은 인간은 '이성적 존재'라는 것이다.[2] 철학과, 논리학, 그리고 심리학은, 인간 이성이 합리적이라는 전제 위에서 인식론을 전개하여 왔으며, 사고의 논리규칙들을 도출하고, 이러한 논리적 규칙 적용의 경험적 증거들을 탐색하여 왔다. 나아가 논리적 규칙에 맞지 않는 사고나, 논리적 규칙의 적용에 실패한 사고는 비합리적인 사고들이며, 이는 인간의 이성이 마땅히 보여야 할 합리적 본질에서 일탈된 오류적인 현상으로 다루어져 왔다.

헤겔

특히 헤겔(Hegel)은 독일 관념철학의 완성자로서 이성의 지위를 절대자의 위치로 높였다. 헤겔은 초기 논문에서 "신은 인간이며, 인간은 신이다"라고 하면서 유한적 존재인 인간에게서 무한적 존재인 신을 발견하려고 했다.[3]

그에 의하면 우주의 본질은 이성이다. '이성적인 것은 모두 현실적인 것이고, 현실적인 것은 모두 이성적인 것이다.' 역사는 절대정신인 영원한 신의 보편적 이념이 인간 속에서 자신을 의식하는 역사이며, 이 역사는 변증법적으로 발전한다. 역사의 비이성적 사실(충동, 정열 등)도 이성의 종으로서, '이성의 간계(奸計)'로서 작용한다. 그에게서 인간의 이성은 신격화되었고, 이 이성의 뜻을 실현하는 영웅의 활동이 기대되었다.[4]

---

1) 필자는 감정과 감성이라는 용어를 구분해서 사용해야 한다고 본다. 즉 감정(feeling)은 슬프고 기쁘고 화나고 두려운 등의 기본적 혹은 일차적 감정을 의미하며, 감성(emotion)은 타자와의 관계를 반영하여 일차적 감정을 통제하고, 조정하는 능력(ability)이 부여된 2차적 혹은 사회적 감정을 의미하기 때문이다. 다만 이 책에서 이성과 대칭하는 경우엔 감정을 감성으로 표기하고 구분이 필요 없는 경우에는 감정으로 통일하여 표기하고 있다.
2) 로저 트리그, 최용철 역, 1996, 인간 본성에 관한 10가지 철학적 성찰, 자작나무 pp.43~67.

전통적으로 지배적 위치에 있어 온 이성중심의 철학은 인간 정신능력을 이분법적으로 이성과 감성으로 분류하고 이성적 능력이 인간을 행복하게 한다고 본다. 이러한 견해에 의하면 감정은 미천한 것일 뿐만 아니라 내부의 괴물(inside dragon)로서 치유되어야 할 병리적 현상에 불과하다는 것이다.[5] 따라서 이성과 감정 모두가 체계 내재인 요소이지만 이성이 감성을 지도하고 규제하는 원리로서 작동할 때 인간의 행복이 가능하다는 것이다.

물론 이성을 중시하는 철학자들도 감정을 통제해야 할 감정과 육성해야 할 감정으로 구분하여 다룸으로써, 감정을 전면적으로 배격한 것은 아니다. 그러나 인간의 감정은 비합리적이며 예측 불가능하며 오류를 범할 수 있지만, 인간의 이성은 합리적이며 오류를 범하지 않아야 한다는 가정이 거의 모든 학문에서 당연시되어 왔다. 따라서 윤리적 관점에서 인간행동의 합리성을 강조하는 이성 우위의 논리가 압도해 왔다.

2)감정적 존재

한편 포이에르바흐(L. Feuerbach)는 인간 속에 내재해 있는 이성을 인간의 본질로 파악한 헤겔을 비판하고, 감성을 인간의 본질로 보고 있다. 헤겔의 관념적 철학에 대한 반론을 제기한 포이에르바흐는 감성을 인간의 본질적 자아로 보았고 인간은 피와 살을 가진 인간, 즉 감성을 가진 인간을 의미했다.

그리고 감정적 인간은 인간의 참된, 현실적, 전체적 본질로 파악하였다.

---

3) 윤원근, 2002, 세계관의 변화와 동감의 사회학, 문예출판사, p. 198.
4) http://sgti.kehc.org/myhome/lecture/anthropology
5) Robert C. Solomon, 'The Philosophy of Emotion.', Michael Lewis and Handbook of Emotions, ed., Jeannette M. Haviland(New York: The Guiford Press, 1993), pp. 3-15

포이에르바하

그는 "인간은 적어도 행복한 상태에 있는 한 죽고 싶지 않다는 소망을 가진다. 이 소망은 근원적으로는 자기보존본능과 같은 것이다. 무릇 살아 있는 것은 자기를 주장하고 싶어 하며, 살고 싶어 하며, 따라서 죽고 싶어 하지 않는다. … 그러나 이성은 이 희망을 충족시켜줄 수 없다. … 이성은 나에게 나의 인간적 영속의 확실성을 줄 수 없다. 그럼에도 불구하고 사람들은 이러한 확실성을 바란다. 그런데 이러한 확실성에는 이성적 추론보다는 감정적인 보증이나 사실적인 확증이 필요하다" 라고 하였다.6)

데이비드 흄(David Hume1711~76)은 칸트와 함께 이성과 감정의 관계에서 이성 우위에 대한 관점에 반대 의견을 주장한 대표적 인물로 알려져 있다. 흄은 저서 「인간본성론(A Treatise of Human Nature)」에서 "물리적 세계뿐만이 아니라 다른 사람들과의 교제하는 방식을 설명하는데 있어 이성은 아무런 권위를 갖지 못하며 감정과 본능이 훨씬 중요한 위치에 있다"고 주장하였다.

흄은 이성을 통해 사물들의 관계를 인식할 수 있는 반면, 행동의 원동력은 욕구라고 생각하였다. 이성은 우리에게 목적을 정해 줄 수 없고, 다만 우리가 이미 욕구하는 것을 달성할 수 있는 방법을 가르쳐 줄 뿐이므로 이성은 "감정의 노예(the slave of the passion)"라고 주장했다.7)

흄은 정념보다 이성이 우위를 차지한다는 주장을 반박하기 위해서 2가지를 증명하기 위하여 노력하였는데 첫째는 이성만으로는 어떤 의지의 동기가 생겨날 수 없으며, 둘째는 이성은 의지의 방향을 결정하는 데 있어서 정념과 상반될 수 없다는 것이다. 즉 이성만으로 어떤 행위를 하도록 만들 수 없다는 것이다.

한편 독일의 철학자 막스 셸러(Max Scheler)에 따르면 감정도 고유한 법칙과 논리를 가지고 고유한 정신작용을 한다. 따라서 감정을 통해서 훌륭한 가치를 감지하고 그것을 선취해서 윤리적 선의 가치를 실현할 수 있다고 하였다.[8]

데이비드 흄

전통적으로 감정이라 하면, 감각적 경험의 결과 또는 무질서하고 저급한 마음 상태로만 보아 왔고 상태감정을 감정의 전부인양 여겨 왔다. 비록 아우구스티누스(Augustinus)와 파스칼(Pascal)에 의해서 감정의 적극적인 면이 밝혀지기도 했으나 널리 알려지지 못했다.[9]

다행히도 막스 셸러는 감정의 적극적인 면을 강하게 들추어내고 인간의 심정에 관한 깊은 통찰을 하였다.[10]

막스 셸러는 순수한 사유와 대비되는 '감정'을 중요시하고 인간의 감정을 통해 선천적으로 주어진 위계질서 속에 모든 가치를 배열하고 있다.

6) 루드비히 포이에르바흐, 박순경 역, 1982, 기독교의 본질, 종로서적, pp. 16~17. 포이에르바흐 (Ludwig Andreas Feuerbach 1804~1872)는 칼 마르크스에게 미친 영향과 휴머니스트적 신학으로 유명하다. 그는 사상의 원리로서 직접적인 감각으로의 회귀를 강조하여, 당시 영향력을 발휘했던 주체적 자아로서의 나에 관한 철학(Ich-Philosophie)에 정열적으로 대항한 철학자였다.
7) 흄, 이준호 역, 1998, 도덕에 관하여, 서광사.
8) Max Scheler, trans. Peter Heath, 1983, The Nature of Sympathy, London: Shoe String Press. 독일의 사회철학자 · 윤리학자 셸러는 심적 태도의 본질과 심적 태도가 대상과 맺는 관계의 본질을 발견하려 했다. 주요한 윤리학 저서인 〈윤리학에서의 형식주의와 물질적 가치윤리 Der Formalismus in der Ethik und die materiale Wertethik〉(1921)는 인간의 감정을 통해 선천적으로 주어진 위계질서 속에 모든 가치를 배열하면서 파스칼의 '심정의 논리' 또는 '질서'에 크게 의존했다. 순수한 사유와 대비되는 '감정'은 그의 가장 중요한 심리학 저작인 〈공감의 본질과 형식 Wesen und Formen der Sympathie〉(1923)에서도 중심 역할을 한다.
9) 박정순, 1996, '감정의 윤리적 사활', 감성의 철학, 민음사, pp. 69~124.

막스 셸러

그 이유는 가치를 의식하는 주체가 이성이 아니라 감정이기 때문이고, 또 감정을 통해서 근본적으로 타자와의 합일이 가능할 수 있기 때문이다. 셸러에 따르면 감관적 감정, 생명적 감정, 심적 감정 그리고 정신적 감정 등 4가지 종류의 감정으로 분류될 수 있다.

막스 셸러는 이 4가지의 감정들은 인간의 심정에 공존하며 복잡하게 상호작용을 하며, 동시에 감관적 감정, 생명적 감정, 심정적 감정, 정신적 감정 순으로 감정들의 위계가 더 높아진다고 했다. 이 위계가 더 높은 감정일수록 그 감정은 우리 인간들에게 간주관성을 확보해 줄 수 있는 능력을 더 갖춘다. 어떤 감정은 다른 감정보다 고귀하고, 어떤 감정은 다른 감정보다 저속하다. 그리고 어떤 감정은 다른 감정보다 더 지속적이거나 덜 지속적이고, 의미통일성이 강하거나 약하다. 또 각 종류의 감정들이 지향하는 가치들도 다르다.

즉 감정들은 그들의 종류에 따라 질적 기능적 차이를 보이며, 작용의 대상 차이도 보인다. 감관적 감정[11]보다는 생명적 감정[12]이 더 고귀하고 더 지속적이고 의미통일성이 더 강하다. 또 생명적 감정보다는 심적 감정[13]

---

10) H. P. Rickman, 1981, The Nature of Sympathy by Max Scheler, The British Journal of Sociology, Vol. 32, No. 2(Jun., 1981), pp. 279-280. 막스 셸러는 가치에 대해서는 항상 감정 작용을 많이 언급하고 있다. 가치는 그 자체 선천적이고 이념적인 것이면서 현상계에 항상 성질로만 나타나기 때문에, 그것은 귀납적 경험을 통해서도 오성적 사고에 의해서도 파악될 수 있는 것이 아니다. 다만 현상학적 본질 경험에 의해서 파악될 수 있는 것이다. 그 경험도 진정한 의미에서 이지적 경험이 아니라 감정적 경험이다. 가치는 그 자체로 존재하고 있으나 그 자체가 우리 인간에게 바로 의식되는 것은 아니다. 가치는 그 성질을 자발적으로 발하고 그 성질로써 자신을 표현하기 때문에, 우리는 그 성질만 만나게 되고 그 성질을 통해서 그 성질을 표현하는 가치를 의식할 수 있을 따름이다.

이, 그리고 심정적 감정보다는 정신적 감정[14]이 더 지속적이고 의미 통일성이 강하다. 셸러에 따르면 위계상 더 높은 감정은 더 높은 가치를 추구하는 삶을 확보하도록 할 수 있을 뿐만 아니라, 또 그런 삶에서 다른 사람들과의 공감을 더 잘 할 수 있게 하고, 윤리적 연대성을 더 잘 확보할 수 있게 한다는 것이다.

3) 감정의 역할

감정을 적절 또는 부적절, 분별 혹은 무분별한 것으로 구분할 수 있다는 것은 감정이 인지적 요소를 포함하고 있음을 의미한다. 그동안 감정은 합리와는 무관한 것으로 단순한 생리적 과정으로 이해되어 왔으나 인지적 접근의 딜레마[15]에도 불구하고 감정의 인지적 기초에 대한 인정은 '현명한 선택과 적절한 감정'[16]이 이성의 합리성과 동일한 인식적 틀로 평가될 수 있음을 의미한다.

최근 감정에 대한 연구는 철학과 심리학의 범주를 벗어나 사회적 행위에서 감정의 역할을 분석하는 사회심리학적인 접근이 활발하게 전개되고

---

11) 감관적 감정이 지향적으로 작용하는 가치는 고통, 쾌락, 불안 등의 가치. 감관적 가치를 추구하는 삶은 감성적 삶 내지 물질적 향락 삶.

12) 생명적 감정이 지향적으로 작용하는 가치는 허약, 갈증, 나른함, 상쾌함 등의 몸 상태와 관련되는 가치. 생명적 가치를 추구하는 삶은 신체적 건강과 생명적 안위를 위하는 삶.

13) 심정적 감정이 지향적으로 작용하는 가치는 슬픔, 기쁨, 분노, 불평불만, 수치심 등의 가치. 심정적 가치를 추구하는 삶은 심정적 안락과 행복을 위하는 삶.

14) 정신적 감정이 지향적으로 작용하는 가치는 실망, 지복, 황홀, 양심의 가책, 후회 등의 정신적 가치. 정신적 가치를 추구하는 삶은 진리 가치, 윤리 가치, 미의 가치를 추구하는 정신적 삶.

15) Joel Marks, 1991, 'Emotion East and West: Introduction to A Comparative Philosophy', Philosophy East & West, vol. 41, pp. 1~30. 감정의 인지주의 모델에도 딜레마가 잠복해 있다. 감정을 인지적으로 해석하면 전통적 이분법은 해소될 수 있으나 여전히 이성주의를 견지하는 것이 된다. 그렇다고 인지적 요소를 갖지 않는 것으로 이해한다면 이분법을 고수하고 결국 이성 우위의 환원주의에 빠지게 된다.

16) Allan Gibbard, 1990, Wise Choices, Apt Feeling: A Theory of Normative Judgement, Cambridge: Havard University Press.

있다. 즉 감정을 느끼고 표현하는 행위로서 '감정행동(emotion action)'에 대한 사회심리학적 개념은 상호작용에 있어서 사회적 규범이나 규칙에 대한 관점에서 다루어진다. 따라서 감정은 단순히 생리적 현상이나 인지적 반응이 아니라 사회 표준의 시스템과 감정의 도출에 직접적으로 영향 미치는 사회적 규범과 규칙의 체계 곧 감정규칙(emotion rule)과 감정 작업(emotion work)에 관련된 것이다.[17] 이는 사회적 행위를 이해하기 위해서는 감정의 구조와 사회생활에 있어서 감정의 역할을 파악하여야 함을 의미한다. 즉 감정은 일시적 자극에 대한 즉각적 반응일 뿐만 아니라, 지속되는 사회관계를 반영하는 사회적 성격을 지닌다는 가정에 따라 사회심리학자들은 제1차적 감정에 타자의 반응을 반영한 죄책감, 수치심, 자부심 등의 사회화되고 문화적으로도 특정화된 제2차적 감정에 관심을 둔다. 그렇다면 과연 인간에게 어떤 감정들이 존재하는가? 감정은 다양하게 표출되며[18] 이러한 감정들은 행위자 스스로 상황에 따라 조정할 수도 있고 변경할 수도 있다. 즉 인간의 감정은 슬픔과 기쁨, 불안과 안도, 분노와 희열 등이 자율신경계에 반응하는 제1차적 감정(feeling)과, 수치심이나 죄책감, 자존감, 책임감 등은 일차적 감정의 사회화 과정을 반영한 감성(emotion)으로 나눌 수 있다.[19] 즉 감정은 생리적 과정과 사회적 요소를 포함하여 경험되며[20] 이는 사회학적 접근이 된다는 점에서 중요하다고 할 수 있다.

---

17) http://www.informatik.uni-hamburg.de/TGI/forschung/projekte/emotion/ Moldt_vonScheve_SAT02.pdf; Daniel Moldt, Attribution and Adaptation: The Case of Social Norms and Emotion in Human-Agent Interaction, University of Hamburg.
18) 감정에는 분노, 선망, 질투와 같은 위험한 감정들이 있으며, 불안, 공포, 죄책감, 수치심과 같은 실존적 감정들이 있다. 또한 안도감, 희망, 슬픔과 우울 등과 같은 삶의 나쁜 조건에 의해 자극되는 감정들도 있으며, 행복감, 긍지, 사랑 등과 같이 삶의 좋은 조건들에 의해 자극되는 감정들도 있다. 한편 감사, 동정심 등과 같이 감정이입의 능력에 의존하고 있는 감정들도 있다.

〈표 2-1〉 감정에 대한 관점

	원　인	초　점
심 리 학	제1차적 감정에 대하여 선천적이고 생물학적인데 그 원인을 두어 설명.	일시적 자극에 자동적으로 반응하는 화, 두려움 등과 같은 생리학적 반응.
사 회 학	제2차적 감정에 대하여 행위자의 사회적 관계에 그 원인을 두어 설명.	상황에 대한 반응. 즉 사회관계 속에 지속되는 죄책감, 수치심, 자부심 등의 사회화된 감정.

그렇다면 사회에 있어 감정은 얼마나 중요한 것인가? 사실 우리가 어떤 감정을 경험한다는 것은 우리에게 어떤 중요한 일이 일어났다는 뜻이다. 물론 감정은 마음에 닥쳐오는 강렬한 느낌(feeling)으로, 해로울 수도 있고 이로울 수도 있으나 감정적 사건에 대한 행동이 뒤따를 수 있으므로 모두 사회적 에너지의 한 형태로 볼 수 있다.

감정 에너지는 순기능을 하기도 하지만 역기능적으로 작용하기도 한다. 감정은 건강에 도움을 주기도 하지만 병을 일으키기도 한다. 즉 어떤 감정의 작용으로 인한 갈등 또는 스트레스 등은 생리적 변화를 일으키며 장기화되면 정신적 혹은 육체적 병이 생길 수 있는 것이다.[21] 역으로 감정을 잘 관리함으로써 건강을 얻는 경우도 있다.

말기 암 환자들의 좋은 감정적 대처가 생존률을 높인다는 연구 결과도 있다.[22]

---

19) Theodore D. Kemper, 1987, How Many Emotions Are There? Wedding the Social and the Autonomic Components, The American Journal of Sociology, Vol. 93, No. 2 (Sep., 1987), pp. 263-289.
20) 인간의 감정은 '감성(emotion)=감정(feeling)+능력(ability)'의 형식으로 경험된다.
21) 리처드 래저러스 · 버니스 래저러스, 정영목 역, 1997, 감정과 이성, 문예출판사, p.320.

한편 감정 에너지는 인간행동에 영향을 주기도 하지만, 또한 사회를 지속 · 변형시키는 중요한 사회적 기제이기도 하다.

사회성원들의 감정공유 수준이 사회결속력의 정도에 영향을 주고 사회제도 및 규범, 궁극적으로는 사회구조의 인정, 변화에 영향을 줄 수 있기 때문이다. 감정의 창조적 사용은 조직의 인간화를 촉진한다.

감정이입을 통하여 스스로 타자의 입장에 처함으로써 타자를 돕는 동기요인으로 작용하여 행위자 간에 호혜적 관계를 구축하고 우호적 집단을 만든다.

콜린스(R. Collins)에 의하면 공통된 감정의 정도가 강할수록 집단의 결속력이 높아지며 이러한 에너지는 상호 신뢰, 열정으로 표시되기도 한다.[23] 최근 감정은 감성경영, 감성행정 등과 같이 고부가 가치를 창출하는 에너지로 활용되기도 한다. 이와는 반대로 감정적 에너지는 파괴적으로 사용될 수도 있다. 감정은 개인 간의 갈등은 물론 집단의 분열과 사회적 갈등, 전쟁을 촉발하는데 중요한 역할을 하기도 한다.

LG전자 가전이 삼성전자 가전을 이기는 이유는 무엇일까?

1998년도부터 LG전자가 삼성을 따라잡아 2002년도부터는 확연히 앞서기 시작했다. 그 결과 2003년에 삼성전자 가전은 영업 손실을 최초로 기록했지만 LG 전자는 플러스의 영업이익을 기록했다. 2004년 2분기 실적을 보면 삼성전자는 100억원의 영업손실을 기록했지만, LG전자는 1,721억원의 영업이익을 창출했다. 그 이유는 무엇일까?

비전을 비교해 보면 삼성전자의 비전은 디지털 컨버전스 혁명을 주도하는 기업이다. 모든 비전의 키워드는 이성적이다. 반면 LG전자의 비전은 "인류의 삶을 더욱 흥미롭고 편리하게 하는 혁신적인 디지털 제품 및 서비스를 제공하며 디지털 경영의 리더십을 구현하는 기업"이라고 되어 있다. 인류-삶-흥미-편리라는 키워드는 분명 감성적이다. 감성을 앞세우고 그 다음 디지털 제품과 서비스라는 이성으로 끝맺음을 한다. 또한 로고의 색을 보면 삼성전자는 푸른색인데 이 푸른색은 바로 이성을 의미한다. 반면 LG전자의 로고는 빨강색이다. 빨강색은 열정, 정열, 사랑을 의미하는 감성적 이미지이다. 따라서 삼성전자는 이성적 기업이고 LG전자는 감성적 기업이다.

삼성전자는 분명 이성적인 기업이며 반대로 LG전자는 감성적인 기업이다. 특히 가전의 경우 구매의사결정력은 대부분 주부들인데, 주부들은 여성이라는 점이다. 삼성전자의 마케팅 전략은 항상 '최고의 기술, 최고의 품질…' 이라며 기술을 강조하는 이성적 마케팅으로 일관한다. 반면, LG전자는 '사랑해요 LG로 시작하여 희망이나 꿈으로…' 끝맺음을 한다. 예를 들어 디지털 TV의 광고를 보자.

삼성전자의 PAVV는 '최고를 위한… DNIE로 태어난다!' 가 키워드이다. 최고라는 단어와 DNIE는 기술을 강조하는 것이다. 삼성이 아니면 안 된다는 의미이다.
그러나 LG전자의 Xcanvas는 '다른 사람들은 보지 못합니다. 전쟁 속에 핀 희망의 봄을… 당신은 그 차이를 압니다!' 가 키워드이다. 여러분의 경우 어느 기업을 선택하겠는가? 이제 기술은 두 기업 모두 비슷비슷하다. 품질 또한 비슷비슷하다. 그러면 차별화는 무엇일까? LG전자는 최근 이성과 감성의 균형전략 마케팅을 구사하고 있는데 이성적 기술을 앞에서 강조하고 뒤에서는 반드시 감성으로 마무리하는 전략을 구사하고 있다.

이천 소재 LG 인화원이나 LG전자 평택 소재 러닝센터와 삼성전자 수원의 21세기 아카데미, 신사동 소재 삼성전자 글로벌마케팅연구소나 용인소재 삼성인력개발원을 가 보라. 점심시간에 어떤 이벤트가 진행되는지 보라. 삼성은 점심 식사 후 또다시 조직원들 간의 피나는 경쟁을 이기려 책이나 그날 배울 내용들과 싸움을 해야 한다.

그러나 LG는 아니다. 식사 동안 유명한 가수들을 초청해 모두가 어우러지는 한판의 축제를 매일 개최한다. 이론적으로 무장한 삼성보다는 식사 후 한판의 노래와 춤판을 통해 소화작용도 돕으면서 무언가 번뜩이는 창의력적인 아이디어가 세상을 지배하는 세상이다. LG의 교육생들은 오후 내내 박수와 함성을 지르는 학습이 지속된다. 그러나 삼성은 무언의 경쟁만이 있을 뿐이다. 이젠 감성이 이성을 압도하는 Goleman의 감성적 압도(emotional hijacking)가 지배하는 세상이다.

〈자료출전: www.skyventure.co.kr〉

---

22) 앞의 책, pp.332~333.; 좋은 대체는 병을 냉정하게 받아들이고 적극적으로 문제에 대처하는 것이며 나쁜 대처는 분노, 고통 등 부정적 감정으로 수동적 회피 태도와 결합되는 것이다.
23) Collins, R. 1984, The Role of Emotion in Social Structure. In: Scherer, K. R. and Ekman, P. (Eds.) ,Approaches to Emotion. Hillsdale/NJ: Lawrence Erlbaum. pp. 385-396.

2. 감정관리

　사랑이 생의 모든 문제의 근원이듯 사랑의 뒷면인 분노를 어떻게 처리하느냐에 따라
한 사람의 삶의 질이 좌우된다. 분석 치료가 역점을 두는 대목도 바로 분노를 다루는 법
이다. 분노가 자신의 감정의 일부임을 정직하게 인정하고, 분노의 근원을 직면하고, 분노
를 자신의 의식으로 통합시켜 체험하도록 한다. 이제 나는 화를 잘 내는 사람이 되었다.
화를 잘 낸다 함은 분노를 느낄 때 그 감정의 근원을 빨리 알아차리고, 화가 났다는 사실
을 적대감 없이 상대에게 표현하고, 그런 다음 그 감정을 넘어설 수 있게 되었다는 뜻이
다. 분노는 누구의 탓도 아니고 누구의 것도 아닌 오직 나 것임을 인정하게 되었다는 뜻
이다. 분노의 본질에 대해 간결하고 명쾌한 정의가 하나 있다. "5분 이상 화가 난다면 그
것은 나의 문제다."〈자료: 김현경, 2006, 천 개의 공감, 한겨레신문, p.65 〉

1)감정에 대한 관점

　감정은 인간관계에 있어서 매우 중요한 작용을 한다. 그러나 일상에서
'감정적' 이라고 말할 때는 대개 혹평인 경우가 많다. 그것은 그 사람이 자
제력을 잃고 합리적으로 행동하지 못한다는 의미이기 때문이다. 감정에
대한 부정적 인식은 먼저 감정은 비합리적인 것이어서 사고와 추론에 의
존하지 않는다는 관점, 혹은 감정이 적응을 방해한다는 관점에 기인한다.

　그러나 감정은 문화적 산물로서 인지적 능력을 포함하고 있으며 일반
적 규칙에 따라 능동적으로 조절 혹은 변경될 수 있고,[24] 동기요인으로서
감정이입과 사회통제적 기능 등 사회적 역할담당 기능을 갖고 있다[25]는

---

24) Hochschild, A. R., 'Emotion Work, Feeling Rules, and Social Structure, The American Journal of
　　Sociology, Vol. 85, No. 3 (Nov. 1979), pp. 551-575.

관점이 있다. 물론 감정이 각 개인의 독자적이고 사적인 특성을 갖는 것이지만, 감정은 상호작용을 통해 경험되는 것이며 사회구조 및 문화적 특성에 의해 감정의 원인, 의미 및 그 표현이 규정되어진다. 동시에 감정은 인간행동에 영향을 주기도 하지만 또한 사회를 지속, 변형하는데 중요한 기제이기도 하다.

사람은 슬플 때에는 울고, 기쁠 때에는 즐거워하거나 웃는 등, 여러 가지 감정을 가지고 있다. 이 감정은 자기의 내부에서 운영되는 수동적인 활동이며, 감정이라고 하는 말은 "저 사람은 감정적 인 사람"이라고 말할 때 평가되는 부정적 의미와는 달리 감정이야말로 인간이 살아가기 위해서 필요한 활동인 것이다.

감정에 대한 다양한 관점[26]에도 불구하고 중요한 것은 우리가 어떤 감정을 느낄 때는 그것의 정당성 여부와는 상관없이 상응하는 이유가 존재한다는 것이다. 감정을 이해하려면 표현하는 사람과 받아들이는 사람의

25) Shott. S. , 'Emotion and Social Life: A Symbolic Interactionist Analysis.' The American Journal of Sociology, Vol. 84, No. 6 (May, 1979), pp. 1317-1334; 역할담당 감정에는 두 가지 유형이 있다. 하나는 성찰적인 역할담당 감정으로 죄책감, 수치심, 자부심, 자만심 등 자기 자신에 대해 성찰적으로 느끼는 것이다. 다른 하나는 자신을 다른 사람의 입장에 놓고 상대의 감정에 몰입하는 감정이입적 역할담당 감정이다. 이러한 자기 성찰적, 감정 이입적 역할담당 기능은 규범적, 도덕적 행위의 동기요인이 되며 자아에 대한 사회통제를 가능하게 한다.

25) 앞의 책, pp. 332~333.; 좋은 대체는 병을 냉정하게 받아들이고 적극적으로 문제에 대처하는 것이며 나쁜 대치는 분노, 고통 등 부정적 감정으로 수동적 회피 태도와 결합되는 것이다.

26) Kemper. T. D. , 'How Many Emotions are There?' , The American Journal of Sociology, Vol. 93, No. 2 (Sep. 1987), pp. 263-289: 감정에 대한 연구에 있어서 관점의 차이에는 다양한 요인들이 있으나 감정이 수없이 많고 속성이 다르기 때문일 것이다. Kemper는 사회 내에 새로운 상황이 발생하면 이에 대한 새로운 규범이 생겨나고 이에 따라 개인이 사회화되면서 새로운 속성의 감정들이 계속적으로 나타난다고 하였다. 이러한 다양한 감정을 Kemper는 일차적 감정과 이차적 감정으로 정리하고 있다. 자율 신경적 반응으로서 일차적 감정에는 두려움, 화, 우울감, 만족감 등 생리학에 근거한 4가지 기본적인 감정이 있다. 한편 일차적 감정이 사회화 과정을 통하여 경험되는 이차적 감정에는 죄책감, 수치심, 자부심 등의 감정이 있다.

상호작용을 살펴보아야 하는 것이다. 감정은 일시적인 자극에 즉각적인 반응이 아니라 지속되는 사회관계를 반영하는 것이기 때문이다.

2) 감정작용

사람들은 흔히 갈등이 일어나 충돌할 때 인내하기 힘듦을 강하게 표현하고자 할 때 "감정 건들지 마!"라는 말을 한다. 물론 한 순간의 충동을 참지 못해 평생 후회를 하는 '감정적 압도' [27]를 경험하기도 하지만, 대부분의 경우 일시적 자극에 즉각적으로 반응하기보다 스스로 감정을 유인하거나 억제하여 감정을 조절 또는 변경하려는 경향을 보인다.

호츠쉴드(A. R. Hochschild)는 감정을 자아, 상호작용, 그리고 사회구조와 연결하여 다루는 감정 관리(emotion management)의 개념을 제시한다.[28] 그녀에 의하면 인간은 감정을 느낄 수 있는 능력과, 그 감정이 부적절할 때 재평가할 수 있는 능력, 그리고 감정을 관리하는 능력을 갖고 있다. 즉 인간은 사람을 만날 때 상호 심리상태나 태도를 고려하게 되는데 어떠한 상황에서 어떠한 감정을 지녀야 하는지 일반적인 감정규칙(feeling rules)을 알고 있다. 사람들은 감정규칙에 따라 자신의 현재 감정을 조절하거나 변경하여 예컨대 장례식장에서는 슬퍼하고 결혼식장에서는 기뻐하려 시도

---

27) Daniel Goleman, 1997, Emotional Intelligence : Why It Can Matter More Than IQ. 2ed, Bantam Books. 골먼은 상대방이 공격적 발언이나 행동을 해 올 때 이성적으로 대처하는 것이 아니라 감정적으로 방어기제가 작동되는 현상을 감정적 압도(emotional hijacking)라고 하였다. 뉴욕 타임즈의 심리학 분야 전문기자였던 다니엘 골먼은 그의 베스트셀러 "감성지능 : 왜 IQ보다 중요한가 (Emotional Intelligence : Why It Can Matter more Than IQ)"를 통하여 '감정적 압도'와 함께 '감성지능'이란 단어를 유행시켰다.

28) Hochschild, A. R., 'Emotion Work, Feeling Rules, and Social Structure, The American Journal of Sociology, Vol. 85, No. 3 (Nov. 1979), pp. 551-575. 혹스차일드 교수는 사회구조, 감정규칙, 감정관리, 그리고 감정경험들 간에는 밀접한 관계가 있음에 주목하고 사회규칙의 영향력을 고찰하였다. 주요 저서로는 The Managed Heart: Commercialization of Human Feeling (1983), The Second Shift (1989), The Time Bind (1997) 등이 있다.

한다. 비행기 승무원들은 승객에게 지켜야 하는 감정규칙을 가지고 있어 짜증이나 화를 내게 만드는 승객에게도 자신의 감정을 조절하여 친절한 감정을 표출하려 시도한다. 즉 사람들은 상황 및 그에 따르는 감정규칙에 따라 감정작용(emotion work) 혹은 감정관리(emotion management)를 한다는 것이다.[29]

감정작용이란 무엇인가? 호츠쉴드는 감정 작용 혹은 감정 관리를 감정의 조절 혹은 변경을 시도하는 내적 행위로서 상호작용적 측면을 강조하여[30] 감정통제, 억압과는 차이가 있는 것으로 설명하고 있다.[31]

즉 감정통제나 억압은 어떠한 감정을 막고 억누르는 시도라면, 감정 작용은 적절한 감정을 유인하거나 형성하려는 시도를 포함하는 광의의 개념인 것이다.

호츠쉴드에 의하면 감정작용에는 다양한 방법이 있다.

첫째는 인지적인 것으로 감정을 변경하는데 있어서 이미지, 사상 및 사고를 변화시키려는 시도이다.[32] 둘째는 육체적인 것으로 감정에 있어서 육체적인 증상을 변화시키려는 시도이다.[33] 셋째는 표현적인 것으로서 내적 감정의 변화를 위한 표현을 변경시키려는 시도이다.[34]

---

29) Hochschild, A. R.' 2003, *The Managed Heart*, 20th ed., Berkeley: University of California Press, p.56~59

30) 앞의 책, p. 205. 사회심리학에 있어서 감정에 대한 설명은 유기체적 모델(organismic model)과 상호작용적 모델(interaction model) 등 크게 두 가지 입장으로 구분될 수 있다. 프로이드 등과 같은 유기체론적 입장은 감정을 생리학적으로 주어진 본능 혹은 반사적 충동과 연관지어 설명한다. 한편 상호작용적 입장은 감정에 대한 사회영향들의 지속적이고 효과적인 영향력에 대하여 이론적으로 접근한다. 상호작용적 관점은 감정이 사회적 특성을 갖고 있다는 전제 아래 어떻게 사회적 요인이 감정을 불러일으키는지의 영향을 다룬다.

31) 앞의 책, p.119

32) 예컨대 납득되지 않는 특정 정황에 대해 가치나 의미를 조절·변경하는 것 등.

33) 예컨대 화를 참으려고 어금니를 물거나 숨을 깊게 몰아쉬는 것 등.

34) 예컨대 당혹스러운 상황에서 헛기침하거나 의도적으로 웃으려고 하는 시도 등.

3) 감정규칙

한편 감정규칙은 우리가 어떻게 느껴야 하고 어떻게 행동해야 하는지를 명백하게 연결해 주는 기제이다. 예컨대 "똥 뀐 년이 화낸다!"는 속담은 감정에도 규칙이 있다는 사실을 암시한다. 감정작용이 '내가 느끼려 시도하는 것'이라면 감정규칙은 '내가 느껴야 하는 것'이다. 사람들은 현재 내가 느끼는 감정의 표현이 다른 사람에게 '어떻게 보일까' 혹은 '어떻게 반응할까'를 반영하여 적절한 감정을 표출한다.

여기에는 어떤 의무나 권리가 있는 것처럼 감정표출을 통제한다. 예를 들면 화를 낼 권리가 있고 감사해야 할 의무가 있는 것이다. 이웃의 경사에는 함께 기뻐해야 하고 불행에 대해서는 함께 슬퍼해야 한다. 만일 그렇지 않으면 심각한 갈등이 발생하고 인간관계가 파괴된다.[35] 다시 말해서 감정은 상황에 적합하도록 작용되어야 하며 상황에 적합한 감정은 하나의 규칙으로서 사회적으로 공유되는 것이다.

감정규칙의 형태는 감정노동이 수행되는 맥락에 따라 상당한 차이를 보이는데, 긍정적인 것과 부정적인 것을 양극단으로 하여 그 중간에 중립적인 것 등 크게 3가지로 분류된다. 예컨대 항공회사, 백화점 등에 근무하는 직원들은 기쁨이나 즐거움 또는 공손함과 같은 긍정적 감정을 표출하

---

35) 자기감정을 감정규칙에 의거하여 변경하는 것이 감정작용이다. 따라서 감정과 감정규칙 사이에는 불일치가 있다. 즉 인간은 느껴야 하는 것(감정규칙)과 느끼기를 원하는 것(자기감정)의 불일치 속에 살아간다. 그런데 이러한 불일치를 해소하려고 하는 것이 '느끼려고 시도' 하는 감정 작용이다.

36) Van Maanen, J. &Kunda, G. (1989), 'Real feelings: Emotional Expression and Organizational Culture,' Research in Organizational Behavior, Vol. 11, pp. 43-104.

37) Sutton, R. I. (1991), 'Maintaining Norms about Expressed Emotions: The Case of Bill Collectors,' Administrative Science Quarterly, Vol. 36, pp. 245-268.

38) Forbes, R. J. &Jackson, P. R. (1980), 'Non-verbal Behavior and the Outcome of Selection Interviews,' Journal of Occupational Psychology, Vol. 53, pp. 65-72.

도록 요구받고[36] 이와는 달리 연체금회수회사의 직원들은 채무자들에게 주로 위협이나 분노, 흥분 등의 부정적인 감정을 표출하도록 기대된다.[37]

한편 의사나 간호사들은 고객이 의사의 권위에 도전할 소지를 줄이기 위해 환자로부터 정서적 중립성(affective neutrality)을 유지해야 한다.[38]

3. 감정노동

우리는 노동을 '육체노동'과 '정신노동'으로 구분해 왔다. 그러나 최근 3차 산업으로의 비중이 커짐에 따라 고객에 대한 서비스의 중요성이 크게 강조됨에 따라 '감정노동' 개념이 부각되었다. 고객만족을 높이고 나아가 조직에 대하여 우호적인 감정을 갖게 하도록 상호관계의 질을 관리할 필요성을 인식하게 됨으로써, 종업원들에게 감정표현 방식에 대한 일정한 규범을 요구하게 된다. 조직의 전략적 노력에 의해 감정표현의 규범을 표준화하고 강화함으로써 감정이나 느낌을 강제 당하고 통제 당하게 된다.

1)감정노동 정의

호츠쉴드(Hochschild)는 감정관리(Emotion Management)의 개념과 함께 감정노동(Emotional Labor)의 개념을 제시하였다.[39] 그녀는 경계연결역할(boundary spanning role)의 담당자들, 특히 서비스 노동에 종사하는 사람들은 육체노동과 정신노동 이외에도 그것들과 차별화될 수 있는 또 하나의 노동을 수행하고 있음에 주목하였다.

---

39) Hochschild, A. R., 2003(1st ed., 1983), The Managed Heart, 20th ed., Berkeley: University of California Press, p. 137~161: 감정노동이란 감정규칙(feeling rule)에 따라, 자신의 감정을 조절 변경하는 일(emotion work)을 통하여 일상적 과업을 수행하는 노동형태를 말한다.

즉 효과적인 직무수행을 위해 자신이 경험하는 실제적 자기감정 상태와 조직의 감정표현규범에 의해 요구되는 감정표현의 차이가 존재할 때, 자기감정을 조절 변경하려고 시도하는 개인적 노력을 '감정노동(emotional labor)'이라고 명명하였다. 다시 말해서 다른 사람의 감정을 배려하기 위해 자신의 감정을 규제하는 행위, 다시 말해서 자기감정을 숨긴 채 배우가 연기를 하듯, 과업 성취를 위해 다른 얼굴 표정과 몸짓을 하는 행위를 감정노동이라 개념화하고, 이러한 행위자를 '감정노동자'라고 하였다.

이러한 감정노동은 감정관리의 한 형태로서 개인의 감정관리 활동이 사적 영역을 벗어나 공적 영역에서 임금을 받고 팔리게 되어 사용가치(use value)로서 뿐만 아니라 교환가치(exchange value)의 성격을 동시에 지니게 되는 경우에, 감정관리 활동은 상품화된 노동력의 일부분이 된다. 즉 감정관리는 감정노동의 성격을 갖게 되는 것이다. 한편 호츠쉴드는 감정노동을 수행하는 방법으로서 '표면행위(surface acting)'와 '진심행위(deep acting)'등 두 가지가 있다고 주장하였다.[40] '표면행위'는 실제로 자신이 느끼는 감정과는 다른 감정을 표현하기 위하여 표현규범에 따라 얼굴표정, 제스처, 목소리 톤과 같은 위장된 언어적 또는 비언어적 표현을 시도하는 것이다. 한편 '진심행위'는 자신이 표현하기를 원하는 감정을 실제로 느끼거나 경험하려고 시도하는 것을 말한다.

이러한 언어적, 비언어적 수단을 통하여 실제 감정과는 다른 감정을 의도적으로 조절·변경하려는 시도로서 표면행위와 진심행위는 감정노동에 따른 정서적 부조화[41]를 야기할 수 있다. 또한 감정노동의 수행방법 중 위장된 감정을 표현하는 표면행위보다, 표현규범을 실제로 경험하기

---

40) Hochschild, A. R., 2003, 앞의 책, p. 35.
41) 감정표현의 규제가 강화되고 그에 따라 감정노동의 강도가 증가되는 것은 행위자의 진실한 감정과 감정표현규범에 의한 감정 사이에 일어나는 갈등상황이다.

위해 노력하는 진심행위의 경우가 더욱 많은 노력을 요구하며, 따라서 감정노동의 강도가 높다고 보았다.

안 웃어도 되는 이유

회식하는 자리에서 사장이 썰렁개그를 하였다. 직원들은 별로 우습지도 않으면서도, 배꼽을 잡고 웃었다. 그때 단 한사람만이 웃지를 않았다. 사장은 화가 나서 말했다. "자네는 표정이 왜 그러냐? 내 말이 재미 없냐?" 그러자 그는 말했다. "전 안웃어도 돼요! 전 내일 사표 낼 거거든요!"

직장인들은 고객은 물론 상사의 비위를 맞추기 위해 감정노동을 할 수 밖에 없다. 그런데 과도한 감정노동의 경우 사기저하, 조직갈등, 스트레스로 인한 대인기피 등 여러 가지 문제를 야기하게 된다. 만화 광수생각을 보면 감정노동의 심각성을 알 수 있다.

일반적으로 사람들은 회사에서는 자신의 감정을 숨길 줄 알아야 한다고 학습 받았기 때문에, 직장 내에서 감정을 계속 통제하는 것이 일상화되고 있다.

특히 위계적 관계 속에서 상사에게 화가 나도 자신의 감정을 숨기고 웃을 수 있어야 하고, 동료가 마음에 들지 않더라도 친절함을 베풀면서 적절하게 포장된 인간관계를 형성해야만 긍정적으로 평가 받을 수 있기 때문이다.

---

2)감정노동의 유형

일반적으로 감정노동은 항상 고객에게 친절을 베풀어야 하는 서비스 업종 종사자들에게서 많이 나타나고 있는 것으로 알려져 있는데, 실은 고객과의 접촉기회가 잦은 제조업체의 판촉 및 영업사원뿐만 아니라 변호사, 사회복지사, 의사, 간호사 등 전문직업종사자에 이르기까지 폭 넓게 분포되어 있다.[42]

특히 대인(對人) 공익 서비스를 수행하는 사회복지조직, 자원봉사조직 등 비영리조직의 경우 조직의 특성상 구성원들의 감정노동이 조직성과에 있어서 중요한 요소가 되고 있다.

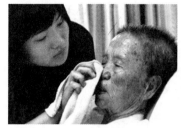 비영리 조직은 공익을 도모하기 위한 조직의 철학적·이념적 목표에 공감하여 자발적으로 모인 사람들의 결사체이다. 조직은 조직 구성원들의 유기적인 관계들로 구성되어 있으며 외적인 보상보다는 내적인 성취감을 바라는 관계 지향적 특성을 갖고 있다.[43] 즉 비영리조직의 활동이 대부분 사람과 사람의 관계에 의해 이루어지는 노동집약적인 활동이며 조직의 성과는 그 조직이 제공하는 서비스의 질에 달려 있으며, 서비스의 질은 구성원들의 수준에 달려 있다. 따라서 비영리조직의 경우 다른 형태의 노동과 달리 노동자, 노동과정, 제품들이 분명하게 구분되지 않고 뒤섞여 있다.[44]

사회복지분야의 비영리조직 구성원들은 물리적 서비스뿐만 아니라 심리적 정서적 서비스를 포괄하는 과업을 수행하게 된다. 즉 클라이언트에 대한 깊은 배려, 감정이입 등의 과정과 긴밀히 결합된 감정노동은 불가피한 것이다. 또한 비영리조직의 성과는 서비스 공급자와 수용자 사이에 이루어지는 상호작용의 결과물이므로 클라이언트는 단순한 소비자가 아니라 상호작용의 공동창출자로서 그들 또한 노동과정의 일부를 이룬다. 따라서 클라이언트의 협력이 수반되지 않는다면 노동과정은 지체되고 방해되며 극단적으로는 중단될 위험마저 있다.

---

42) Wharton, A. S. &Erickson, R. J. (1993), 'Managing Emotions on the Job and at Home,' Academy of Management Review, Vol. 18, pp. 457-486.
43) 비영리조직의 경우 고용인과 피고용인 관계로서 이사회와 실무진뿐만 아니라 자원봉사자와 후원자와 같은 복잡하고 다양한 관계들이 존재하며, 경제적 보상보다 추구하는 가치에 대한 사회 심리적인 성취감과 구성원들의 상호작용 관계에 더 큰 의미를 둔다.
44) Leidner, R. , 1999, 'Emotional Labor in Service Work,' Annals of the American Academy of Political and Social Science, January, pp. 81-95.

3)감정노동과 소진

이러한 대인 서비스 노동의 특징으로 인해 비영리조직의 노동자들은 자신의 감정표현을 조절하여 서비스 수용자가 원하는 특정한 심리적 상태를 충족시키고 그럼으로써 직무수행에 적합한 클라이언트와의 상호작용 관계를 창출해야 한다. 따라서 비영리조직의 구성원들은 자신의 사적 감정을 철저하게 숨길 수 있는 능력, 자신의 감정과 달리 사회에서 사용되는 '공적 표정(Public Face)' 을 가질 수 있는 능력을 갖추기 위해 노력해야 한다.

가치 지향적이고 자원의 외부 의존도가 높은 동시에 클라이언트에 대한 상호작용이 중요한 비영리 조직의 직원들의 경우, 자신의 감정을 억제하고 실제로 상대의 감정을 자신의 감정으로 느끼려고 노력하는 '진심행위(deep acting)' 가 요구되어 감정노동의 강도는 높을 수밖에 없다. 특히 현실적으로 급여 수준은 낮고 그에 못지않게 근무 환경도 열악한 상황에서 클라이언트와 부대껴야 하는 비영리조직 구성원들의 감정노동 강도는 더 높게 체감된다고 하겠다.

한편 감정노동의 문제점은 그 강도가 높아지면, 구성원들은 심리적으로 소진되고, 조직성과도 하락하게 된다는 것이다.

특히 타자와의 빈번한 접촉과 이에 따른 강도 높은 감정노동을 해야 하는 사회복지사나 자원봉사자들의 경

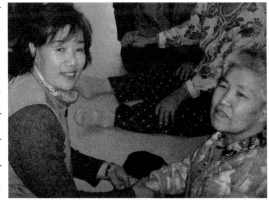

우 감정의 부조화와 정서적 고갈에 노출되어 있다.

예컨대 사회복지사 혹은 자원봉사자들은 과도한 요구를 하거나 무례하게 구는 클라이언트에게도 웃는 얼굴로 대해야 한다.

따라서 정신적 스트레스가 심해져 상황을 통제할 수 없는 정서적 고갈을 경험하고, 클라이언트에 대한 부정적 인식을 갖거나 부적절한 태도를 보이며, 의욕상실과 허탈감으로 성취감을 상실하고 자기 자신을 부정적으로 평가하여 활동을 중단하기도 한다. 특히 "내가 못나서 그렇다"는 식의 자기 비하를 하거나, 자기를 존중하는 마음이 사라지는 것이 이들의 특징이다.

뿐만 아니라 감정노동이 과중한 사람들의 경우 하급직원, 자녀 등 제3자에게 화풀이 하는 등 공격성을 드러내기도 한다. 겉으로는 웃으면서 마음은 침체의 늪에 빠지는 가면(假面)우울증, 내가 남이 된 것 같은 이인화(異人化)현상을 겪기도 한다.

심한 경우 감정불감증 상태에 이르기도 한다. 궁극에는 자신의 억눌린 감정을 풀지 못해 나타나는 일종의 화병에 시달리거나 소화불량, 불면증, 생리불순, 과민성 대장증후군과 같은 심인성(心因性)질환을 호소하기도 한다.[45]

45) Askari Jomo Asante, 1999, Factor Impacting Burnout: HIV/AIDS Volunteers, The University of Memphis, p. 23

3장 이기적 인간

인간은 이기적 존재이다. 이기심은 갈등의 원천이고 따라서 인간은 갈등하는 존재가 된다. 타인에 대한 배려로서 이타성은 자신의 이익을 담보하기 위한 더 높은 수준의 이기심의 부산물이다.

아담 스미스(A. Smith)에 의하면 인간의 욕망은 대부분 인류애가 아니라 자기애이며 하이예크(Hayek)에 의하면 개인이 자기이익을 추구하는 행위를 통해서 공공의 이익을 발전시킨다는 것이다.[46] 바스티아(Fredric Bastiat)는 이러한 '이기심의 복지효과'를 거의 완벽하게 설명하고 있다.[47]

그러나 아담스미스 등이 단순히 이기심을 통해 인간 본성과 사회를 이해하는 것이 가장 유용하다는 관점을 갖고 있는 것은 아니다. 경제행위를 통하여 인간문제를 제한적으로 다루고 있을 뿐이다. 아담 스미스 역시 '도덕 감정론'에서 타인에 대한 동료애 감정인 공감을 불러일으키는 원리를 인간본성 영역으로 다룬다.

1. 이기성의 딜레마

일반적으로 이기주의에 대한 접근 방식은 심리학적 접근과 윤리학적 접근 등 두 가지 방식으로 이루어진다. 심리학적 이기주의(psychological

---

46) Shand, Alexander H., 앞의 책, pp. 115~116.
47) Fredric Bastiat, 1850, Economic Harmonies, Irvington-on-Hudson, trans. W. Hayden Boyers, ed. George B. de Huszar, 1996. NY: The Foundation for Economic Education, Inc. http://www.econlib.org/LIBRARY/Bastiat/basHar.html.

egoism)는 옳고 그름에 관한 이론이 아니라 동기에 관한 이론이다. 인간의 모든 행동은 어떤 형태로든 자기 이익에 의하여 동기 유발된다. 그러므로 사람들이 이타적으로 행동할 것을 기대하는 것은 비합리적이다. 순수한 이타주의는 하나의 신화이다. 인간의 행위와 동기에 관한 보편적이고 경험적인 진리를 말하는 사실적 주장이다.

심리학적 이기주의자들은 "당신의 가장 강렬한 욕구가 바로 당신 행동의 동기이다!"라고 주장한다. 그러나 인간은 하고 싶은 일만 하는 것이 아니며, 욕구가 반드시 이기주의적 욕구라는 사실을 입증하는 증거도 없다. 인간의 행위는 '명시적 동기'와 '암묵적 동기' 혹은, '하고 싶은 행위'와 '요구되는 행위' 간의 상충은 심리적 딜레마를 야기한다.[48]

윤리학적 이기주의(Ethical egoism)는 행위의 옳고 그름을 결정하기 위한 궁극적인 표준 또는 원리를 정립하는 규범에 관한 이론이다. 따라서 윤리학적 이기주의는 옳은 행위에 관한 이론이지 동기에 관한 이론은 아니다. 이 이론에 의하면 각 개인들은 자신의 이익을 위하여 어떤 행위를 해야 한다고 주장한다.[49]

따라서 인간은 가능한 여러 대안적 행위들의 결과를 비교하고, 그 중에서 자신에게 최대의 이익을 가져다 주거나, 혹은 최소의 피해를 끼치는 행위를 하여야만 한다. 그러나 "자신의 이익을 추구하라!"고 말하기는 쉬워도, 실제 그렇게 하기는 그리 쉬운 일이 아니다. 개인적으로 여러 종류의 이익 간의 상충될 수 있고, 타자의 이익과 충돌됨으로써 게임 상황의 딜레마를 야기한다.

---

48) 이성록, 2002, 새로운 공동체 영역 제4섹터, 미디어숲. pp. 208~229.
49) Shand, Alexander H. , 1996, Free Market Morality, 이상호 역, 자유시장의 도덕성, 문예출판사, pp. 136~137.

1)규칙적 이기주의

이기심이 인간행동의 가장 강력한 동기라는 가설은 오랜 역사를 갖고 있다. 정치 철학자 토마스 홉스(Thomas Hobbes)는 이기적 인간관의 확립에 중요한 기여를 하였다.

홉스에게 있어서 인간이란 권력을 위시하여 부, 명예, 육감적 쾌락, 안락, 지식 등 자신의 이기적 욕망을 끝없이 추구하는 존재이다.[50] 홉스가 인간행태에 대한 핵심 주장은 인간은 전적으로 이기적이고 자신의 이익을 위해서 타인을 이용하려 한다는 것이다. 인간의 이기심은 강력하고도 지속적이며 아주 교묘한 형태로 표출된다.

토마스 홉스

이러한 인간 본성이 방치되었을 때, 인간은 타인을 이용하거나 때로는 희생시켜서라도 자신의 이익을 달성하려 하기 때문에, 모든 사람은 다른 모든 사람에게 적이 되고[51] 상호간의 경쟁심, 타자에 대한 불신감이 형성되며, 필연적으로 경쟁과 갈등이 빚어지게 되며[52] '만인의 만인에 대한 투쟁'이 벌어지게 된다는 것이다.

홉스가 지적한 것처럼 이러한 상태에서 사회는 어떠한 이익도 얻지 못할 것이다. 경쟁은 우리 인생의 핵심 요체로서 각자는 서로를 능가하려고 한다. 타인에 대한 배려가 가능하다 해도 그것은 결코 핵심은 아니며 자신의 근본적 이익과 결부되는 부산물일 뿐이다. 그러나 각 개인이 타인의 이익을 고려하지 않고 자신의 이익만을 추구하

50) Hobbes, Thomas. Leviathan: With Selected Variants from the Latin Edition of 1668, edited by Edwin Curley. Indianapolis: Hackett Publishing Company, 1994. pp. 58~59.
51) 앞의 책, p. 76.

는 한 어떠한 사회도 성립될 수 없다. 그 결과 자신의 이익은 물론 가장 근본적인 욕구인 안전 역시 보장 받을 수 없다.

따라서 안전에 대한 두려움으로 인하여 타자와 협력할 수밖에 없다. 서로간의 약속과 합의를 통하여 서로간의 투쟁 상태에 벗어나 평화를 획득할 수 있는 것이다. 홉스는 이러한 사실에 기초하여 인간사회가 수립되어야 한다고 생각했다. 사회는 결국 이기적 인간들의 합리적 계약의 산물인 것이다.

다렌도르프

한편 다렌도르프(Ralf Dahrendorf)는 인간 본성이 어떻게 갈등과 사회변동을 유발시키는가를 설명하고자 하였다. 다렌도르프 역시 인간이란 자신의 이익을 추구하기 위해 능동적으로 투쟁하는 존재라고 보았다.[53] 그에 의하면 모든 사회 집단은 상충하는 이익을 가진 지배 집단과 피지배 집단으로 구성되어 있으며, 지배 집단은 자신의 권력을 그들 자신의 이익을 추구하기 위해서 사용한다. 그들은 기존의 사회 질서를 유지 · 강화시키고자 한다. 피지배 집단의 성원들도 그들 자신의 이익을 추구한다. 그들은 자신들의 집단 이익을 각성하게 되면, 이익 집단을 구성하고, 갈등을 통해 기존의 사회 질서를 전복시킴으로써 자신들의 이익을 달성하고자 한다.

다렌도르프는 인간이란 본래부터 이기적이며, 쾌락적이고, 전형적으로 남을 희생시키면서 자신의 이익을 추구한다고 가정한다. 인간이란 욕망

---

52) Trigg, Roger, 1999. Ideas of Human Nature: An Historical Introduction, Oxford, 2nd ed. , UK: Basil Blackwell. pp. 60~61

53) Dahrendorf, Ralf, 1959, Class and Class Conflict in Industrial Society. Stanford, CA: Stanford University Press, pp. 237-240.

을 갖고 있는 독자적인 개체로 쾌락을 추구하고 고통을 피하려 하며, 행위를 통해서 가장 큰 이윤을 달성하고자 한다는 것이다. 즉 인간이란 가장 많은 보상과 가장 적은 처벌을 추구하는 이기적 존재라는 것이다.

한편 존 호스퍼스(John Hospers)는 인간은 자기 자신의 이익을 위하여 행동한다고 하지만 만일 여러 가지 대안들 중에서 선택할 수 있는 자유를 갖고 있지 않다면 그런 행위를 할 수 없다는 사실이다. 이기적 행위를 하려면 다른 사람의 간섭 없이 자유의지에 따라 행동할 수 있는 자율성이 반드시 담보되어야 한다. 물론 어느 특정인만이 아니라 누구에게나 그 자신의 이익을 추구하는데 있어서 자유가 적용되어야 할 것이다.

존 호스퍼스

동시에 이기주의자는 자신의 권리를 보장 받기 위하여 다른 이기주의자의 권리를 존중해야 할 것이다. 만일 이 규칙을 따르지 않는다면 투쟁관계가 발화되어 결국 이기주의는 성립 불가능한 것이다. 따라서 이기주의자는 규정된 범위 내에서 개인적 이익을 추구해야 한다는 점에서 이는 '규범적 이기주의(rule egoism)'가 되는 것이다.[54]

여기서 유의할 것은 규범을 지켜야 '할 것(would)'과 이익이 '될 것(might)'은 일치되지 않을 수 있다는 것이다. 즉 규범을 어김으로써 얻게 될 불이익은 확실하지만 지킴으로써 얻게 될 이익은 불확실하다.[55] 특히 법적 구속력을 갖는 규칙이 아닌 경우 다른 사람이 지키지 않을 가능성이

---

54) Hospers, John, 1972, Human Conduct-Problems of Ethics, NY: Harcourt Brace Jovanovich. pp. 199~208; 규칙 이기주의에 따르면 어떤 행위의 규칙을 준수함으로써 단 한사람의 개인뿐만 아니라 만인의 이익이 되는 경우가 있다.

높고 내가 얻게 될 이익은 불확실해진다.

우리가 흔히 쓰는 "법대로 하면 손해를 본다!"는 말도 어쩔 수 없이 규칙을 지키긴 하지만, 누가 보지 않으면 규칙이란 어길수록 더 이익이 될 수 있다는 것을 보여주는 것이다. 따라서 사람들과 그들의 집단들은 한편으로는 최대한의 이익을 가져다줄 규칙을 받아들이길 원하지만, 다른 한편으로는 개인에게 더 큰 이익을 도모하기 위해 규칙을 어겨야 하는 게임 상황의 딜레마에 빠진다.[56]

A와 B 이야기[57]

합리적인 구성원들로 이루어진, 규칙을 가진 사회 U를 가정해보자. 이 사회는 두 부류의 사람들로 이루어져 있는데, A는 규칙을 잘 지키는 사람, B는 규칙을 잘 안 지키는 사람이라고 가정해보자. 이 때, B는 규칙을 안 지킴으로써 자신의 이익을 얻을 기회가 많다고 가정하자. 이러한 규칙이 존재하는 이유는 A로 이루어진 사회의 이익이, A와 B가 섞여있거나, B로만 이루어진 사회의 이익보다 크기 때문이다. 그렇지 않다면 이 규칙은 존재할 이유가 없다.

그런데 사회가 A와 B를 구분할 방법이 없는 경우, 당연히 B는 항상 · 규칙을 어김으로써 항상 이익을 얻을 수 있다. 이 때, A와 B를 구분하는 방법을 발견해내지 못하는 사회는 다른 사회와의 경쟁에서 도태될 수밖에 없다. 사회는 항상 A와 B를 구분해내고 합당한 정도의 처벌을 B에게 가해야한다. 이 처벌의 정도는 항상 B가 규칙을 어김으로써 얻는 이익의 크기보다 커야 할 것이다.

그렇다면 개체의 입장에서는 상황에 따라 A와 B의 입장을 필요에 따라 수시로 변경하여 취하는 선택이 가장 유리하다. 사회 U의 합리적인 · 구성원들은 항상 자신의 이익을 가장 크게 하려고 노력하기 때문이다. 개체 · 이익의 최대화는 진화론에서 빌려온 '개체가 추구하는' 가치이다. 이러한 이야기로부터 추론할 수 있는 사실 중의 하나는 사회는 A와 B에 어떤 가치를 부여하려고 노력하지만, 개체의 입장에서는 '이익' 만이 중요할 뿐, 규칙을 지키느냐 안 지키느냐의 가치는 전혀 무의미하다는 것이다.

---

55) would와 might 모두 가능성을 나타내는 말이지만 would는 높은 확실성을 나타내는 것에 비하여 might는 반신반의하는 불확실성의 의미를 나타낸다.

2)합리적 이기주의

규칙 이기주의의 기본개념은 사람들은 자신의 이익을 도모하기 위해 사회에 통용되는 규칙을 따른다는 것이다. 예컨대 고속도로를 주행할 때 자유롭게 차선을 넘나들며 달릴 수 있지만 무한질주를 할 수는 없다. 사람들은 규칙을 지키는 것이 개인의 이익을 제약하는 것이지만 그것이 자신의 안전을 지켜 주는 것이라는 사실을 잘 알고 있다.

그러나 필자를 포함한 대부분의 사람들은 감시카메라를 감지하는 장치를 달고 다니며 감시 카메라 앞에 가면 급제동하고 감시 카메라를 벗어나면 벌금을 피하게 되었다는 안도감과 함께 쾌감마저 즐기며, 다시 과속 주행을 한다. 이 경우 교통규칙을 왜 지켜야 하는지 그 이유를 묻는다면 어떤 가치와는 관계없이 '벌금을 내지 않기 위해서' 라고 할 것이다.

규칙 위반의 이유

많은 사람들이 규칙을 지키는 것은 어떤 가치를 실현하기 위한 것이라기보다 불이익을 당하지 않기 위해서이다. 규칙을 지키는 이유에 대하여 벌금을 내지 않기 위해서라고 대답하는 것을 외재적 접근, 자신과 타인의 안전을 위해서라는 가치 지향적 답변은 내재적 접근이라 할 수 있다.

외적인 접근은 어떤 것을 행하거나 행하지 않는 이유가 그 행위 바깥에 있다고 본다. 반면 내재적 접근은 어떤 행위의 이유가 그 행위 안에 있다고 본다. 당연히 내재적 접근이 정당하다고 할 수 있으나 현실적으로 우리가 어떤 행위를 하거나 하지 말아야 한다고 할 때, 대개는 이 두 가지 접근을 혼재해서 사용한다고 봐도 무방하다.

다렌도르프에 따른다면 인간은 가장 많은 보상과 가장 적은 처벌을 추구하는 이기적 존재이므로 끈질기게 처벌을 받지 않을 방법을 찾아내고

56) YORIFUJI, Kazuhiro, 1996, 賢い・利己主義のすすめ, Tokyo: Jinbun Shion,; 노재현 역, 2001, 현명한 이기주의, 참솔.
57) http://lastmind.net/2004/10/tales_of_a_and_b.html

이익을 추구할 것이다. 일찌감치 이와 같은 현상을 인지한 아담 스미스 (Adam Smith)는 끝없는 인간의 욕망과 탐욕스러운 자기이익극대화 추구로 인한 도덕적 타락의 가능성에 대하여 경계하고[58] 보이지 않는 손에 의거한 시장원리를 중심으로 이기심을 극복해야 한다고 역설했다.[59]

아담 스미스는 인간상호관계의 추동력에 대하여 "우리의 욕구는 대부분 인류애가 아니라 자기애에 바탕을 두고 있으며, 인간본성에서 보편적 원동력은 자기애"라고 설명한다.[60] 아담 스미스는 푸줏간 주인의 예를 들면서[61] 만일 누군가 다른 사람의 협조나 도움을 원하면서 오직 자비심에서 우러나오는 행동을 기대한다면 그것은 부질없는 짓이라고 하였다.

아담 스미스

시장에서 행위자들은 이기심에 따라 행동하지만 보이지 않는 손을 통하여 모든 사람에게 최대의 편익을 제공한다. 시장은 모든 참여자들이 이득을 추구하는 공간으로서 소비자는 자신의 욕

---

58) Wheen, Francis. 1999, Karl Marx, N.Y.: Fourth Estate Limited, 정영목 역, 2000, 마르크스 평전, 푸른숲.

59) Edwin Cannan, M. A., LL. D. (eds.). 1965, An Inquiry into The Nature and Causes of The Wealth of Nations by Adam Smith, N.Y.: Random House, Inc. 공리주의적 관점에서 보면 개인이 이기심을 추구하는 것이 '보이지 않는 손'을 통해 사회발전에 기여한다는 학설은 타당성을 갖는다. 사람들은 자신들의 생존을 위해 이기적 행위를 하지만 전적으로 이기적인 것은 아니기 때문이다. 대부분 타자에 대해 '최소한의 선의'를 지니고 있으며 완전한 이기주의는 불가능 것이다. 이타주의 역시 '나를 포함한' 모든 사람의 이익을 증진 도모하므로 불완전한 것이 된다.

60) Shand, Alexander, 앞의 책, p. 115~116.

61) "우리는 정육점 주인이나 양조장 주인, 또는 빵집 주인의 자비심 덕분에 밥을 먹게 되는 것이 아니다. 그들의 자기 잇속 챙기기 덕분에 밥을 먹게 된다. 우리는 그들의 인간애에 호소하지 않고 그들의 이기심에 호소하며, 그들에게 우리의 필요를 말하지 않고 단지 무엇이 그들에게 이익이 될 것인가를 말할 뿐이다."

망을 일정부분을 충족시키고, 공급자는 이익을 챙기면서 모두가 'Win-Win' 할 수 있는 것이다.[62] 이와 같은 시장은 각 개인들에게 합리적[63]으로 자신의 이익을 추구할 것을 요구한다. 즉 시장이 요구하는 것은 합리적 이기심이다.[64] 이것은 시장에서 비합리적으로 행동하거나 이타적으로 행동한다면 손해를 보거나 심지어 망할 수도 있다는 의미를 포함하고 있다. 예컨대 의사와 환자의 관계가 계약적 관계로 가는 것을 전제로 한다면 의사는 합리적 이기주의자가 되어 이타적 입장을 취하지 않는 것이 바람직하다는 것이다.[65]

　이러한 합리적 이기심은 자율선택과 상벌체계로서 작동한다. 만약 이 세상의 인간행위에 대한 상벌체계가 합리적으로 계산된다면 인과응보의 원리가 공정하게 적용될 것이다. 그런데 현실세계에서 선인과 악인이 싸우면 왜 선인이 보다 빈번하게 패배를 할까? 그것은 선인은 많은 규범과 규칙을 지키고 금지된 일은 하지 않는데 비해 악인에게는 그런 속박이 없기 때문이다.

---

62) Osborne, Martin J. & Rubinstein, Ariel. , 1990, Bargaining and Markets. San Diego: Academic Press, Inc.

63) 일반적으로 합리적이라는 말은 최소의 비용으로 최대의 산출을 달성하는 것을 의미하며 주어진 목적을 가장 효과적으로 달성할 수 있는 수단으로서 '도구적 합리성' 과 관련된다.

64) Coleman, James S. , 1994, A Rational Choice Perspective on Economic Sociology. In Neil J. Smelser & Richard Swedberg(ed.), The Handbook of Economic Sociology, 166-182. N.Y. : Rusell Sage Foundation. 공리주의적 관점에서 보면 개인이 이기심을 추구하는 것이 '보이지 않는 손' 을 통해 사회발전에 기여한다는 학설은 타당성을 갖는다. 사람들은 자신들의 생존을 위해 이기적 행위를 하지만 전적으로 이기적인 것은 아니다. 대부분 타자에 대해 '최소한의 선의' 를 지니고 있으며 완전한 이기주의는 불가능 것이다. 이타주의 역시 '나를 포함한' 모든 사람의 이익을 증진 도모하므로 불완전한 것이 된다.

65) http://www.medigatenews.com/Users/News/copNewsView.html?Section=4&ID=1300; 성균관대학교 장동익 교수는 의사와 환자의 관계를 의사와 환자의 관계 모델로 기술자 모델, 성직자 모델, 협조자 모델, 계약자 모델로 분류하고 계약론적 관계 모델을 기반으로 의사는 합리적 이기주의자가 되는 것이 바람직하다는 의견을 제시하였다.

이러한 문제의 해결은 두 방향에서 시도할 수 있다. 먼저 정당화된 합리적 이기심이 자유로울수록 보이지 않는 손이 합리적으로 작동함으로써 사회발전에 기여한다는 가정에 따라, 개인의 자기이익 극대화라는 합리적 이기심, 그 자체에 욕망추구와 통제를 자유롭게 맡기는 자율규제(self-Regulation)를 강화하는 것이다. 보이지 않는 손에 의하여 각자의 합리적 이기심이 충족되고, 사회발전에 기여하려면, '자유로운 경쟁'과 '상벌체계로서 인센티브'를 통한 상호이익증진의 원리가 지켜져야 할 것이다.[66]

한편 또 다른 방안은 존 호스퍼스가 설명한 '규칙적 이기주의(rule egoism)'로서 자기 이익극대화 논리와 도덕 감정(Moral Sentiments)이 형상화된 규범적 사회제도를 통하여 지나침을 억제하게 하고 부적절한 관계를 교정하도록 하는 것이다. 이를 위하여 합리적 이기심이 작동할 수 있는 규범적 사회제도가 잘 발달되어 있어야 한다. 이는 합의된 원칙과 절차를 중심으로 공정성을 확보해야 할 것이며, 법적 구속력이 없는 경우일지라도 규칙을 어겼을 때 얻게 되는 이익보다 규칙을 지켰을 때 얻게 되는 이익이 더 크다는 공감에 의한 상호신뢰의 구축이 요건이 될 것이다.

---

66)Schultze, C., 1997, The Public Use of Private Interest. Washington, D. C.: Brookings Institution.

마농의 샘

　명배우 이브 몽땅의 마지막 작품이며, 클로드 베리 감독의 명작 〈마농의 샘〉은 프랑스 프로방스의 작은 마을의 샘을 둘러싸고 3대에 걸쳐 인간의 탐욕과 암투가 펼쳐지는 영화이다. 자신의 욕심을 채우기 위해 샘을 막는다. 그 발상은 절묘했다. 하지만 자신의 행위가 불러올 비극적 요소를 알아차리지 못했다. 〈마농의 샘〉은 남의 눈을 찌르려다가 자신의 눈을 찌르고 마는 인간의 어리석음에 대한 탄식이며 인과응보를 새삼 생각하게 하는 영화이다. 그러나 이 영화는 단순히 인과응보의 메시지를 전하려는 것은 아니다.

　먼저 이 영화는 침묵으로 나타나는 이기심의 심리적 양태를 다룬다. 탐욕은 사회가 허락한 한계를 벗어난 위반이고, 이 위반은 생명의 근원인 샘을 막는 행위로 상징된다. 이 위반의 행위를 세 겹의 침묵이 에워싸고 있다. 욕망에 사로잡혀 샘을 막아 놓고 타자의 고통을 지켜보는 침묵, 샘의 존재를 알고 있고 샘을 막는 행위를 목격하기조차 했으면서도 마을의 원칙에 충실하여 입을 다물고 있는 사람들의 침묵, 희생자 간의 관계의 비밀에 대한 침묵이다.

　또한 이 영화는 선악에 대한 철학적 가정에 도전하고 있다. 〈마농의 샘〉의 철학에 따르면 승리와 패배는 쳇바퀴 도는 것이다. 게다가 선과 악도 확연히 구분되지 않는다. 이웃한 나무끼리 햇빛을 독점하기 위해 싸우다 보니 사실은 같은 뿌리에서 나온 두 줄기였다는 게 이 영화의 구도다. 대립은 지상의 표피적 현상이고, 땅 밑에는 공통의 뿌리가 있다. 이 영화는 갈등하는 자들 간의 투쟁이 아니라 갈등 그 자체, 그리고 갈등의 뿌리를 다룬다. 동시에 이기심과 반목의 사회적 기능을 보여주고 있다. 비극이 펼쳐지는 레바스띠드 마을은 외부와 단절된 폐쇄적 공간이지만 하나의 사회이다. 그곳은 '질투와 경쟁과 변질된 유언과 잘못 배분된 땅으로 인한 집요한 원한'을 가진 사회지만, 외부인에 대한 맹목적인 반감과 타인의 일에 대한 절대적인 불간섭주의, 땅과 더불어 대물림되는 반목들은 이 사회를 유지시키는 역할을 하고 있는 것이다.

　한편 이 영화는 '물'이라는 자원을 이용하여 공급의 감소에 비하여 커져가는 인간의 욕심을 그려냈으며, 희소한 자원을 둘러싸고 생기는 인간들의 갈등과 경쟁, 소유권에 관한 기본적인 경제적 문제들을 다루고 있다. 자연과 환경의 제약조건에 의해 인간의 욕심으로 가득 찬 두 주인공의 끝내는 그 욕심으로 자신들이 파멸에 이르게 되고, 인간들의 비정함과 냉정함 또한 절실하게 보여주고 있는 영화라고 할 수 있겠다.

3)호혜적 이기주의

인간은 인간관계의 그물 속에서 상대방을 의식하며 살아가는 관계적 존재이다. 학자들은 인간의 이러한 특징이 사회가 폭발하지 않고 잘 굴러가도록 만드는 중요한 기반이 됨을 역설한다. 많은 이들이 우려해 왔듯 인간의 사회는 사익과 공익이 언제나 갈등을 빚기 마련이다.

물론 아담 스미스 식으로 사익을 추구하는 합리적 이기주의가 보이지 않는 손에 의해 사회 전체의 이득을 가져 올 수도 있겠지만, 우리 모두가 아무런 규칙 없이 사익만을 추구한다면 사회는 유지 불가능할 것이다. 따라서 인간의 삶을 규제하는 룰들이 생겨났고 이는 국가를 포함한 여러 촘촘한 제도의 망으로 발전해 왔다. 일찍이 로크나 홉스 등 근대를 연 사상가들의 질문도 바로 인간의 사회가 도대체 어떻게 굴러가고 있는가에 관한 것이었다.

공리주의적 관점에서 보면 개인이 이기심을 추구하는 것이 '보이지 않는 손'을 통해 사회발전에 기여한다는 학설은 타당성을 갖는다. 아담 스미스는 푸줏간 주인의 예를 들면서[67] 만일 누군가 다른 사람의 협조나 도움을 원하면서 오직 자비심에서 우러나오는 행동을 기대한다면 그것은 부질없는 짓이라고 했다.

그러나 사람들은 자신들의 생존을 위해 이기적 행위를 하지만 전적으로 이기적인 것은 아니다. 인간은 대부분 타자에 대하여 '최소한의 선의'를 지니고 있으며 경우에 따라 이기적이면서도 이타적으로 행동하고, 타인의 복지에 대해 관대하며 진지한 관심을 보이기도 한다. 때로는 자신에

---

67) '우리는 정육점 주인이나 양조장 주인, 또는 빵집 주인의 자비심 덕분에 밥을 먹게 되는 것이 아니다. 그들의 자기 잇속 챙기기 덕분에 밥을 먹게 된다. 우리는 그들의 인간애에 호소하지 않고 그들의 이기심에 호소하며, 그들에게 우리의 필요를 말하지 않고 단지 무엇이 그들에게 이익이 될 것인가를 말할 뿐이다.'

게 아무런 이익도 없는 일에 희생을 무릅쓰고 협조하기도 하고 경우에 따라 보복하기도 한다.

이기주의자들은 오로지 자신들의 이익을 생각해야 하는데 경우에 따라 타자 이익을 고려하는 이기주의자는 불완전한 이기주의자이다. 따라서 경제학 교과서의 호모에코노미쿠스(Homo economicus)[68] 개념으로는 자기가 손해를 보더라도 악한 행위를 응징하고 자신의 이익을 다소 포기하더라도 서로 협조하여 공생의 길을 모색하는 비합리적 인간행동을 설명할 수 없다.[69]

즉 인간은 선에는 선으로, 악에는 자기가 손해를 보더라도 악으로 대하는 성향을 갖고 있다. 오드리 햅번처럼 은혜는 은혜로 갚으려 하고 영화 〈친절한 금자씨〉의 금자처럼 원수는 원수로 갚는다. 이, 눈에는 눈(Tit-for-Tat)으로 대응하는 인간 행동의 특징이 '호모 리시프러칸(Homo Reciprocan)'[70]에 의한 '호혜적 이기주의'이다.

---

[68]경제학, 더 정확히 말해서 신고전파 주류경제학의 교과서들은 인간은 '합리적인' 행동을 하는 존재라는 가정에서부터 시작된다. 언제나 경제주체는 누구나 이익을 극대화하려 하고 소비를 통해 얻을 수 있는 만족을 극대화하려 한다.

[69]브로드(C. D. Broad)는 '자기상관식 이타주의(self-referential altruism)'라는 개념으로 합리적 이기주의를 옹호하고 있다. 즉 인간은 가족이나 친구처럼 매우 가까운 타자에게 관심을 보이지만 모든 사람에 대한 보편적 관심은 불가능하다는 것이다. 오히려 사람들은 대개 이기주의와 자기상관식 이타주의를 동시에 갖고 행동하게 된다는 것이 그의 현실적 관점이다. 브로드의 설명에도 불구하고 이러한 이기주의는 불완전한 이기주의이다(Shand, Alexander, 앞의 책, p. 131). 동시에 자신의 이익을 철저히 무시한 채 타인의 이만을 추구해야 하는 이타주의 역시 '나를 포함함' 모든 사람의 이익을 증진 도모하므로 불완전한 것이 된다(Hospers, John, 앞의 책, p. 209).

[70]Ernst Fehr and Simon Gachter, 1997, Reciprocity and Economics: The Economic Implications of Homo Reciprocans, University of Zurich Institute for Empirical Economic Research, Working Paper No. 40.; 호모 리시프러칸(Homo Reciprocan)은 상황에 따라 상대방의 행위에 대응한다고 해서 행위 대응적 인간, 인과응보형 인간으로도 불리지만 이 책에서는 호혜적 이기주의자로 부른다.

오드리 햅번과 금자씨

그녀는 불우했다. 너무 가난했으며 아사(餓死) 직전 이웃에게 발견돼 겨우 목숨을 건진 적도 있다. 설상가상으로 제2차 세계대전이 발발하여 굶주림에 허덕였다. 그 때 한 구호단체가 그녀에게 구호품을 전달했다. 그 단체는 유니세프였다. 소녀는 구호 빵을 먹으며 위기를 극복했다. 그리고 장성해 세계적인 영화배우가 됐다. 그 소녀의 이름은 오드리햅번(Audrey Hepburn)으로 그녀는 세상에 사는 그 날까지 이 단체의 홍보대사로서 전 세계를 다니며 굶주린 어린이들을 도왔다.

그녀는 억울했다. 다른 사람의 죄를 뒤집어쓰고 13년간이나 감옥생활을 했기 때문이다. 그런데, 바로 그 사람이 자기를 한 번 더 배신했다. 그녀가 맡긴 딸을 외국에 보내버린 것이다. 그녀는 친절했다. 왜? 복수의 화신이었기 때문이다. 그래서 그녀는 분노했고, 감옥에서 복수의 칼을 갈았다. 그녀는 친절했다. 복수를 위해서라면, 누구에게든 친절할 수 있었다. 그래서 그녀의 이름은 '친절한 금자'이다. 금자는 친절로 포장된 처절한 복수극을 펼치며 영화 〈친절한 금자씨〉를 마무리한다.

호혜주의는 이타주의와는 근본적으로 다른 개념이다.[71] 이타주의는 일방적이고 무조건적인 호의를 나타내는 행위이다. 이타적 행위에 대한 이타적 반응을 기대하지 않는다. 그러나 호혜주의는 유익하거나 유해한 행위에 대하여 호의 또는 보복으로 반응한다. 호혜주의는 쌍방적이고 조건에 따라 상대적으로 반응하는 이기주의로서 필자는 이를 호혜적 이기

---

71)Ernst Fehr and Simon Gachter, 앞의 논문, pp.2~3.

주의라고 표현한다. 즉 협조적 태도를 가진 사람에게는 협력으로 대응하고(positive reciprocity), 공평하지 않은 상대의 행위나 사회적 규범을 벗어나는 사람들에게는 자신을 희생하더라도 보복하려는 성향(Negative Reciprocity)을 의미한다.

호혜적 이기주의는 상대의 이타적 행위에는 이타적으로 이기적 행위에는 이기적으로 대응한다. 따라서 극단적인 이기심은 호혜적 이기주의가 존재함에 따라 완화된다. 자기만 이익을 보겠다는 행위자들의 남획 때문에 자원이 고갈되는 공동어장의 비극, 어둔 골목길에 가로등을 세웠는데 분담금도 내지 않고 이득을 얻으려는 얌체족(free rider)의 문제도 법률적 통제뿐만 아니라 호혜적 이기주의자들에 의해 완화될 수 있다.

즉 개인의 이기심으로 생태계를 파괴하거나 공동어장을 황폐화시키는 합리적 이기주의는 자신의 손해를 무릅쓰고라도 규칙 위반자들을 응징하는 환경운동과 같은 '호혜적 이기주의'에 의해 극복된다. 끼어들기를 하는 얌체족을 기어코 가로막아 응징하듯이 사람들은 자기에게 이득이 없고 손해 보는 일만 있더라도 상대에게 보복하기도 한다.

한편 기업가가 노동자에게 높은 임금을 보장하면 노동자는 이에 높은 노력을 지출하여 보답하는 선물교환(gift exchange) 방식도 있다. 악의에는 악의로, 호의에는 호의로 보답하는 호혜적 이기주의가 합리적 이기주의를 완화시키고 사회적 경쟁력을 강화하는 조건이 되는 것이다. 따라서 페르와 게흐터(Ernst Fehr & Simon Gachter)는 "호혜적 인간(Homo Reciprocan)이 규범의 강제자(enforcer)가 되고 사회적 규범이 인간행동에 제약을 가할 수 있도록 장치가 마련되어야 한다"고 주장한다.[72]

---

72) Ernst Fehr and Simon Gachter, 1997, Reciprocity and Economics: The Economic Implications of Homo Reciprocans, University of Zurich Institute for Empirical Economic Research, Working Paper No. 40.

경제학뿐 아니라 사회생물학 등에서 최대의 수수께끼는 치열한 적자생존의 장에서 이타적 개체들이 살아남고 진화해왔다는 것이다. 주류경제학자들은 다양한 선택상황에 직면했을 때 사람들은 자신에게 최대이익을 남길 수 있는 전략을 택한다고 말한다. 그것이 바로 경제학의 기본전제이다. 이게 무너지면 주류경제학의 이론들은 뿌리부터 흔들리게 된다. 그런데 사람들은 종종 무엇이 가장 이기적인 선택인지 알면서도 그렇게 하지 않는다. 어떻게 그럴 수가 있을까?

[토론해 봅시다] 경제학 교과서의 호모에코노미쿠스는, 자기가 손해를 보더라도 악한 행위에 대해서 보복하고 자신의 이익을 조금 포기하더라도 서로 협조하여 공생하는 길을 모색하는, 비합리적 인간행동을 충분히 설명할 수 없다. 그렇다면 경제학 교과서에서 호모에코노미쿠스 개념은 삭제되어야 할 것인가?

이와 관련하여 최근 주목받기 시작한 개념이 호혜적 이기주의이다. 호혜적 인간(Homo Reciprocan)이라는 개념은 신고전파 경제학의 중심범주인 이기적 경제인(Homo Economicus)의 대응개념이다. 이기적 경제인은 완전한 정보와 무한한 계산능력을 갖고 주어진 제약 하에서 자신에게 가장 큰 이익을 주는 행동을 선택한다는 의미에서 '이익 대응적'이다.

반면 '호혜적' 인간이란 상대방의 선의에 대해서는 선으로 대응하고 상대방의 악의에 대해서는 보복으로 대응하는 인간유형을 말한다. 호혜적 인간은 무한한 계산능력이나 미래에 대한 완전한 정보 대신 단지 과거에 상대방이 자신들에게 어떻게 행동했는지만을 기억하고 그에 입각해서 '눈에는 눈, 이에는 이'라는 전략에 입각해 행동하는 경제주체다.

호혜적 인간의 존재가 경제학에서 중요해진 이유는 인간사회에서 흔히 발견되는 협조적 행동이나 이타적 행동 등은 이기적 경제인((Homo Economicus)을 기초로 하는 경제학에서는 설명할 수 없는 부분이기 때문이다. 그러나 호혜적 인간의 개념은 인간의 협조적 행동들이 어떻게 존재할 수 있는가를 설명해 주는 출발점이 될 수 있다.

왜냐하면 호혜적 인간은 협조적 태도를 가진 사람들에게는 협력으로서 대응하고, 사회적 규범으로부터 이탈하는 사람들에 대해서는 자신을 희생해서라도 징벌하려는 성향을 가짐으로써 사회 내에서 사회적 규범의 강제자로서 역할을 할 수 있기 때문이다. 따라서 호혜적 인간이 높은 인구 비중을 차지하는 사회는 그렇지 않은 사회보다 협력적인 태도를 나타내게 될 것이고, 그렇지 못한 사회에 비해 더 빠르게 번영할 수 있게 된다.

호혜적 인간이 한 사회에서 다수로 존재하기 위해서는 어떤 조건이 필요한가를 살펴보자. 진화적 게임이론에 의하면 호혜적 전략은 인간들이 살아가면서 교육이나 모방을 통해 습득된다. 그리고 경제주체들이 그 전략을 사용함으로써 남들보다 우월한 보수를 얻는 경우에만 그 전략은 사회 내에서 확산되며 그렇지 못한 경우 소멸된다고 가정된다.

문제는 호혜적 인간이 1대1 거래에서 이기적 경제인에 비해 취약하다는 점이다. 왜냐하면 전자는 일단 협조하려 하지만, 후자는 상대방이 협조한다는 전제 하에 협조로부터 이탈함으로써 보다 높은 경제적 이득을 얻을 수 있고, 결과적으로 한 사회는 이기적 경제인들로 가득 차게 될 것이기 때문이다.

그러면 호혜적 인간, 이타적 인간들이 살아남기 위해 우리는 어떤 제도를 필요로 하는가를 생각해 보아야 할 것이다. 그리고 시대에 따라 필요로 하는 제도가 달라지고 그것이 그 사회의 경제적 토대와 상호작용한다면 한 가지 방법론이 될 수도 있을 것이다. 무엇보다 호혜적 인간의 존재 및 확산에는 그들이 이기적 경제인들보다 높은 보수를 얻을 수 있도록 만들어주는 여러 차원의 제도가 필수적이다.

2. 욕망의 딜레마

1)인간의 블랙홀

쾌락과 행복

쾌락주의(hedonism)는 본래적 선에 관한 이론이다. 우선 쾌락주의자들이 주창하는 '모든 쾌락이 선하다'는 말을 '쾌락만이 선하다' 혹은 '쾌락만이 유일하게 추구해야 하는 것'으로 오해해서는 안 된다. 그러나 쾌락과 행복을 혼동해서도 안 될 것이다. 한 순간의 쾌락으로 행복해지지 않는다. 쾌락이 부분이라면 행복은 전체로서, 인간의 궁극적 가치인 행복은 쾌락의 총계라 할 수 있다. 인간 의식은 즐거운 상태를 많이 경험할수록 더욱 행복해진다. 그러나 쾌락과 행복은 다른 것이다. 행복은 쾌락과 비교할 때 장기적인 상태이다. 따라서 "지금 행복하세요?"라는 질문은 명백하게 답할 수 없는 우문(愚問)이 된다. 행복은 지금의 '즉각적 의식상태'를 나타내는 것이 아니라 보다 '지속적 의식상태'를 나타내는 것이기 때문이다.

동서고금, 남녀노소를 불문하고 욕망은 인간 보편의 문제이다. 성욕과 식욕이라는 1차원적이고 본질적인 욕망에서부터 모방과 창조, 사랑과 증오라는 복합적이고 변형된 욕망에 이르기까지 욕망은 삶을 추동한다. 그래서 욕망은 시대와 공간을 뛰어넘어 철학과 문학과 예술의 주요 테마였고 수많은 철학자와 예술가들이 욕망이란 간단한 단어 속에 내재된 광대무한(廣大無限)의 블랙홀을 헤맸다.

인간은 욕망(desire) 덩어리이다. 욕망의 굴레로부터 벗어나기 위한 수도하는 사람이나 병리적 문제를 갖고 있는 사람이 아니라면 모두 욕망에 지배 받으며 살아간다. 그러나 우리는 욕망이라는 용어 그 자체를 부정적으로 인식하고 있다. 욕망이라는 말을 들으면 탐욕(貪慾), 식욕(食慾), 음욕(淫慾), 물욕(物慾), 권력욕(權力慾) 등 타락된 의식이나 행위라는 부정적 의미를 연상하게 된다. 그러나 인간은 욕망함으로써 존재한다.

욕망은 모든 악의 근원인 동시에 사람들이 열심히 살아가도록 하는 힘의 근원이기도 하다. 욕망이란 인류의 평화를 실현하거나 우주의 진리를 깨달으려는 거대한 야망에서부터 지하철에서 좀 더 편안한 자리를 차지하려는 아주 작은 욕심까지 대단히 다양하다. 식욕과 성욕을 비롯해 부와 명예, 육체의 안일, 또는 지식이나 아름다움에 대한 욕망까지. 아직도 한정된 시공간에서 모든 욕망을 다 만족시킬 수 없는 인간은 매 순간 끊임없는 선택을 강요당한다.

2)가치의 생산자

스피노자(Benedict de Spinoza; 1632~1677)는 욕망이란 생명이 어떤 행위를 완수하는 운명을 가진 것이라 생각되는 한, 인간 본질자체라고 하였다.[73] 스피노자는 의심의 여지없이 욕망의 긍정성과 가치를 가장 열렬하

스피노자

게 확정한 철학자이다. 욕망을 이미 좋고 나쁜 욕망이 있을 거라는 가정 하에, 이미 욕망된 사물의 가치에 종속시키는 것으로 생각하는 대신에, 스피노자는 반대로 욕망을 가치의 생산자로서 간주한다. 게다가 욕망에 앞서서 존재하는 대상에 의해서 가치가 규정되는 것이 아니라, 욕망은 그 대상을 실행하고 생산한다. 이처럼 스피노자가 「윤리학(Ethique, 1661-1675)」제 3부에서 그것을 확정했듯이 우리는 어떤 사물이 좋기 때문에 욕망하는 것이 아니라, 우리가 그것을 욕망하기 때문에 좋다고 판단하는 것이다.[74]

한편 인간 욕망의 힘을 간파하고 모던시대에 억압되어온 무의식과 성본능을 재해석하여 프로이트를 이 시대에 귀환시킨 인물로 지칭되는 프랑스의 정신분석학자 자크 라캉(Jacques Lacan)의 이론은 인간이 욕망의 주체임을 보여주고 있다.[75]

자크 라캉은 "인간을 살아가게 하는 힘은 무엇일까. 아무리 실패하고 좌절해도 인간은 다시 일어서서 자신의 목표를 향해 발걸음을 내딛는다. 이러한 꿈이 없으면, 목적이 없으면, 얻으려는 대상이 없으면 인간은 살지 못한다"고 하였다.[76]

인간은 어떤 대상을 얻기 위해 욕망하며, 그것을 소유하기 위해 그 어떤 대가도 지불한다. 그러나 그 대상을 소유하는 순간 그 성취는 허상이며, 신기루이다. 소유하는 순간 그 대상은 욕망을 채워주는 것이 아니라, 욕망의 결핍만 남긴 채 멀리 도망가 버린다. 그래서 프로이드도 '쾌락의

---

73)전경갑, 1999, 욕망의 통제와 탈주-스피노자에서 들뢰즈까지, 한길사. p.11

원리를 넘어서'에서 욕망을 충족시키는 유일한
대상은 죽음이라고 말한다. 결국 죽음만이 욕망
을 멈추게 하며, 그것은 더 이상 욕망하지 않는다
는 면에서 욕망의 충족이다. 결국 라캉은 "욕망
은 환유며 주체는 결핍이다"라고 선언한다.

결국 인간은 죽음에 직면하지 않는 한 욕망을
멈추지 않을 것이며, 채울 수 없는 결핍임에도 죽
음의 순간까지 욕망을 욕망할 것이다. 라캉은 욕망의 포기에서 정신병이

자크 라캉

발생한다고 말한다. 분석심리학자 칼 융은 정신치료의 목표는 환자의 치
료에 있으며, 그것을 위해서는 윤리와 도덕, 종교적인 교리마저도 넘어서
야 한다고 말한다.

다시 말해서 욕망의 억압이 병의 원인이고 그 병을 치료하기 위해 억
압에서 해방시켜야 한다면, 그 해방이 개인의 윤리적 사고와 종교적 교
리에 어긋나더라도 치료를 위해서는 무방하다는 것이다. 그렇다면 욕망
이 포기되지 않고 병들지 않고, 인류가 건강한 방향으로 나아가기 위해
서는 어떻게 해야 될까? 물론 통제되고 억압되었던 욕망을 해방시키면
될 것이다.

3)상충되는 욕망

어떤 욕망의 충족은 선하고 어떤 욕망의 좌절은 악하다. 문제는 욕구가
상충한다는 데 있다. 욕망에 따라 많이 먹으면 소화불량으로 고생해야 한

74)박삼열, 2002, 스피노자 윤리학 연구, 선학사, pp.165~181
75)European Graduate School EGS, http://www.egs.edu/resources/lacan.html
76)Purdue University, http://www.cla.purdue.edu/cademic, 'Jacques Lacan Modules, Cha.3 On
    Desire'.

다. 폭약을 갖고 장난하고 싶은 아이의 욕망은 안전을 지키려는 어머니의 욕망과 상충된다. 욕망의 충족은 선한 것이지만, 욕망과 욕망이 충돌하면서 내적 가치와 사회 가치에 따라 통제되고, 결국 일탈적 방식으로 욕망을 충족시키려 시도하는 악순환 고리에서 헤어나지 못한다.

오늘도 욕망과 싸운다!

　북악 스카이웨이 40Km, 올림픽대로 80Km, 경춘가도 80Km, 경부고속도로 100Km, 중부고속도로 110Km, 때로는 얼토당토않게 갑자기 10Km. 길가에 서 있는 표지판의 붉은 동그라미 안에서 운전자들의 신경을 몹시 거스르는 이 숫자들은 그 길의 제한속도를 표시한다. 속도제한 표지판이 없다고 해도 좋아할 일은 아니다. 표지판이 없는 일반도로는 시속 60㎞로 제한돼 있다.

속도위반 자체가 불가능한 혼잡 지역을 벗어나자마자 운전자들은 고독한 싸움을 시작한다. 곳곳에 붙어 있는 속도 제한 표지판, 굽이굽이마다 속도측정기를 들고 숨어 있는 경찰, 멀끔히 공중에 매달려 내려다보는 무인속도측정카메라. 이 모두가 자신과 이웃의 안전을 위한 것이라지만 그 친절한 배려를 피해 운전자는 필사적으로 달린다. 그런데 알고 보면 운전자가 싸우는 상대는 표지판이나 경찰이나 카메라가 아니다. 상대는 바로 속도위반 벌금이나 때로는 생명의 위험까지도 무릅쓰고 달려가는 자신의 욕망이다.

　달리고자 하는 욕망과 다른 차보다 앞서 가려는 욕망과 무사히 살아 돌아가고 싶다는 욕망이 팽팽한 긴장을 이루다 보면 차와 자신과 도로, 그리고 삶의 욕망과 속도의 욕망까지 합일을 이루는 무아지경의 몰입이 찾아온다. 이것은 바로 카레이서가 아닌 평범한 운전자들까지 그 고독한 싸움으로 이끄는 매력이다. 무인속도측정기 옆에 전파 송신기를 다는 상인들의 욕망과 그 전파를 받기 위해 전파 탐지기를 사는 운전자의 욕망, 그리고 이를 잡아내려는 경찰의 욕망이 불꽃 튀는 거리에 나서며 오늘도 '작은 욕망과의 싸움'을 시작한다.

〈자료 : http://www.donga.com 2000. 9. 4.〉

욕망은 인간보편의 문제이자, 삶을 추동하는 동력이다. 그러기에 욕망을 해석하는 건 인간과 삶을 해석하는 것에 다름 아니다. 인간의 본성을 고려해 본다면 개인의 욕망을 비난의 대상으로 보기는 힘들다. 또한 욕망이 인류문명 발전에 커다란 도움이 된 것은 부정할 수 없다. 그러나 욕망과 욕망이 충돌할 때에는 문제가 된다. 개인 간의 갈등과 집단 간의 갈등, 공익과의 갈등 모두 욕망의 상충에 기인한다. 결국 인간의 육체는 쾌락의 장이자 고통의 장이며, 생산과 소비가 이루어지는 장이고, 사랑을 실현하는 장이자 폭력을 행사하는 장이며,[77] 기존가치를 담보하는 것이기도 하지만 기존가치의 지배에 저항하는 일상적 투쟁지점인 것이다. 근본적으로 욕망이 없이는 생존 자체가 불가능하지만 욕망으로 인하여 생존을 위협받는 현실이 인간의 욕망이 갖고 있는 딜레마이다.

3. 자율성의 딜레마

우리는 일상적 대화 속에서 상대의 의사와는 관계없이 자신의 의지 관철을 강하게 표현할 때 흔히 "전봇대로 이를 쑤시든 말든 네가 무슨 상관이냐!", "똥개는 짖어도 역마차는 달린다!" 등과 같은 속언들을 흔히 사용한다. 자율성은 개념을 정의하는 방식과 관계없이, 타자와의 관계를 전제하는 것으로 타자의 기대보다 자기 욕구에 충실한 개념으로 타자와의 갈등을 유발하는 요소이기도 하다. 자율성이란 보이지 않는 타자의 저항을 극복하고 자기 스스로를 세우는 것으로 선에 이바지하기도 하지만 악에 이바지할 수도 있다.

---

77) 버지니아 공대 살상사건의 조승희 군은 "이 속물들아! 너희들의 방탕함도 너의 쾌락적 요구를 채워주기에는 충분하지 않아!", "너희들은 모든 것을 가졌어! 이 속물들아! 보드카와 코냑으로도 부족했냐? 그 모든 유흥과 환락으로도 너의 쾌락주의적인 욕망을 충족시키기에는 부족해!" 등등 쾌락주의에 대해 신랄한 비난으로 자신의 행위를 합리화하였다.

1)자율성과 타율성

인간은 자율적 존재인가? 아니면 타율적 존재인가? 인간 사회가 인간의 내적인 자율 의지에 의존해 운영되는 것인가? 아니면 외부의 압력에 의해 타율적으로 운영되는 것인가? 자율성은 건설적이고 바람직한 것인가? 아니면 바람직하지 않은 것인가? 우리는 이 질문에 대하여 이분법적 논리로만 정의를 내릴 수는 없다. 이미 우리 사회는 다양한 사람과 복잡한 상황들로 뒤엉켜 있기 때문이다.

자율성의 속성을 이해하기 위해서는 자율성이 도덕적인가 아니면 비도덕적인가의 문제를 먼저 다루어야 할 것이다. 자율성 개념의 역사적 뿌리는 인간의 본성은 이기적이라는 전제 하에, 자유의지가 인간의 이기적 성향을 막는 방패가 된다는 '인간 이성의 자율성(autonomy of human reason)'

이다.[78] 칸트는 자율성을 강조하여 황금률[79]을 거부하고 행위준칙[80]이 자유의지에 의해 자연의 보편적 규칙[81]이 될 수 있도록 행위 해야 한다고 주장한다.[82]

이러한 칸트의 발상은 이성의 자율성을 자유의지와 동일시함으로써 인간의 자율성을 확보하는 것이다.[83] 칸트에게서 도덕적 개인은 의무를 다하려는 인간이며, 동시에 자율적 인간이다. 이

임마누엘 칸트

성 자체가 자율성의 원천이며 사실판단과 가치판단의 엄격한 구분 속에서 자율성은 최고의 가치이며, 다른 가치들은 이 최고의 가치에서 파생된 것들이다.

따라서 스토아 시절 자연의 덕을 갖춘 현자의 속성으로서 인식되었던 자율성은, 칸트에 이르러 개인으로서 인간의 도덕성을 규정하는 원리로

정착하였다. 독자적 행위를 할 수 있는 능력으로서 '자유의지' 곧 자율성은 철학적 신조에 깊이 새겨졌을 뿐만 아니라 역사적으로 일정 상황 내에서 자신의 결정을 내릴 수 있는 개인의 권리를 보장해 주는 정치제도와 깊이 결합되었다.

그러나 감정, 태도, 기질은 사람에 따라 다양하지만 이성의 명령은 보편적이 된다는 칸트의 자율성 개념은 행위자의 현실에 대하여 간과하고 있다. 그가 간과한 현실세계는 서로 다른 관심사를 갖는 영역들로 분할되고, 나의 목적과 타인의 목적이 양립 불가능할 수 있다. 칸트의 기대와 달리 현실 속의 인간은 도덕의 원리로 가정된 자율성을 통하여 오히려 타인을 목적 달성의 수단으로 삼기도 하며, 한 명의 행위자가 공동의 선을 지향하

---

78)http://www.rep.routledge.com/article/DB047

79)황금률은 성경에 나오는 "네가 대우 받기를 바라는 대로 남을 대접하라" 이다. 칸트는 사람들이 바라는 바가 지극히 다양하기 때문에 황금률을 인간행위의 보편적 규칙으로 채택하길 거부하고 이성의 자율성을 제시하였다.

80)준칙(maxim)은 '이것을 하라!' 든지 '저것은 하지 마라!' 등과 같은 특정 종류의 행위에 관한 지침이다.

81)어떤 행위의 준칙, 예컨대 'X를 하라!' 가 확장되어 '모든 사람은 X를 해야 한다!' 가 될 때 보편적인 행위규칙이 된다.

82)Hospers, John, 1972, Human Conduct-Problems of Ethics, NY: Harcourt Brace Jovanovich, pp. 199~208;

83)http://www.rep.routledge.com/article/DB047SECT9

는 두 선택지 사이에서 갈등할 수도 있다.

베그르송은 칸트의 관념적 '자유의지'를 반대하고, 자유를 '순수지속'의 행위적 현실로 파악함으로써[84] 자유에 주체적 인격을 부여하였다. 진정으로 지속하는 것은 종국에 가서 자기 자신임을 잃어버리는 물질적 지속이 아닌 한사코 자기 동일성을 버리지 않고 계속해서 자기 자신임을 유지하는 것이다. 이것을 베르그송은 생명 또는 순수지

헨리 베그르송

속이라 불렀다.

그는 "자유의지를 의식한다는 것은 선택하기 이전에 다르게 선택할 수 있었다는 것을 의식함을 의미하는 것"이라는 스튜어트 밀(Stuart Mill)의 말을 인용하여 어떤 행위를 자유롭게 할 수 있다는 것은 다른 행위도 자유롭게 할 수 있었음을 의미하는 것이라고 확언한다.[85] 그럼에도 어떤 행동을 일관되게 유지하는 것은 다른 선택을 희생시켜야 했음을 의미하며 이러한 과정은 자율성의 결과이다.

그러나 인간에게 있어서 일관된 행위란 드문 것이다. 자기가 하는 일의 이치를 따지는 것에 매우 익숙한 사람들의 경우도 마찬가지이다. 사람은 상반되는 감정 사이에서 주저하다가 한 감정에서 다른 감정으로 옮겨감으로써 결국 둘 중에 하나를 선택한다. 사람들은 동일한 상황이라도 매우 상이하게 반응을 보인다. 사람들은 시장에서 물건 값을 흥정한 후에 정작 물건을 사지 않는 것은 더 큰 이익을 얻을 수 있는 또 다른 선택이 있다고

---

84)Henri Bergson, 정석해 역, 1982, 시간과 자유의지, 삼성출판사; 베르그송 철학에서, 보통의 시간 개념과는 달리, 직관에 의하여 포착되는 진정한 시간 경험. 주관적, 심리적인 현실을 이르는 말로 이러한 순수 지속의 세계가 진정한 자아요, 자유로운 인격의 영역이며 생명 그 자체라고 본다.

생각하기 때문이다. 다른 선택의 유혹을 버리지 않는 한 일관성을 유지한 다는 것은 불가능한 것이다.

인간행위에 있어서 일관성은 단순한 동작의 반복에서 나오는 것은 아니다. 일관성은 목적의 안정성에서 나온다.[86] 즉 인간행동의 일관성은 분산되어 있는 각각의 단위행동들을 동일한 가치관으로 통합하고 이질적 요소들은 통제함으로써 가능한 것이다.[87]

따라서 타자와 구분되는 개개인의 독특한 사고와 행위는, 일관되게 특정 가치를 선택하는 자율성에 의해 형성되는 것이라고 정리할 수 있다. 동시에 일관성을 유지하기 위해 이질적 욕구, 혹은 약한 욕구를 통제하는 것은, 자율성 체계에 의해 규제된 자율성, 곧 타율성이라고 정리할 수 있으며 이는 타율성은 자율성에 내포되어 있음을 의미한다.

2)자율성과 자발성

철학적 관점에서의 자율성(autonomy)의 속성은 한 개인을 도덕적 행위자(moral agent)로 규정하는 것이다. 또한 형식적 논리체계를 중시하고 인식 주체의 속성이 반영된 지식을 열등한 지식으로 보며, 지식에서 주체의 속성을 최대한 제거해야만 비로소 객관적 진리에 접근할 수 있다고 보고 이성의 자율성을 정당화하는 것이다.

그러나 객관적 진리에 치중하는 관념적 자율성의 개념은 행위자의 현실과 속성을 간과하여 현실세계에 적용하기 힘들다. 오히려 객관적 진리

---

85)앞의 책, p.135.
86)Tamotsu Shibutani, 앞의 책, p.210.
87)예컨대 성공에 가치를 갖고 있는 사람은 편히 놓고 싶은 욕구를 누르고, 춥거나 덥거나 일관되게 일을 하며 동시에 친소관계를 떠나 성공했다면 칭찬을 아끼지 않고, 열심히 일하지 않는 사람에 대해 비판적인 태도를 취한다.

의 성립조건에 대한 행위자의 주관적 성찰이 포함되어야 현실의 실천적 문제에 접근할 수 있다. 이를 위해 먼저 행위자들의 속성과 현실을 반영하는 자율성(autonomy) 그리고 자발성(spontaneity)의 개념과 의미관계를 파악할 필요가 있다.

사회심리학적 관점에서 자율성이란 다른 사람의 통제를 받지 않으며 동시에 의미 있는 선택을 막는 개인적 제한점으로부터도 자유로운 존재의 상태를 의미한다.[88] 자율성은 존재에 내재하는 자발성과 그것의 감각, 감성과 지성의 활동을 중시한다. 이런 의미에서 자율성을 의식적 자생성(Autopoiesis)[89]이라고 부르는 것은 합당하며 통치성을 함축하는 자치(self-government)라는 말과 상통한다.

자기생산성(Autopoiesis)

변화란 일반적으로 외부환경에서 비롯되는 것이라는 생각에 의해 지배되어져 왔다. 즉 인간은 생존을 위해 필요한 조건들을 형성하는 과정에서 투입물을 산출물로 변환시키고 동시에 외부적 맥락과 부단히 상호작용하는 것으로 간주되어졌다. 즉 생존에 영향을 미치는 주요한 과정이 외부 환경에 대한 적응(adaptation)인가 아니면 외부환경에 대한 선택(selection)인가에 대한 논쟁은 있어 왔지만 생존의 주요 문제들이 외부 환경에서의 변화로부터 유래된 것이라는 점에는 거의 의견이 일치되어 왔다.

그러나 이러한 견해는 바렐라(F. Varela)와 마투라나(H. Maturana)에 의해 개발되어진 체계이론(system theory)에 의해 도전을 받게 되었다. 즉 모든 살아 있는 체계들은 단지 자기 스스로에게만 준거하는 자율적 상호작용 체계라고 주장하였다. 그들의 견해에 의하면 살아있는 체계들이 환경에 대해 개방적이라는 생각은 어디까지나 외부적 관찰자에의 입장에서의 체계들을 인식하려는 시도의 산물인 것이다. 이들의 논리는 모름지기 살아 있는 체계(system)들은 세 가지 주요한 특징, 즉 자율성(autonomy)과 순환성(circularity), 그리고 자기준거성(self-reference)에 의해 특징지어진다는 생각에 기초하고 있다. 마투라나와 바렐라는 닫힌 관계의 체계를 통해 스스로 생산해 나갈 수 있는 능력을 지칭하기 위해 '자기생산성(Autopoiesis)'이라는 독특한 용어를 만들어 냈다.

마투라나와 바렐라에 의하면 유기체 같은 살아 있는 체계의 목적은 궁극적으로 자기 스스로를 재생산해내는 것이다. 즉 체계들이 자신의 생존을 유지하기 위해, 모든 변화들을 자기 체계 유지에 종속시키고, 자기준거적인 연속적 상호작용을 통하여 스스로 정체성을 유지하려고 노력하는 것이다. 이들의 이론은 체계와 환경 간에 설정된 구별의 타당성에 대해 비판하고, 살아 있는 체계들의 변화과정에서의 자율성을 이해하는데 새로운 관점을 제시해 주고 있다.

한편 자발성(spontaneity)은 의식적 자생성의 측면에서 자율성과 차이를 갖는다. 자발성은 타자의 강제력이 아닌 행위자의 자유의지에 의해 구동되는 인간행동의 속성으로, 자아의 표현인 동시에 자신의 일관성을 유지하기 위하여, 자신의 명령에 따라 타자와의 관계 촉진시키는 기제이다.[90] 여기서 우리가 주목할 것은 자발성이 '자아표현' 과 '타자와의 관계를 추동' 하는 기제라는 점이다.

자발성은 자기 일관성 유지, 곧 자기 자신을 바로 세우기 위하여 타자와 친밀한 협력관계를 형성하여 공동선에 이바지하기도 하지만, 한편으로는 경쟁하며, 반사회적 행위를 저지르기도 하는 기제이다. 중요한 것은 사회

---

88)Miller,?Bruce L. , 1981, "Autonomy and the Refusal of Lifesaving Treatment." Hastings Center Report 11(4), pp. 22~28. ; 밀러(B. L. Miller)는 자율성을 ①자유로운 행위(Free action): 강제되거나 부당한 영향을 받지않으며 행위자의 의식적 목표가 있는 자발적이며 의도적인 행위 ②진정성(Authenticity): 개인의 태도, 가치, 성격 및 생활계획과 일치하는 행위 ③효과적인 숙고(Effective Deliberation): 대안의식과 결정평가에 근거하는 행위 ④도덕적 반영(Moral reflection): 개인의 도덕적 가치를 반영하는 행위 등 4가지 유형으로 구분하였다.
89)Autopoiesis란 문자 그대로 자생('self-production', 그리스어로 self 를 뜻하는 auto 와 production or creation 을 뜻하는 poiesis)이라는 의미이며 구조와 기능간의 근본적인 상호보완(fundamental complementarity between structure and function) 을 표현한다. 1970 년대 초에 칠레의 생물학자인 Francisco Varela 와 Humberto Maturana가 처음 소개한 용어이다. (Varela, Francisco J; Maturana, Humberto R. ; & Uribe, R. , 1974, Autopoiesis: the organization of living systems, its characterization and a model, Biosystems 5, pp. 187~196.)

[토론해 봅시다] 구호품이나 음식을 나누어 주는 사람들과 받는 사람들 중 어느 편이 더 자발적인가? 자신의 이익을 추구하는 시장경제활동과 제3자의 이익을 도모하는 자원봉사활동 중 어느 쪽에서 자발성이 더 강하게 나타나는가? 자발성은 자원봉사의 고유한 특성이라고 할 수 있는가?

심리적 행동기제로서 자발성은 행위자의 이익과 관련되어 있으며, 사회적 인정보상 등 행위자의 이익과 관련된 수준이 높을수록 보강된다는 점이다.

그런데 자발적 행동은 전적으로 자발적인가? 이 질문은 어떻게 자발성의 구동을 가능하게 할 것인가와 관련된 문제이다. 행위자의 자발성은 주관적으로 의도된 동기에 따라 구동되고, 의도된 동기는 행위자의 지향성에 따라 결정되는 자율성에 의해 통제된다. 자발성은 타자의 강제력이 아닌 행위자의 자유의지(free-will)에 의하여 구동됨과 동시에 개인이 연속적 자아영상에 대해 반응하는 연쇄적 과정이다. 따라서 자발적 행동의 구동은 다른 사람의 입장에서 형성된 자아영상에 달려 있다.

왜 이러한 각각의 현상이 가능한 것인가? 자발적 행위는 타자의 입장에서 형성되는 자아개념들에 의존하며, 타인들의 동조적 반응들에 의하여 재확인되어야 하기 때문이다. 다시 말해서 인간행위의 동기는 사회적 교류를 촉진하고자 하는 내면적 의도를 상징화한 것이며, 인간 행동은 내재적 동기를 수용하거나 거부하는 가운데 상호 적응적으로 이루어진다.

즉 타자의 기대에 반응하는 연쇄적 과정인 것이다. 필자는 이전의 연구

논문과 저서를 통하여 주장한 것은 인간행동 은 '하고 싶은 행동'과 '요구되는 행동'의 간 극을 타자의 수용수준에 따라 합리적으로 조 정한다는 '사회적 수용가설'이다.[91]

당신의 자발적 행동은 전적으로 자발적인가? 보이지 않는 손에 의해 조종되고 있지는 않는가?

그러므로 사회적 수용의 정도와 수준에 따라 행위자의 자발성은 내적으로 통제되고, 표방되는 자발성은 완전히 자발적인 것은 아니다.

한편 자율성과 자발성의 의미관계는, 자발 성은 자율성의 필요조건이며 자율성은 자발 성의 범위를 결정해 준다는 측면에서 '근본적 자발성으로서 자율성 (autonomy as radical spontaneity)'의 관계로 파악된다.[92] 즉 행위자의 자발성 (spontaneity)은 주관적으로 의도된 동기에 따라 구동되고, 의도된 동기는 행위자의 지향성에 따라 결정되는 자율성(autonomy)에 의해 통제된다.[93]

예컨대 장기 기증에 있어서 기증여부의 의사결정은 자율성에 의존하지 만 기증행위는 자발성에 근거한다. 자율성은 '하고 싶은 행동'에 대한 반 응이라면 자발성은 '요구되는 행동에 대한 반응'이다. 따라서 자율성은 강력한 욕구를 고려하지만 자발성은 자신의 욕구와 타자의 욕구가 동시 에 고려된다. 따라서 자발성과 자율성의 개념은 동일하지 않다.

그러나 두 개념 사이에서 발견되는 차이로 인한 행위자의 딜레마는 현

90)이성록, 2003, 자원봉사매니지먼트, 미디어숲, pp. 49~52

91)이에 대해서 상세한 것은 필자가 저술한 '새로운 공동체 영역 제4섹터(2000; 미디어숲)' 및 '자 원봉사매니지먼트(2003, 미디어숲)'을 참고할 것.

92)Notre Dame, 2005, Natura Naturans for the 21st Century? Philosophical Anthropology Conference. p.6.

실적으로는 '타율성에 의한 자발성'이라는 논리도 성립 가능하다는 것이다. 우선 자율성은 재산권 등 타인의 권리를 침해하지 않는다면 일반적으로 허락된다. 그러나 자발성의 경우는 외적으로 타자의 기대에 부응하지 못하여 야기되는 갈등이 반영된다.

따라서 인간행동은 자율적으로 상호작용하면서 자발적으로 타자와의 관계를 고려하여 조정된 행위를 시도하는 것이다. 한편 자발적 행위는, 예컨대 공감 과정에서 상호 감정이 불일치할 경우, 타자의 거부로 인한 갈등이 야기될 수 있으며, 동시에 하고 싶은 행위를 시도하는 자율성과 요구되는 행위를 반영하는 자발성이 상충되어 내적 갈등을 겪을 수도 있다.

사례분석(1)

● 자율성 사례: A는 의료 행위보다는 그림 그리는 것을 좋아한다. P는 의사라는 안정된 직업을 포기하고 화가가 되기로 결심했다.

● 자발성 사례: B는 폭우가 쏟아지는 한밤중에, 진흙탕에 차가 빠졌으니 도와 달라는 친구의 부탁을 받고 그렇게 했다.

이 사례에서 A와 B 둘 다 예측되는 손해를 감수했지만, A는 자신이 선호하는 것을 만족하려고 한 반면, B는 타자의 기대에 부응하고 있다는 점에서 차이를 보인다. B가 왜 한밤중에 친구를 도와주러 외출해야 했는지 그 동기는 불분명하다. 그러나 분명한 것은 B는 계속 자고 싶었을 것이다. 따라서 B의 행위는 자신의 선호에 따라 '하고 싶은 행동'을 한 것이 아니라 타자로부터 '요구되는 행동'을 한 것이다. B의 행위는 자발성의 개념에 근거한 것이다. B는 잠을 계속 자고 싶다는 자신의 강력한 욕구에 위배되지만, 요구되는 행동에 부응한 것이다. 즉 강력한 욕구가 약한 욕구에 지배될 수 있으며 이러한 경우 '타율성에 지배된 자발성'이라는 논리도 성립 가능한 것이다.

93)이성록, 2000, 새로운 공동체 영역@제4섹터, 미디어숲, pp.185.
94)http://goodking.new21.net/bbs/rgboard/view.php?&bbs_id
95)이성록, 2003, 자원봉사매니지먼트, 미디어숲, p.43.

사례분석(1)은 자율성과 자발성의 의미관계를 설명한 것이며 사례분석 (2)는 자발성이 수용되지 않을 경우 야기되는 문제를 설명하는 것이다. 자율성은 자신의 선호구조(preference structure)를 축으로 하여 충동을 만족하려는 행위를 허락하는 경우가 많은데 자발적 행위는 그렇지 않다.[94]

　　만일 타자로부터 인정받지 못하는 상황에서 발휘되는 자발성은 사례 분석(2)의 경우처럼 타자의 저항을 야기할 수도 있으며, 경우에 따라 모종의 보복과 재앙을 초래할 수도 있기 때문이다. 따라서 대부분의 자발적 행위는 사회적 규범이나 타자의 기대에 동조한다.[95]

사례분석(2)

　　바람이 차가운 늦가을, 길거리에 노인이 쓰러져 있다. 이를 발견한 중학생들이 지나가던 어른들을 붙들고 도와줄 것을 요청하였지만 모두 외면하였다. 마침 남루한 차림의 중년남자 C가 갈 길을 멈추고 노인을 일으켜 따뜻한 음식을 대접하고 노인의 집을 찾아 모셔 드렸다. 그러나 C는 그 노인의 자식들로부터 감사 받기는커녕 "당신이 뭔데, 집나간 노인을 집으로 데리고 왔어!"하며 시비가 붙어 경찰서까지 가게 되었다.

　　누구나 노인을 도와야 한다고 판단할 것이다. 많은 사람들이 차마 그냥 지나치지 못해 도울 것인지 말 것인지 망설였을 것이다. 그러나 사람들은 왜 어려움에 처한 이 노인을 외면하였는가?[96] 그것은 노인을 도와주게 됨으로써 '나에게 무슨 일이 일어날 것인가?'를 염려하였기 때문이다. 이는 결국 도덕적 가치보다 더 강력한 욕구에 지배된 것이다. 그러나 C는 노인을 도와주지 않으면 '그에게 무슨 일이 일어날 것인가?'를 생각하였기에 굶주림으로 쓰러진 노인에게 손을 내민 것이다. 그럼에도 불구하고 C는 타자로부터 인정받지 못하는 상황에서 자발성을 발휘함으로써 저항을 초래하였다. 그렇다면 자발성은 어떤 기준과 방식으로 발로(發露)되어야 하는가?

　　그러나 변동하는 사회에서 사람들은 자기 행위의 내적 기준과 타자의 기대 사이에 모순이 존재한다는 사실을 발견한다.

　　이러한 상황에서 사람들은 다양한 행동양식을 나타낸다. 어떤 사람은 타자의 저항에도 불구하고 자신이 옳다고 생각하는 것을 행하는 소신을

보이기도 하고, 타자의 기대에 전적으로 부응하여 갈등을 회피하기도 한다.[97]

앞에서 살펴 본 바와 같이, 자발성은 행위자의 이익과 관련되어 있으며, 사회적 인정보상 등 행위자의 이익과 관련된 수준이 높을수록 강화된다. 공동선에 이바지할 수도 있지만 반사회적 문제를 야기할 수도 있다.

따라서 현실적으로 자율성보다는 자발성에서 도덕적 행위자가 요구된다. 동시에 자발성보다는 자율성에서 행위자의 보편화 조건 충족이 요구된다.

즉, 특정 상황 속에 벌어지는 자발적 행위가 직접적으로 행위자 보편화 조건을 충족시키는 것이 아니라 자율성이 행위자 보편화 조건을 충족시켜야 한다.

따라서 자율성 조건은 다음과 같이 정리할 수 있다.[98]

①특정 상황 속에서 행위의 목적은 자신의 이득만을 위한 것이 아니어야 한다.

②목적 달성을 위한 선택과 행위는 가급적 외부의 강요와 제한 없이 곧 자발적으로 이루어져야 한다. 이러한 상식적 자율성 개념은 언뜻 보기에 아무런 쓸모가 없어 보인다.

조건 ②는 자발성의 일반적 통념을 반영한다. 조건 ①은 행위의 결과가 타인에게 해가 될 수도, 그리고 타인이 그 목적에 동의하지 않을 수도 있음을 함축한다.

---

96)그 이유에 대해서는 흔히 '책임분산효과'로 설명하기도 한다. 그러나 본질은 집중된 이익이 분산된 이익을 지배한다는 명제가 적용된다.
97)이성록, 앞의 책,
98)http://goodking.new21.net/bbs/rgboard/view.php?&bbs_id

3)자율성과 관계성[99]

(1)심리적 딜레마

필자는 군대생활을 하면서 고참병들로부터 꽤나 많이 얻어맞았다. 대개 '군기가 빠졌다'는 이유 때문이다. 전방에는 유난히 눈이 많이 내린다. 필자는 눈이 펄펄 내리는 어느 날, 고참병들로부터 호출을 받고 근무처로 나갔더니 고참병들이 둘러앉아 있었다.

한 고참병이 "지금 밖에 비 내리고 있냐?"라고 필자에게 물었다. 긴장했던 필자는 "아닙니다! 눈 내리고 있습니다!"라고 대답했다. 그 때 주먹이 정신없이 날아왔다. "고참이 하는 말에, 아니라고? 완전히 빠졌군!"하면서 두들겨 팼다. 그리고 "지금 밖에 비 내리고 있냐?" 다시 물었다. 필자는 "네, 그렇습니다! 비가 내리고 있습니다!" 큰 소리로 대답했다. 그러나 또다시 주먹이 날아 왔다. "아니 이놈이 고참을 속이려고 들어! 저게 눈이지 비냐?" 또 두들겨 맞았다. 소위 군기 빠진 필자를 고참병들이 패주려고 작정한 것이었다. 군대는 전형적인 통제집단이다. 군대에서 자율은 군기가 빠진 것으로 간주되며 절대 금기이다. 먹기 싫어도 먹어야 하고, 먹고 싶어도 참아야 하며, 오직 명령에 복종해야 할 뿐이다.

군대집단은 통제라는 것이 무엇인지를 가장 극명하게 보여주는 집단이다. 들어가고 나감은 물론 모든 생활이 자기 의지와는 상관없이 철저하게 통제 하에 이루어지는 조직인 것이다. 그러나 사람들은 누구나 자유의지(free-will)를 갖고 있으며, 강제력이 아닌 자발성에 의한 자유의지 실현을 원한다. 통제를 기본적 행위기제로 하는 군대에서조차 인간의 자율성은 쉽게 제어되지 않는다. 근본적으로 자율성은 매우 높이 평가되며, 시민사회에서

99)이성록, 2000, 새로운 공동체 영역@제4섹터, 미디어숲, pp.183~189 : 자율성과 관계성은 모두 타자의 기대에 부응하는 정도를 나타내는 상대적 개념이다. 자율 지향적인 사람은 타자의 기대에 부응하는 정도가 낮으며 관계 지향적인 사람은 타자의 기대에 부응하는 수준이 높은 사람이다.

특히 자원봉사 영역에서 자율성은 매우 중요한 행동기제로 인정되고 있다.

여기서 우리의 근본적 질문은 과연 '자율성은 언제나 건설적이고 바람직한 것인가?'이다. 어떤 사람들은 다른 사람들이 부당한 동조를 보일 때에도 흔들리지 않고, 자기 행위의 내적 기준을 유지하는 자율성을 가지고 있다. 그런 사람은 타인이 부적절하다고 생각하더라도 소신껏 행동한다. 우리 사회는 이러한 자기신뢰(self-reliance)에 높은 점수를 주며, 심리학자들은 자율성은 바람직하다고 가정한다.

그러나 이러한 가정에는 문제가 있다. 자율성의 범위는 일정하지가 않으며, 양극단에 위치하고 있는 사람은 사회적으로 배척될 수 있다는 사실을 간과하고 있기 때문이다.[100] 즉 자율성이 지나치게 강할 경우 소신행위로 평가될 수도 있으나 타자와의 관계를 간과함으로써 배척될 수 있다.

한편 자율성이 지나치게 낮을 경우 독립적인 생활을 유지하기 곤란할 수 있다. 즉 타자의 기대에 전적으로 부응한다는 것은 주관성을 상실하고 타자 의존적 행동을 하게 되고 지나치면 사회적 보호를 받아야 생존할 수도 있다. 개인적 자율성의 범위가 어느 위치수준에 있느냐에 따라 행동양태는 결정되어진다.

인간 사회에서 자율적 행위는 하나의 이상으로 높이 평가된다. 시민사회에서 자율성은 항상 높이 평가될 수 있는가? 자원봉사 영역에서 자율성은 어떤 의미를 갖는가? 문제는 자율성의 범위이다. 일반적으로 집단의 규범과 자신의 정당한 권리라고 생각하는 것 사이에는 불일치가 존재하며, 사람들은 불일치를 해결하는 방법에 상당한 차이를 나타낸다. 즉 완전한 합의에서부터 완전한 자율에 이

---

100)지나치게 자율성이 낮은 경우 정신지체장애인으로 판정되고, 지나치게 자율성이 높을 경우 정신병자로 판정될 수 있다.

자율성은 타자와의 일정한 간격을 의미한다. 즉 높은 수준의 자율성을 가진 사람들은 자신과 타인 사이에 어느 정도 거리를 유지하려는 경향을 갖는다. 높은 자율성의 함의는 강한 자의식이며, 이는 충동으로부터 자신을 보존하려는 하나의 방어기제이다. 그들은 대체로 성취지향적인 사람들로서 독자적 동기를 갖고 일탈적 행동을 하며, 갈등상황에서 대체로 경쟁적인 태도를 취한다. 타자의 감정에 쉽게 동조하지도 않으며 타자와 일정한 거리를 유지하고, 상호의무감을 줄임으로써 자유의지를 보다 용이하게 실현하고자 한다.

[토론해 봅시다] 유행가 가사처럼 그대 등 뒤에 서면 왜 나는 작아지는가? 진정 사랑 때문인가? 관계지향성이 지나치게 높으면 어떤 문제가 있는가?

반면에, 타인의 기대에 따라 행동하는 자율성이 낮은 사람의 경우 매우 고분고분하고 사교적(社交的)이어서 타인과 쉽게 관계를 맺는다. 소위 관계지향적인 사람들은 순응적이며 상대적으로 높은 동정심을 가진 것으로 특징지어지며, 타자의 독특한 반응을 동정적으로 받아들일 수 있는 능력을 소유하고 있다. 그들은 쉽게 타인과 동일시하기 때문에 가능한 한 타인의 기대에 부응하는 행동을 하고, 또한 자신이 행하는 것을 타인이 쉽게 이해하리라고 가정한다. 이와 같이 자율성이 낮은 사람은 낙천적이고 온화하며, 친화적이어서 다른 사람에 대한 높은 관심을 가지고 있지만, 자기 성취가 낮으며 흔히 갈등상황에서 순응적인 태도를 취한다.

한편 사람들은 자신에게 의미가 있는 사람과의 관계에서는 자신의 자율성을 스스로 통제하여 자발적으로 동조하거나 순종한다. 동시에 자율성이 강한 사람보다 자신의 요구에 순응적인 사람을 선호하면서, 자신의 자율성은 강화하려고 하는 이중적 태도를 취한다. 예컨대 권력 앞에서 한 없이 작아지면서도 약자 앞에서는 거인이 된다. 그러면 사회적 행동에서 자율성은 언제나 순기능적인가? 친사회적 행동과 반사회적 행동은 어느 편이 더 자율적인가? 이러한 질문에 직면한 우리는, 여기서 자율성의 순기능에 대한 의심을 갖게 되고, "자율성의 범위는 어디에서 어디까지인가?"의 질문을 제기하게 된다. 다시 말해서 자율성을 높이 평가하면서도 자율성의 범위를 규정하고 통제해야 한다는 딜레마에 직면하고 있는 것이다.[101]

(2)선택의 딜레마

기게스의 반지

만일 당신이 투명인간이 된다면 가장 하고 싶은 일은 무엇인가? 2천5백 년 전 그리스에서 가장 현명한 사람으로 명성을 날리던 소크라테스에게 아테네의 명문가의 청년 글라우콘이 〈기게스의 반지〉 이야기를 예를 들어 "어떻게 살아야 하는지?"를 질문을 하였다. 즉 리디아왕의 양떼를 돌보던 목동이 우연히 일정한 방향으로 돌리면 투명인간이 되는 마술반지를 주워, 왕비를 유혹하고 왕을 죽이고 자신이 왕이 되었다는 이야기를 통하여 "들키지 않는 보장이 있어도 올바른 일만 할 수 있겠는가?"를 질문한 것이다. 물론 소크라테스는 "부정이 아무리 많은 이득을 준다 해도 오직 바른 행위만이 진정으로 행복하게 한다"고 대답하였고 글라우콘은 이를 수긍하였다. 이것은 플라톤의 대화편 「국가론(Republic)」의 핵심 내용이다. 그러나 오늘 우리들은 소크라테스의 주장에 수긍하는가?

자율성은 자유의지라는 철학적 신조로
서만이 아니라, 역사적으로 일정한 상황
내에서 자신의 결정을 내릴 수 있는 개인
의 권리를 보장해 주는 정치제도와 깊이
결합되어 있다. 현대 민주사회에서 사람들
은 자율을 중시하며, 외부로부터의 통제를
거부하고 인정하지 않는다. 한편 인간의
경제행위를 중심으로 하는 경제 관계는 시
민사회의 자율적 활동영역의 중요한 부분
이 되고 있다. 개인은 경제 관계에서 개인적 합리성 추구를 통해 타자와
의 자유경쟁 관계에 서게 된다.

현대 사회의 인간은 자율성을 침해받거나 상실하게 되면 패배감과 불
안을 느끼고, 분개하며 저항하게 된다. 사람들은 기회가 주어질 때마다 타
자의 기대와 규범에 통제되기보다 자신의 자율성을 확대하려고 한다. 그
러나 자율성의 확대는 사회적 갈등의 원인이 된다. 자율성은 타자의 자율
성과 상충되기 쉽기 때문이다. 근본적으로 오늘날 사회적 문제와 위기는
인간의 사회적 행위에 있어서, 외현적 행위와 내재적 동기가 일치하지 않
는 이중적 구조에 기인한다.

사회적 행위의 이중적 구조는 자율성이 높이 평가되고 수용되는 사회
적 문화와 관련된다. 즉 시민사회에 갈등문제가 기본적으로 발생하는 이
유는 개인들이 상이한 가치관과 행동원리에 의해 사회적 행위를 하기 때
문이다. 만일 모든 개인이 동일한 가치관과 원리에 의해 행동한다면 갈등

---

101)오세철, 문화와 사회심리이론: 조직행동이론의 재구성1986, pp36~41.

은 발생하지 않을 것이다.

　그러나 현대 민주사회는 다양한 가치관과 행동원리를 가진 다원주의 문화와 자율성을 전제하고 있다. 그러나 자율성의 확대는 사회적 갈등의 증대를 의미하는 것이다. 따라서 현대 민주사회는 자율성을 전제로 하는 체계이지만 동시에 자율성을 통제해야 하는 딜레마를 안고 있다. 즉 자율성은 상이한 가치관을 인정하고, 자유에 대한 자율적 제한을 전제하는 것이다.[102]

[토론해 봅시다] 당신은 기여하지 않고서도 편익을 누릴 수 있다면 무임승차를 선택할 것인가? 모든 사람이 무임승차를 한다면 역시 자율에 맡겨야 하는가? 아니면 사회적 통제가 필요하다고 보는가?

　근원적으로 사적 영역에서 지배적인 행동논리는 합리적 선택으로서 자기 이익을 극대화하는 것이다. 그러나 이러한 사적인 이익추구는 공공의 이익과 상충될 수 있다. 즉 사적 이익의 극대화가 공공이익의 극대화로 연결될 수 없다는 것이 「수인의 딜레마(prison's dilemma)」가 시사하는 바이다.[103]

　시민사회의 자율성을 통한 공공 이익 달성의 한계는 결국 사회적 행위자가 우선적으로 선택하는 행동논리와 관계가 된다.

　행위자 개인의 차원에서 보면 사적 이익을 극대화하기 위한 행동이 보다 합리적이다. 왜냐하면 공공이익은 시민사회 전체의 공동참여로 이루어지게 되는데 공동이익이 발생하게 되면 참여하지 않아도 누릴 수 있기 때문이다. 따라서 합리성의 논리에 따른다면 비용을 지불하지 않고 이익을 누릴 수 있다면 이를 선택하는 것이 보다 합리적인 것이다.

---

102) 즉 여기서 자율성은 상이한 가치로 인하여 야기된 갈등을 해결하는데 있어서의 상대적 자율성이다. 다시 말해서 자율성은 개인의 자유에 대한 자율적 제한을 의미한다.
103) 딜레마에 대하여 상세한 것은 이 책 제4장 pp.113~118내용을 참조할 것.

자율성의 딜레마

대부분의 건강한 사람들은 타자의 간섭을 싫어한다. 따라서 일을 해도 자율적으로 일하기를 선호한다. 자율성이 창의성과 업무 효율성을 높여 준다고 하여 일부 기업들이 자율근무제를 도입하기도 한다. 필자 역시 사회복지관 관장으로 재직할 당시 자율근무제를 도입하였다. 총무 부서를 제외한 사업부서 전 직원들은 9시 출근해서 6시에 퇴근하는 제도를 폐지하고 자신의 과업 중심으로 시간에 구애 없이 자율적으로 근무하는 자율근무제를 채택한 것이다. 물론 직원들은 대환영이었다. 그러나 시행한지 3개월도 안 되어서 직원들의 반대로 과거 제도로 자연 회귀되고 말았다. 반대이유는 '자율근무제는 신(新)노동착취이기 때문'이라는 것이다. 자율만큼 스스로 져야 할 책임이 커졌기 때문이다.

사람은 누구나 원할 때 맘 놓고 쉬고 싶어 한다! 언제든 원하는 만큼 휴가를 즐길 수 있는 직장인은 행복할까? 반드시 그렇지는 않다고 한다. 그러나 휴가를 원할 때 맘대로 쓸 수 있게 되어 더 불행하다면 이해가 되겠는가? IBM 직원들이 개방휴가제 실시 이후 제한된 틀 속에서 휴가를 얻어 사용하던 시절보다 휴가만족도가 더 낮다는 보고가 있다. 일과 사생활 경계가 무너졌기 때문이라고 한다. 뉴욕타임스(NYT)는 2003년부터 '개방휴가제'를 채택하고 있는 IBM 직원 35만 명의 휴가가 엉망진창이 되고 있다고 보도했다(07년8월31일). 개방휴가제란 업무처리에 지장이 없는 한도에서 직속상관과 상의해 맘껏 휴가를 즐길 수 있도록 허용한 제도다. IBM은 직원들의 휴가 상황을 일일이 점검한다고 반드시 업무효율성이 높아지지는 않는다고 판단해 이런 제도를 도입했다.

그 결과, IBM 직원들은 주말 휴일에다 금요일이나 월요일을 덧붙여 긴 주말휴가를 즐기거나 2주 연속으로 휴가를 가는 것이 가능해졌다. 회사는 누가 언제 얼마만큼 휴가를 가든지 통제하지 않는다.

인터넷과 휴대전화 등의 발달로, IBM 직원의 40%가 고정된 사무실이 없이 집이나 고객 사무실에서 일을 보게 된 것도 이러한 휴가제 도입의 배경 요인이 됐다.

그러나 단점도 적지 않다. 일과 휴가의 경계선이 모호해지면서 직원들이 휴가 기간에도 긴장을 풀 수 없게 된다. 결국 과도한 업무 스트레스와 건강에 부담을 주는 경우도 생겨났다. IBM 직원들은 원할 때에는 언제든 휴가를 쓸 수 있는 자유가 있지만 실제로는 그렇게 되지 않는다며 규정된 휴가 일수를 모두 사용한 적은 한 번도 없었다고 말했다.

결국 자유와 자율은 그 만큼 책임이 커지므로 차라리 통제를 받고 책임을 덜 지는 것을 원하고 있다는 것이다. 자율의 딜레마, 자율을 원하면서도 자율을 회피하는 것, 곧 통제를 배격하면서도 통제를 바라는 것이다. 결국 자율이라는 윤리적 카테고리 역시 자신의 이익과 관련된다. 자신에게 유익할 때면 자율을 택하지만 불리하면 통제를 선택하는 것이다. 따라서 대의명분을 표방하여 자율을 주창하는 사람들의 심리적 기제 속에는 자기 이익추구의 욕구가 내포되어 있는 것이다. 즉 윤리성의 기제라기보다 합리성의 기제인 것이다.

(3)통제의 딜레마

개인은 사회에 능동적이면서 동시에 수동적인 존재이다. 개인적인 것 속에는 사회적인 것이 침투해 들어가 있고, 사회적인 것 속에도 개인적인 것이 침투해 들어가 있다. 말하자면 개인과 사회는 변증법적 인과관계를 가지고 있다. 사회는 개인들과 그 개인들의 활동으로부터 동떨어져 존재할 수 없으며, 개인도 사회로부터 독립된 비역사적인 본성을 가질 수 없기 때문이다. 그러므로 개인의 자유로운 발전과 사회의 진보는 개인이나 사회 어느 한쪽만을 고려해서는 아무것도 실현할 수 없으며 동시적이어야 한다. 다만 어떤 관점을 채택하느냐에 따라 그 해석과 문제해결 방법이 달라질 뿐이다.

인간 본성에 기초한 개개인의 자율성은 인간 존엄성과 개인의 자유와 평등을 지향하고 있는 민주주의 사회에서는 결코 부정할 수 없는 요소이다. 남보다 더 많이 갖고자 하는 욕망이 자본주의 사회를 발전시켰고, 편하게 살고자 하는 욕망이 첨단 사회를 발전시켰다. 현대사회의 편리와 풍요는 외부의 억압으로부터 벗어나 개인의 권리를 찾고자 한 인간 스스로의 자율성 회복 의지의 결과라 볼 수 있다.

그러나 사회가 이렇게 발전할 수 있었던 것이 과연 인간의 자율 의지에 의해서만이라고 쉽게 결론지을 수 있는가? 물론 아니다. 개인의 욕구들이 서로 상충하면서 갈등이 발생하는 것은 동서고금을 막론한 일이다. 비록 타율적이긴 하지만 모두가 지켜야 할 규범을 지키지 않을 때 사회가 정상적으로 운영되어 나갈 수 없기 때문이다. 그렇다면 외부적인 타율성 역시 사회 안정에 큰 몫을 해내고 있는 것이다.

결국 개인의 자율성 속에는 이미 사회적 규율의 의미가 내포되어 있는 셈이다. 또 개인의 자율 의지도 사회적 안전 속에서만 성취될 수 있다. 그렇다면 완전히 자율적인 개인도 없지만, 개인들을 언제나 성공적으로 통제하고 조종하는 사회도 없는 셈이다.

이처럼 사회의 발전에 자율과 타율은 물과 불의 관계가 아니라 함께 지향해야 할 공존 관계이다.

인간은 자율성을 요구받으며 동시에 자율성을 요구받는 존재이지만 사회는 근본적으로 인간을 통제하는 기제이다. 한편에서는 자율성을 확대할 것을 외치지만 다른 한편에서는 인과관계의 법칙성을 방해하는 힘을 지닌 내적 의지가 인간행동의 예측과 통제를 불가능하게 만든다고 보고 통제를 제도화한다. 자율적이어도 문제이고 자율적이지 않아도 문제이다. 이것이 인간행동에 있어서 자율성의 딜레마이다.

인간을 통제해야 한다는 주장은 오랜 역사를 갖고 있다. 인간을 자연 그대로 내버려 두면 다툼만 일기 때문에 통제할 수 있는 절대 권력이 존재

[토론해 봅시다] 인간은 진정 자율성을 갖고 있는가? 인간의 자율을 통제하는 보이지 않는 손은 무엇인가?

해야 한다는 홉스(T. Hobbes)의 이론에서부터, 이기주의를 통제하기 위해 이를 조장하는 물질의 사적 소유를 폐지해야 한다는 마르크스(Karl H. Marx)의 주장까지 다양하다.

자본주의는 사람들의 욕망을 더욱 촉발시키고 이의 충족을 위해 무한경쟁을 하도록 줄기차게 충동한다. 사람들은 자유로운 시장에서 오로지 타자보다 더 많이 소유하고 더 소비하고 더 즐기라는 대중매체의 메시지에 광신도처럼 호응한다. 자원은 유한하나, 욕망은 무한하다는 명제가 아니더라도 인간의 욕망을 끊임없이 자극하는 한, 자본주의 사회에서 자원의 희소성 문제로 인한 갈등과 분쟁은 끊임없이 발생할 수밖에 없다.

스키너(B. F. Skinner)는 "자율적 인간에 대한 신념은 전제적 사회제도에 대항하는 보복통제를 주도하고 유지시키는 데 공헌하고 있지만, 그 신념은 인간의 환경통제를 통한 자신의 운명통제를 방해하는 무능력의 신화"라고 말하였다.[104] 이기의 딜레마, 욕망의 딜레마는 결국 이기와 욕망을 충족을 추구하지만 만인의 만인에 대한 투쟁이 되어 결과적으로 이기와 욕망에 대한 사회통제와 그로 인한 자율성의 제약이라는 상충적인 딜레마를 가져 오는 것이다.

---

104)Skinner, B. F., 1971, Beyond Freedom and Dignity, N.Y.: Alfred A. Knopt. 오세철, 앞의 책, p.36에서 재인용.

4장 길항적 인간

길항적 실존

　사람들은 협동하기도 하고 대립하기도 한다. 갈등하기도 하고 공감하기도 하며, 동조하기도 하고 일탈하기도 한다. 왜 일까? 인간은 근원적으로 길항적 관계 속의 실존이기 때문이다. 길항(拮抗) 관계란 사전적으로 서로 버티어 대듦이라는 의미를 갖고 있으며 어느 두 요소가 서로 긴장 관계를 유지하며 서로가 작용과 반작용을 되풀이 한다는 의미로 이해할 수 있다. 즉 한 쪽이 증가되면 다른 쪽이 감소되는 상태를 의미하며, 한 편으로는 촉진시키고 다른 쪽에선 억제 시킨다는 의미로 사용된다.

　인간은 선과 악, 자유와 평화, 사랑과 미움, 이기와 이타, 공감과 편견, 동조와 일탈, 협동과 경쟁 등 수 많은 상충되는 요소를 둘러싸고 끊임없이 작용과 반작용을 되풀이 하며 상호작용을 하는 길항관계 속에 살아가는 존재이다. 이러한 길항관계를 검토하면서 특히 관심을 갖는 것은 사람들이 자신의 세계 속에 어떻게 타자들을 관련시키느냐는 관계의 방식이다.

　인간행동을 관찰해 보면 나름대로 지속되는 전형적인 행동방식이 있다. [1] 어떤 사람은 다른 사람의 정서에 쉽게 동화되는 성향이 있다. 이러한 성향은 타자로부터 배제와 소외에 대한 두려움에 기인하며 자발적으로 스트레스 상황을 피하려 한다. 어떤 사람은 거의 배타적으로 자신의 개인적 관심에만 집중하여 타인과 끊임없이 경쟁하고 주저 없이 타인을 이용한다. 이 모두 인간은 자기중심적으로 끊임없이 타자와 길항작용을 하는 방식이다.

1. 공감과 편견

공감의 개념에는 긍정적 측면과 부정적 측면[2]이 모두 내포되어 있으나 대체로 긍정적 측면에 초점을 두고 있다. 한편 공감과 마찬가지로 사회심리학자들은 편견(prejudice)을 긍정적 측면[3]과 부정적 측면을 함께 다루지만 대체로 부정적 측면에 초점을 두고 있다. 이러한 양면성을 감안하여 공감과 편견에 대하여 살펴보도록 한다.

1)공감의 개념

(1)공감의 정의

공감(empathy)이라는 용어는 과정과 결과, 태도와 기능, 성격이나 성향 등 강조되는 특성에 따라 매우 다양한 방식으로 정의되고 있다. 공감이라

---

1)필자는 '새로운 공동체 영역@제4섹터, 2000, 미디어숲' 제3장에서 인간행위의 이중구조를 탐색하면서 소위 '레고모형' 이라는 틀을 이용하여 행동방식을 서술한 바 있으므로 보다 구체적인 것은 이 책을 참고 바란다.
2)공감은 모든 사람의 완전한 전체적 공감을 의미하는 것은 아니다. 공감의 개념 역시 상대적이고 부분적인 개념을 갖는다. 따라서 특정 집단의 공감은 다른 속성의 공감을 갖고 있는 타 집단에 대해 편견이 될 수도 있는 것이다.
3)편견 역시 상대적 개념으로 긍정적 편견과 부정적 편견이 있다. 예컨대 나는 좌파에 대해 긍정적 편견을 가질 수도 있고 부정적 편견을 가질 수도 있다.

는 용어가 처음 사용된 것은 19세기 말, 티츠너(Titchner)가 "당신이 본 것에 대해 당신 자신을 투사하는" 이라는 뜻을 가진 '감정이입(Einfühlung)' 이라는 용어를 희랍어인 '엠파테시아(empathesia)' [4]로 번역하였고 결국 '공감(empathy)' 이라는 용어를 탄생시켰다.[5]

공감에 대한 정의는 매우 다양하여 맥케이(Mackay)는 공감의 정의 속에 공감을 행동으로 보는 관점, 성격 및 성향이라고 보는 관점 등이 들어 있다고 하였다.[6] 즉 공감을 행동이라고 보는 주장에는 공감이 외현적 행동으로서 객관적인 관찰과 측정이 가능하다는 전제가 깔려 있다. 따라서 당사자뿐만 아니라 제3자의 관찰도 가능하며 관찰의 주체에 따라 '관찰된 공감' 과 '지각된 공감' 으로 나눌 수 있다. 한편 공감을 개인의 성격이나 지속적 성향으로 보는 관점은 공감을 개인이 지니고 있는 특성으로, 상대적으로 안정된 성격차원의 '특성공감' 과 상황에 따라 가변적인 '상태공감' 으로 분류한다.

(2) 동감과 공감

공감은 한 사람이 자기가 아닌 다른 사람과 부분적이고 잠정적으로 동일시하고, 동시에 그로부터 거리를 지킬 수 있으며, 그러면서 이 두 위치를 넘나들 수 있는 능력을 말한다. 공감은 흔히 동감(sympathy)이나 따뜻함과 같은 뜻으로 오해되기도 하는데, 사실은 그것을 능가하는 복합적 능력이다. 또한 공감은 동일시와 구별되며 동일시도 매우 복잡한 개념이므로 정확하게 이해되어야 한다.

---

4) empathesia는 '안' 을 뜻하는 'en' 과 '열정' 을 뜻하는 'pathos' 의 합성어로 안에서 느끼는 고이나 열정을 의미한다.
5) 박성희, 공감, 공감적 이해, 원미사, 1996, p. 18
6) 앞의 책., pp. 32~33.

동일시(identification)는 자아정체성을 형성하기 위하거나, 불안에 대처하기 위한 방어기제로 사용된다. 즉 동일시가 영향력 있는 사람과 같아지고자 하는 욕구에 의해, 사회적 영향력에 대한 반응으로서, 상대의 감정이나 행동을 바람직한 것으로 받아들이는 것이라면, 공감은 이와는 달리 다른 사람이 자신의 행동과 관련하여 갖고 있는 기대를 자신에게 부여하고 부합하는 정신적 과정을 의미한다.[7] 즉 공감은 타자의 위치에서 상대의 정서를 수용하는 통제된 동일시라고 할 수 있으나, 동일시가 공감을 형성하

는 핵심기제가 되는 것은 아니다.[8] 동일시와 함께 방어기제의 하나인 투사(projection) 역시 공감과 혼동하기 쉽다. 투사는 다른 사람들도 나의 태도나 감정 등과 똑같은 것을 가졌다고 단정하려 드는 경향으로 아이들에게서 흔히 볼 수 있다. 또 자기 자신이 납득하기 어려운 사고, 감정이나 만족할 수 없는 욕구를 갖고 있는 경우에 그것을 타인에게 돌려 버리는 것과 같은 무의식적인 마음의 움직임이다. 공감의 경우 감정 작용이 타자의 감정을 자신에게 흐르도록 함에 비하여 투사는 자신의 감정을 타자에게 흐르도록 한다는 점에서 분명하게 구분이 된다. 그러나 이론적으로는 두 개념의 구분이 분명하지만 실제에서는 혼동되는 경우가 종종 있다.

---

7)Eyre, P., 1978, Identification and Empathy, International Review of Psycho-Analysis, 5:351-359

투사 현상을 통해 나 자신의 추악함과 나약함과 못남을 고스란히 인정하고 나자 '내 탓'이라고 말하는 단계가 어디쯤인지 절로 알 것 같았다. 어떤 책임도 타인에게 전가하지 않고, 어떤 외부의 바람에도 흔들리지 않는 마음자리가 어디인지 짐작할 것도 같았다. 이제 나는 사람들이 탐욕스럽게 보이고 타인들이 나를 시기한다고 느껴질 때면 자신에게 이렇게 묻는다. 내가 지나치게 원하는 것은 무엇인가? 타인의 소유물 중에서 무엇을 파괴하고 싶은가? 누군가 나를 미워하고 있다고 느껴질 때도 자신에게 물어본다. 내가 지금 미워하는 사람은 누구인가? 똑같은 심리적 이유로 타인의 말이나 행동에 대해서도 아무런 영향을 받지 않게 되었다. 그들은 모두 자신들의 내면을 타인에게 쏟아부어 이야기하고, 내면의 분노를 표출하고 있을 뿐이었다. "남에게 보이는 관심을 반만 줄여도 생이 한결 편안해질 것이다." 역시 게슈탈트의 말이다. 우리가 '남에게 보이는 관심'이란 대체로 시기심이거나 의존성이거나 투사의 감정 같은 것들의 결집이기 때문이다.[9]

한편 공감(empathy)과 동감(sympathy)은 유사하지만 분명히 다른 개념이다. 동감은 나와 상대의 가치관이 일치할 때 일어나는 정신적 결합이라면 공감은 서로 가치관이 달라도 상대의 입장에서 정신적 결합을 의미한다. 즉 동감은 '같은 감정(sameness of feeling)'을 의미한다면 공감은 타자의 정서와 일치하지 않지만 자신의 감정을 변경하여 타자의 기대에 부응하는 능력이다.[10] 우리는 "머리로 이해하지 못하면 가슴으로 받아들이라!"는 말을 자주하는데 이는 완전하게 이해하지 못하여도 공감을 통하여 상호 인정과 협력이 가능함을 의미한다.

동감(sympathy)은 개인적 차원이라면 공감은 보다 폭넓은 차원의 개념이다. 따라서 동감할 수는 있어도 공감할 수는 없고, 공감할 수 있어도 동

---

8)Liz Bondi, 2003, Empathy and Identification: Conceptual Resources for Feminist Fieldwork Geography, The University of Edinburgh, http://www.acme-journal.org/vol2.

9)김현경, 2006, 천 개의 공감, 한겨레신문, p.187

10)Webster's defines empathy as the 'ability to share in another's emotions, thoughts or feelings.' Sympathy, on the other hand, means 'sameness of feeling.' Key word: sameness.

감할 수 없는 경우도 있다. 예컨대 "미국인들은 테러에 대한 전쟁으로서 이란 침공에 대해 공감은 하지만 동감하지는 않는다."[11] 혹은, "나는 개인적으로 KBS 수신료 인상에 동감하지만 국민의 한사람으로서 공감하지 않는다!"는 표현이 가능할 것이다.

한편 공감과 동감은 모두 정서적 감정적 반응을 포함하지만 반응 유형은 다르다. 즉 공감이 타인의 감정 상태를 자발적으로 경험하는 능력이라면, 동감은 상대 감정에 대한 공감 여부와 관계없이 그 타인을 위하여 도우려고 하는 행동과 관련된다.[12] 따라서 동감은 공감의 일부를 구성하지만 공감에 근거하지 않을 수도 있다.[13] 동감은 학습된 것으로 동물세계에서 일반적으로 발견되는 것이지만 정서적 조화를 통하여 상호성을 실현하고자 하는 공감은 의도된 것으로 인간세계의 고유한 행위라 하겠다.

공감과 동감

공감(共感, empathy)은 다른 사람의 감정과 생각에 내 주파수를 맞추는 것이다. 그가 쏘는 주파수를 튜닝해서 잘 듣는 것이며, 잠시나마 내가 그 사람이 된 것 같은 동질감을 느끼는 것이다. 그래야 그의 의도를 이해하고, 다음 행동을 예측할 수 있다. 상대가 느끼는 것을 나도 경험해야 그 사람을 진심으로 이해할 수 있다. 한 때 유행했던 "입장 바

---

11)Sean Gonsalves, Empathy, 2005, Not Sympathy, http://www.alternet.org /columnists/story/24600/: It's time to put the 'War on terror' in historical perspective. If America is going to 'win hearts and minds' in the 'war on terror,' empathy is indispensable. I said empathy; not sympathy.

12)http://changingminds.org/explanations/emotions/empathy.htm

13)Black, David M., 2004. Sympathy reconfigured: Some reflections on sympathy, empathy and the discovery of values, International Journal of Psycho-Analysis, 85:579-595

꿔 생각해봐"라는 유행가 가사도 결국 공감을 해보라는 의미 아니겠는가.

한편 동감(同感, sympathy)은 '같은 느낌을 경험하는 것'으로 다른 사람의 강력한 감정 상태를 보는 것이다. 누가 고통받고 있는 것을 볼 때, 그의 고통을 줄이기 위해 뭔가를 해주고 싶은 욕구를 느낄 때 우리는 동감을 경험한다. 예를 들면 추운 겨울날 노숙자를 보고 인생의 절망감을 느낀다면 공감하는 것이며, 노숙자의 심적 상태는 느끼지 못하지만 나의 측은지심으로 동전이라도 나누어주고 싶다면 그것은 동감이다.

(3)공감의 요소

공감이 친사회적 행동의 중요한 기제로 대두되면서 대인관계에 있어서 타인의 감정이나 행동을 이해하고 갈등 상황을 예측하거나 관리할 수 있는 변인으로 활용되고 있다. 그렇다면 공감을 가능하게 하는 요소는 무엇인가? 관점에 따라 다양한 견해가 있으나 대체로 중요하게 다루어진 요소는 인지적 요소와 정서적 요소, 표현적 요소 혹은 의사소통 요소 등이다.

먼저 대부분의 학자들이 수긍하는 공감요소는 인지적 요소이다.[14] 인지적 요소는 상호작용을 통하여 공감을 이끌어내는 지적 기제로서, 타인의 행위를 예측하여 적절한 방법으로 대처하고 대인관계에서 상호작용을 촉진시키는 역할을 한다. 이러한 관점에서 공감은 정서적 과정이 아니라 인지적 과정이며 공감은 곧 인지적 기능(cognitive skill)과 다를 바 없다.[15]

---

14) 이선자, 2006, 공감훈련이 교사의 공감능력과 교사·학생 간 갈등관리방식에 미치는 효과, 한국교원대학교 대학원, 박사학위논문, p.10.

따라서 이 관점은 자기중심성을 극복하고 공감 능력의 발달을 위하여 특히 역할 게임(role-playing) 혹은 보다 적극적인 '역할취하기 기술(role-taking skill)'을 중시하고 있다.

둘째, 공감의 정서적 요소를 중요시하는 관점은 공감에 의한 정서적 반응에 초점을 두는 관점이다. 즉 공감은 다른 타인이 처한 정서적 상황에 부합하려는 반응이지만, 문제는 상대에게 전해진 정서적 메시지는 선택적으로 지각되기 때문에 무시되거나 왜곡될 수도 있다. 따라서 공감의 수신자가 반응하는 최종 결과에 초점을 두고 정서적 메시지가 전달되는 과정을 중요시한다.

공감 과정에서 상호 감정이 일치할 경우 '정서적 공명'의 개념으로 표현된다. 만일 전달과정의 왜곡으로 인해 서로 일치하지 않는 정서를 경험하게 된다면 상대에 대해 동정, 관심, 연민의 정서를 경험하게 되는데 이를 '공감적 관심'이라고 표현한다.16) 이 경우 갈등이 발생하지만 갈등관리 방식은 경쟁이나, 회피, 순응보다는 타협과 협동을 선택할 가능성이 높다.17)

셋째, 표현적 요소는 의사소통을 강조하는 관점으로 공감은 타자의 내면적인 세계를 이해하고 이해한 바를 정확하게 전달할 때 가능하다는 입장이다.18) 즉 표현적 요소는 행위자가 대상자의 내면세계를 민감하고 정확하게 파악한 것을 대상자에게 전하는 것이 관건이므로 언어적 방식뿐만 아니라 비언어적 반응도 중요한 의사소통 수단이다. 갈등장면에서 서로의 입장을 이해하고 상대의 감정을 체험한 후 공감한 것을 언어적 비언어적으로 표현하는 것은 갈등관리에 중요한 요소가 된다.19)

---

15) 박성희, 앞의 책, p. 71.
16) Wyschogrod, E., 1981, Empathy and Sympathy as Tactile Encounter, J. Medicine and Philosophy, pp. 157~172; ; 이선자, 앞의 책, p. 12; 박성희 앞의 책, pp. 72~73.
17) 이선자, 앞의 책, p. 12

2)공감의 수행

(1)공감의 역할

제2차적 감정으로서 감성의 관점에서 보면 감정은 단순히 느끼는 것만을 의미하는 것이 아니라, 다른 사람의 감정 상태를 고려하여 반응하는 능력을 가리킨다. 상대방의 정서  에 대한 나의 반응이 상황에 얼마나 맞고, 적절한 강도인지, 조율하는 것도 중요하다. 이를 '감정적 조율(emotional attunement)' 이라 한다.

각 악기의 톤과 볼륨을 조율해 콘체르토를 연주하듯이 어느 하나가 너무 튀지 않게, 그러면서도 악기의 개성은 잃지 않은 상태로 다른 악기에서 나오는 소리에 조화롭게 반응하는 것을 공감에 비유할 수 있다. 지적 능력이란 측면에서 보면 그냥 느끼는 것이 아닌 상대방의 감정 상태를 이해하고 있는가를 중요하게 여긴다.

우리는 공감을 통해서 타인의 정서를 경험할 수 있을 뿐만 아니라 나와 남의 즐거움을 향상시키고 고통을 감소시킬 수 있으며, 타인을 도와주려는 이타 행동을 촉진한다. 그리고 친사회적 행동으로 이어지도록 돕는 매개변인이며[20] 그 자체로는 도덕적 가치가 없지만 연대 의식의 고양으로

---

18)Rogers, C. R., 1975, Empathy: an unappreciated way of being, Counselling Psychologist, 5, pp.2~10; http://www.elementsuk.com/pdf/empathic.pdf
19)이선자, 앞의 책, p.14.

서 도덕성의 발달을 촉진시킨다. 이러한 공감능력은 사회관계를 촉진시키는 역할을 한다. 갈등과 분쟁을 극복하고 사람과 사람 사이를 끈끈하고 강하게 묶어주는 힘은 조직의 규율도, 종교도 아닌, 바로 공감의 힘이다.

한편 공감훈련과 갈등관리에 관한 연구들은 공감훈련이 대인관계, 특히 갈등관리에 큰 영향을 미치는 것으로 보고하고 있다.[21] 공감은 갈등상태에서 상대를 공격하기보다 존중하고 수용하는 개방적 분위기를 만들어 줌으로써 갈등해소에 도움이 되고 관계를 강화시킨다.[22]

(2)공감의 구조

Paul Tillich

폴 틸리히

공감과 공감이 가능해지는 구조를 이해하는 데 있어서 틸리히(Tillich)의 '개체화(individualization)'와 '참여(participation)' 개념은 매우 유용한 단서가 된다.[23] 틸리히가 말한 개체화와 참여는 특별한 성격이 아닌 모든 존재의 보편적 요소이고, 동시에 이 둘은 서로 같은 방향을 지향하고 있는 것이다. 또한 이 둘은 모두 '전체' 위에서만 가능한 요소라는 점이 강조된다. 결국 '개체화'와 '참여'의 과정은 공감의 과정이고 이 '전체'는 공감이 가능하게 되는 구조가 된다.

20)Hoffman, M. L. , 1982, Development of prosocial motivation: Empathy and guilt. In N. Eisenberg(Eds), The Development of prosocial behavior, N.Y. :Academic Press.
21)강은주, 2005, 공감훈련이 사무직 근로자의 공감능력과 갈등해소 양식의 변화에 미치는 영향, 석사학위논문, 경성대학교.
22)Guerney, B. G. , 1977, Relationship enhancement: Skill training programs for therapy, problem prevention and enrichment. San Francisco CA: Jossey Bass.
23)Tillich, P. , 1976, Systematic Theology, Chicago: The University of Chicago Press, pp. 174~178

우선 개체화의 뜻은, 한 존재의 개체성을 극대화
시키는 것이다. 그런데 우리가 주목할 것은 모
든 존재는 개체화를 지향한다는 점이다. 인
간과 동물은 물론이고, 나무 한 송이도 개체
화를 지향한다. 이럴 때 개체화는 어떤 존재
만 지니고 있는 특징이 아니라 모든 존재가 지
닌 보편적 요소가 된다. 즉 모든 존재가 개체화를
지향하기 때문에 개체화는 존재론적인 요소이며, 모든 존재의 질(quality)이
된다.

틸리히는 개체화와 상응하는 존재론적 요소를 참여로 본다. 그렇다면
개체화와 참여는 서로 어떤 관계인가. 언뜻 개체화와 참여는 상호 배타적
인 관계로 보인다. 그러나 틸리히에 있어서 개체화는 참여를 배제하지 않
는다. 오히려 완전한 개체화는 완전한 참여를 의미한다. 나의 완전한 개
체화는 세계의 완전한 참여를 의미한다는 것이다. 참여는 개체화에 있어
서 본질적인 것이다.

그럼 어떻게 개체화와 참여가 서로 동등한 지위를 갖게 되는가? 물론 틸
리히의 표현처럼, 완전한 개체화의 지평은 동시에 완전한 참여의 지평이
고, 개체화와 참여는 존재의 모든 수평에서 서로 의
존하고 있다고 말할 수 있다. 그러나 틸리히의 주
장에 덧붙여서 더욱 관심을 가져야 할 것은 '전
체'와의 관계 속에서 개체화와 참여를 이해해
야 한다는 것이다.

우선 개체화와 참여라는 존재론적 요소는 전
체를 기반으로 하고 있다. 즉 개체화는 전체 위에

서만 가능하다. 참여 또한 전체 위에서만 의미를 얻는다. 참여는 존재가 전체의 한 구성요소로 편입됨을 뜻한다. 전체가 없이는, 존재의 편입도 불가능하기 때문에, 참여가 불가능하다. 개체화와 참여는 그것이 가능하게 되는 전체가 있어야 한다.

또한 개체화와 참여는 동시에 전체를 지향한다. 개체화는 자기를 지탱하려는 의지이다. 참여는 자기를 지탱하려는 또 하나의 실현의 방식이다. 존재의 생명력은 자기를 개별화시킴으로써 실현된다. 또한 존재의 생명력은 타인과의 관계를 설정함으로써 실현된다. 이 둘 모두는 자기를 지탱할 수 있는 근거가 된다. 결국 개체화와 참여는 전체를 향해 나아가는 공감의 과정이다. 또한 개체화와 참여의 근거인 전체는 공감이 가능해지는 구조가 된다.

(3)공감의 실현

그렇다면 공감은 어떻게 실현되는가? 공감의 실현은 개체의 감정이 활성화됨으로써 타자의 감정에 대한 참여도 활성화되고, 정서적 유대가 형성되어진다는 것을 의미한다. 막스 셸러에 의하면 공감이 이뤄진다는 것은 나와 남, 우리와 타자, A란 공동체와 B란 공동체가 공동 감정을 가진다는 것이다.[24]

이를테면 X란 사태에 대해서 남이 가지는 감정을 내가 그의 감정에 참여하여 같은 가치를 감지하고 그래서 같은 감정을 가진다. 그리고 Y란 사태에 대해서 타자가 가지는 감정을 우리가 그들의 감정에 참여하여 같은 가치를 감지하고 그래서 같은 감정을 가진다. 마찬가지로 Z란 사태에 대

---

24)Max Scheler, trans. Peter Heath, 1983, The Nature of Sympathy, London: Shoe String Press.

해서도 B란 공통체가 가지는 감정을 A란 공동체가 그들의 감정에 참여하여 같은 가치를 감지하고 그래서 같은 감정을 가진다.

그래서 나와 남이, 우리와 타자가, A란 공동체와 B란 공동체가 함께 슬퍼하기도 하고, 함께 기뻐하기도 한다. 바로 이렇게 될 때 나와 너, 우리와 그들, A란 공동체와 B란 공동체가 하나가 되고, 서로 이해하게 되고, 서로 교류가 빈번해지게 된다. 그 결과 공감은 집단주의나 민족주의 그리고 인종이나 종파에 얽매여 서로 투쟁하고 상극하는 일을 극복하고 인간애, 박애를 가능케 하는 것이다.

한편 미시적 측면에서 공감수행은 표면적인 공감과 심층적인 공감 두 가지로 나눌 수가 있다. ① 표면적인 공감이란 상대의 말 또는 행동에서 밖으로 드러난 기분이나 감정을 알아주고 이해해  주는 것을 말하며, ② 심층적인 공감은 표현은 하지 않았거나 못했지만 상대방의 기분을 미리 알아서 이해해 주는 것을 말한다. 심층적인 공감은 표현 이면에 숨겨진 내적인 기분을 알아주는 것이기 때문에 다소 어렵고, 어느 정도 추측이나 해석적 요소가 포함된다.

3)편견의 개념

(1)편견의 성의

편견(prejudice)은 주로 개인이나 집단에 대한 어떤 개인이나 집단의 평가이다. 일반적으로 편견에 대한 이미지는 부정적인 것이지만 학자들의 입장은 긍정적 편견 역시 논의에 포함시키고 있다. 즉 충분한 근거 없이 나쁘게 평가할 수도 있지만 근거 없이 좋게 생각할 수도 있는 것이다.[25] 이러한 긍정적 편견은 호의의 감정경향으로서 온정의 정서와 강하게 연결되며 혐오의 정서와는 전혀 연결되지 않는 기제이다. 반대로 혐오의 감정경향으로서 부정적 편견은 중심적 정서가 혐오의 정서이며 온정의 정서와는 전혀 연결되지 않는다.[26] 그러나 편견의 경우 대부분은 부정적인 것이다. 특히 알포트(G. W. Allport)는 편견을 "충분한 근거 없이 다른 사람이나 집단을 나쁘게 생각하는 것"이라고 간단명료하게 정의하여 부정적 측면을 핵심개념으로 삼았다.[27]

알포트는 '나쁘게 생각'한다는 말은 '경멸, 혐오, 공포, 회피의 감정, 여러 가지 적대적 행동' 등을 포괄하는 개념이라고 설명하였다.

또한 그는 '충분한 근거 없이'라는 말을 사용하여 객관적 사실에 근거하지 않은 판단은 정확할 수 없다는 점을 강조하였다. 그러나 근거가 '충분함'과 '충분하지 않음'이 모호하여 어느 것이 편견인지 아닌지 분명하게 구별할 수 없다. 즉 일상에서 자주 나타나는 선입관(prejudgement)

G. W. 알포트

은 충분한 근거 없이 평가한다는 점은 편견과 같지만, 선입관은 적대적 감정이 없이 논의되고 새로운 정보에 의해 수정이 된다는 점에서 차이가 있다.

---

25) New English Dictionary도 편견의 긍정적 및 부정적 의미를 모두 나타내고 있다
26) 최광선, 2006, 개인관계의 사회심리학, 시그마프레스, pp. 6-8.
27) Allport, G. W., 1954. The nature of prejudice. Reading, MA: Addison-Wesley, 이원영 역, 1993, 편견의 심리, 성원사.

만일 새로운 정보가 있는데도 선입관을 수정하지 않는다면 그것은 편견이 된다. 편견은 선입관과 달리 새로운 정보가 나타나면 이에 강력히 저항하고 그럴 때 흥분을 하며 적개심을 드러낸다. 편견은 논리적인 비판이나 구체적인 사실의 반증(反證)에 의해서도 바꾸기가 어려운 뿌리 깊은 비호의적인 태도나 신념인 것이다.

X : 유태인이 일으키는 문제란 그들이 자기들밖에 모르는데 있어요.

Y : 그러나 지역사회 자선 모금운동을 보면 유태인들은 대단히 관대하여 그들의 인구 수에 비하면 다른 인종들보다 훨씬 많은 돈을 냈어요.

X : 그것이 바로 문제예요. 언제나 돈으로 호감을 사려고 하는 것이지요. 그들은 돈밖에 모르고 그래서 유대인들 중에는 은행가들이 많지요.

Y : 그렇지만 최근 조사 자료를 보면 금융계에 종사하는 유대인들의 비율은 무시해도 좋을 만큼 적습니다.

X : 그게 바로 그렇다니까요. 그들은 좋은 사업에는 별로 참여하지 않고 영화제작이나 나이트클럽 같은 사업에 종사하고 있지요.

알포트가 소개한 이 대화는 편견의 본질을 보여 주고 있다. 편견을 가진 X는 Y가 내 놓은 새로운 정보를 거부하면서 "무슨 자료를 제시하든 간에 내 마음은 이미 정해져 있으니 더 이상 날 괴롭히지 말라!"고 말하며 사실을 왜곡하면서까지 끊임없이 유태인을 공격한다. 알포트의 책이 출간된 지 50년이 지난 지금도 유태인에 대한 부정적 인식이 담긴 대화는 계속되고 있다.

그렇다면 이것은 고정관념(stereotypes)이 된다. 집단적대의 인지요소인 고정관념은 어떤 특정집단이나 사회적 범주의 사람들이 갖고 있는 개인적 속성의 차이에도 불구하고 일괄적으로 동일한 특징을 부여하는 것이다. 예컨대 흑인들은 지적으로 열등하다고 하는 것은 개별적 속성을 전체의 특징으로 왜곡하는 것이다. 그러나 고정관념은 위협지향의 편견과는 달리 의도적으로 남을 박해하는 기제는 아니지만 상대에게 모욕적이고 자비롭지 않은 '고정 관념적 위협(stereotype threat)'을 주는 부정적 속성을 갖고 있다.[28]

한편 사람들은 흔히 편견을 생각할 때 정서적인 요인에 집중하는 경향이 있다. 그러나 편견 역시 태도의 세 가지 기본 요소 즉 정서적, 인지적, 행동적 요소를 가지고 있다. 정서적 요인은 편견을 갖고 있는 사람이 다른 사람이나 집단에 대한 부정적 정서라면 인지적 요소는 다른 집단성원에 대한 정보를 처리하고 저장하고 회상해 내는 방법들을 포함한다. 행동적 요인에는 편견 대상에 대한 부정적 방식의 행동, 곧 차별적 행위가 포함된다.

〈그림4-1〉 편견의 진행 과정

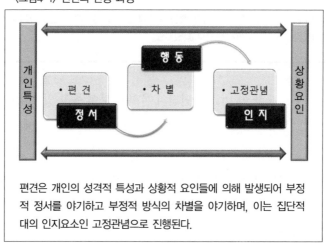

편견은 개인의 성격적 특성과 상황적 요인들에 의해 발생되어 부정적 정서를 야기하고 부정적 방식의 차별을 야기하며, 이는 집단적 대의 인지요소인 고정관념으로 진행된다.

---

28)Elliot Aronson, 2004, The Social Animal, Eighth Edition,. New York: Worth Publishers. pp. 313~316.

차별(discrimination)이
란 개인이나 집단에게
그들이 원하는 동등한
대우를 의도적으로 해
주지 않는 것이다. 이러
한 차별은 매우 다양하

고 흔하지만 크게는 성차별, 인종차별, 계층차별, 종파차별 등의 형태로 나
타나며 작게는 이웃을 배척하거나 특정 개인을 배제하는 형태로 나타난
다. 공공연한 차별은 사회적 압력, 법률, 보복 등 억제요인들에 의해 통제
되고 있으나, 편견에 근거한 교묘한 형식의 차별과 배제는 사라지지 않고
있다. 거대한 사회구조 속에서 '보이지 않는 손'에 의한 차별은 인간안보
를 해치는 심각한 병리적 문제가 되고 있다.

[토론해 봅시다] 왼쪽 그림은 난파 상
황에서 구조하는데도 인종차별이 있음
을 보여 준다. 알포트는 그의 저서에
서 '짖는 것'이 '무는 것'보다 무섭다
고 하면서 언어차별의 심각성을 제기
하였다. 즉 경멸적인 말(짖는 것)은 실
제적 차별(무는 것)보다 더 무섭다는
것이다.

언어적 차별은 우리 일상 속에서 흔
히 경험하게 된다. 언어차별 외에도
교묘히 일어나는 차별 사례들은 참으
로 많다. 우리 일상 속에서 우리가 겪는 차별과 배제의 사례는 무엇이 있는가? 차별
을 방지해야 할 자원봉사조직과 NGO/NPO에는 차별이 없는가? 있다면 어떤 내용
인가?

(2)편견의 근원

편견을 갖게 되는 원인은 무엇인가? 편견은 선천적인 것인가? 아니면 후천적인 것인가? 편견이 발생하는 근원은 성격적 특성, 정치경제적 경쟁, 사회학습의 영향 등으로 나누어 볼 수 있다. 첫째, 편견의 원인을 설명하는 유력한 이론 중 하나는 '희생양 이론'이다. 편견을 개인 내의 기질적 긴장에서 나온 것으로 분석하는 정신역동이론(psycho-dynamic theories)들은 개인 성격의 특수한 역동을 강조한다. 이러한 이론은 편견을 전위된 공격(displaced aggression)으로 취급한다.[29] 전위는 좌절에 따른 분노를 행사할 수 없을 때 일어난다. 예컨대 불경기가 되어 일자리를 잃게 되면 분노를 느끼게 되지만 공격할 대상이 너무 강하거나 구체적이지 않기 때문에 '희생양(scapegoat)'을 찾게 된다는 것이다. 소위 희생양은 어떤 책임에 대한 비난을 뒤집어쓰는 '상대적으로 무력한 죄 없는 사람'이다.

둘째, 편견의 원인을 설명하는 것 중 하나는 개인 및 집단 간에 일어나는 정치경제적 경쟁이다. 이 견해에 따르면 편견적 태도는 상호배타적인 목표에 대한 갈등이 일어날 때 더욱 심화된다. 현실적으로 자원은 유한하지만 욕구는 무한함으로 자원을 획득하기 위한 경쟁은 불가피한 것이다. 따라서 지배적 위치에 있는 집단은 더 많은 자원을 획득하기 위하여 약소 집단을 착취하거나 억압하려고 할 것이다. 이러한 경쟁이 지속되면 집단 성원들은 경쟁관계의 내외집단을 구분하는 범주화 과정을 거쳐 내집단인 '우리-집단(We-group)'

29) 홍대식, 1994, 사회심리학, 청암미디어, p.716.

과 외집단인 '그들-집단(They-group)'으로 구분하고, 외집단의 구성원 개인들에 대해서 매우 부정적인 시각을 갖게 되는 것이다. 이와 같은 현상은 편견에 대한 설명의 기초가 되는 현실적 갈등이론(realistic conflict theory)의 근거가 되고 있다.[30]

셋째, 편견의 형성은 사회적 학습에 영향을 받는다고 설명하는 사회적 학습이론은 편견은 학습될 뿐만 아니라 태도와 마찬가지로 발달되기도 한다는 것이다. 이러한 견해에 의하면, 아동들이 각종 사회집단에 대해서 부정적 태도를 취하는 것은 부모나 가족, 친구, 교사 등으로부터 평소 그러한 태도를 취할 때 보상을 받았기 때문이다. 대부분의 사람들이 소속된 집단의 사회규범을 잘 지키고 타인이나 타 집단에 대해 편견을 표현하는 것은 사회적 학습의 효과라는 것이다.[31] 한편 사회적 학습보다 더 강력한 사회적 압력에 의해 편견이 형성된다는 설명이 있다. 이는 동조를 통한 편견으로 정확한 정보를 구할 수 없거나 오도된 정보가 우세할 경우 편견이 심한 집단의 규범에 동조하고 특정인이나 집단에 부정적 태도를 취할 수 있다는 것이다.

(3)기능적 편견

편견적인 사람들의 특징은 어떠한 것인가? 편견적인 사람들은 매우 불안정하며, 용기 있게 세상에 직면하지 못하고, 자신의 의식 변화, 사회 환경의 변화를 두려워하며 왜곡된 상황에 맞는 왜곡된 생활방식, 태도를 형성한다. 공손하고 도덕적이고 헌신적으로 보이지만 내면에는 심한 불안

30)White, R. K., 1977, Misperception in the Arab-Israeli conflict, Journal of Social Issues, 33, pp.190~221.
31)Pettigrew, T. F., 1959, Regional difference in anti-Negro prejudice, Journal of Abnormal Social Psychology, No.59, pp.28~36.

과 파괴적이고 잔인한 충동이 자리 잡고 있다. 이 경우 과거 실패에 대한 위안, 현재 행위에 대한 안전한 지침, 미래에 대한 확신을 줄 수 있는 대안 으로서 '기능적 편견'을 채택한다. 물론 편견이 이런 모든 기능을 할 수는 없지만, 자아보호에 중요한 역할을 한다. 즉 기능적 편견은 갈등에 정면으 로 직면하지 못하는 약한 자아를 지탱해 주는 기제이다.

알포트에 의하면 기능적 편견은 부모에 대한 양가감정, 도덕주의, 흑백 논리, 완벽주의, 권위주의 등에 의한 억압의 결과이다.[32] 먼저, 부모에 대 한 양가감정은 어린 시절 지배적이고 처벌적이었던 부모를 비난하면서도 부모처럼 지배적이고 처벌적인 성향을 의미한다. 이러한 경우 부모로부 터 받은 경험을 답습하면서 자신과 상이하거나 자신보다 열등한 사람을 못살게 굴고 처벌하는 경향을 드러낸다.[33]

둘째, 대부분 편견적인 사람들은 엄격한 도덕성을 갖고, 관용보다는 예 절, 청결, 관습을 굳게 고집한다. 원칙과 청렴을 중시하며 위반하는 사람 은 일벌백계로 다스려야 한다고 굳게 믿고 있다. 그러나 이러한 도덕주의 는 방어기제에 불과하다. 나치들도 전통적 가치를 강조하고 엄격한 규율 을 적용하고 위반자는 처벌하였지만 이러한 도덕주의는 유대인의 추방과 처벌을 합법화한 것에 불과한 것이다. 발달이론에 의하면 어린 시절 충동 행위로 인하여 처벌받고 위반한 자신을 미워하고 죄의식을 갖게 된다. 이 런 사람의 경우 다른 사람들이 도덕적 위반을 하는 것을 볼 때 불안을 자 신이 처벌받았듯이 위반자를 처벌하려는 경향을 갖는다. 이러한 도덕주 의는 단지 표면적 응종일 뿐 내적 갈등을 해결하지 못한다.

셋째, 편견을 야기하는 이분법은 흔히 흑백논리(two-valued logic)라고 말

---

32)Allport, G. W. 앞의 책, p. 329
33)홍대식, 앞의 책, p. 716

하기도 하는 것으로 모든 문제를 흑과 백, 선과 악, 득과 실의 양극단으로만 구분하고 중립적인 것을 인정하지 아니하려는 편중된 사고방식이나 논리를 말한다. 이분법은 편견을 갖게 하고 편견을 강화시키는 기능을 한다. 알포트에 의하면 편견이 있는 사람에게 이러한 흑백논리는 기능적 의미가 있다. 즉 편견에 빠지면 선악의 교차에 적절히 대체하지 못함으로써 선악의 이분법적 범주화에 의존하게 된다. 따라서 이런 내적 이분법을 외부에 투사하게 되고 이분법적으로 구분한 범주에 대해 승인 또는 배척을 하게 된다는 것이다.

이분법적 흑백논리는 철저히 사회적 경험을 통하여 학습되어진 것이다. 우리는 어릴 때부터 이분법을 배웠다. 아군 아니면 모두 적군이다. 그래서 학교 들어가기 전에는 동무들과 놀면서 "앞에 가면 도둑놈 뒤에 가면 순경"이라고 패를 갈랐고, 상대편은 "앞에 가는 신사 뒤에 오는 거지"라고 강력 대응하며 철저하게 이분법을 몸에 익혀 왔다. 학교에 들어가서는 민주주의와 공산주의를 배우며 선과 악으로 구분하는 좀 더 세련된 이분법을 배운다. 사회에 나와서는 친일파, 친미파로 몰리지 않으려면 친일파, 친미파 타도를 이념으로 삼고 있어야 한다. 공공선을 추구한다는 NGO/NPO 지도자들의 경우에도 흑백논리에 빠져 있는 것을 흔히 볼 수 있다. 자신들 위주로 배타적 범주를 구축하고 사실상 선과 악의 대립 구도를 견지하고 있기 때문이다.

넷째, 편견을 갖고 있는 사람들은 명확성을 요구하는 완벽주의 성향을 보여준다. 즉 편견적인 사람들은 모호한 것을 두려워하고 세계구조가 명확하기를 바란다. 질서가 없을 때 질서를 부여하며, 해결책이 요구될 때에도 이미 검증된 기존의 습관에 매달린다. 가능한 한 친숙하고 안전하고 단순하고 명확한 것에 의존한다. 모호한 것을 관용적으로 받아들이지 못하는 것은 내부에 자아의 본성을 통합할 수 있는 준거 틀을 갖지 못하였기 때문에, 그것을 보완하기 위해 외부에서 명확한 것을 찾는다는 것이다.

한편 이를 상대적 박탈이론으로 설명하기도 한다.[34] 즉 어린 시절에 심한 박탈을 경험한 사람의 경우, 자신이 타인에 비해서 박탈당하고 있다고 주관적으로 느낄 때, 실제 박탈이 일어날 것에 대한 두려움으로 초조하고 불안해지므로 빠르고 명확한 답변을 요구하는 것이다. 이 경우 편견은 자신의 생활이 어떻게 되어야 한다는 것에 관한 것이 아니라, 타자 혹은 집단이 자신을 어떻게 처우해야 하는지에 관한 것이 된다. 다른 말로 하면 내가 다른 사람을 미워하고 해를 끼치는 것이 아니라 그들이 나를 미워하고 해를 끼친다고 생각한다.

다섯째, 편견적 사람은 권위주의자이며 권위주의는 편견적인 사람에게 매우 편리한 기능을 제공해 준다. 편견적인 사람은 자신이 아닌 질서나 제도에 의존한다. 그래서 사회 질서와 제도를 좋아하며 단체의 주류가 됨으로써 안전감과 명확성을 얻는다. 편견적인 사람은 그렇지 않은 사람보다 제도에 더 헌신적이며 대부분 열성적인 애국자이다. 이들에게 세계는 사악하고 위험한 사람이 사는 재난의 세상이다. 따라서 외적 규율과 위계적 질서를 중요시하며, 강력한 사회와 강력한 민족주의를 선호한다. 동시에 사람에 대해서는 믿을 수 있는 확고한 신뢰 행위를 할 때까지 불신해야 한다고 생각한다.

---

34)Bernstein, M. and Crosby, F. J, 1980, An Empirical Examination of Relative Deprivation Theory, Journal of Experimental Social Psychology, No. 16, pp. 442-456.

외눈박이들의 세상

필자가 어릴 때 가장 감명 깊게 읽었던 소설 중 하나는 게오르규의 「25시」였다. 평범한 농부가 겪게 되는 어처구니없는 상황을 통해 극단적인 관료주의의 횡포와 인간 소외를 고발한 작품이다. 게오르규가 본 25시의 세상은 이미 인간의 세상이 아니라 원시림의 맹수보다도 더 잔인한 족속들로 구성된 세상으로 '메시아가 와도 구원해 줄 수 없는' 구제불능의 병든 세상이었다.

지금 우리 살고 있는 세상은 어떠한가? 잘 먹고 잘 사는 일에 너무나도 바빠 각박한 세상, 이웃의 아픔과 상한 마음을 헤아리기에는 너무도 냉정한 세상, 은혜를 원수로 갚는 배은망덕한 세상, 온갖 음모와 감언이설로 찌든 거짓된 세상, 부모자식 형제간에도 사랑 없음을 한탄하는 무서운 세상이다. 온갖 병든 사건들이 난무하여 오히려 병든 것들을 당연한 것으로 여기며 살아가는 사람들! 병든 사회가 병든 사람을 낳고, 병든 사람이 병든 사랑을 낳으며, 병든 사랑이 다시 병든 사람을 낳고, 병든 사람이 다시 병든 사회를 낳고 있다.

병든 것보다 더 심각한 문제는 병들었다는 사실을 깨닫지 못하는 것이다. 항해 도중 폭풍을 만나 배가 뒤집혀 사람들은 다 죽고 원숭이만 살아서 표류하다가 어느 무인도에 상륙했다. 그런데 이 섬의 원숭이들은 모두 한쪽 눈이 없는 외눈박이였다. 외눈박이 원숭이들은 두 눈을 가진 원숭이를 둘러싸고 "저 원숭이 너무 불쌍해. 눈이 두 개나 있어!"라고 웅성거렸다. 결국 두 눈을 가진 원숭이에게 은혜를 베풀기로 하고 강제로 한쪽 눈을 빼버리고 "축하한다. 이제야 너는 정상이 되었다. 자, 이제부터 행복하게 살아라!"고 했다. 이는 우리 사회의 '정상의 병리'를 잘 설명해 주는 옛 우화이다.

소위 '정상의 병리'란 사회에 결함이 있는데 그 사회 구성원의 대부분이 그것을 서로 나누어 가지고 있어서 병적이라는 사실을 의식하지 못하고, 오히려 그런 사회에 적응하지 못하는 사람을 병적인 사람으로 취급하는 것이다. 즉 사람들은 다른 사람과 똑같은 결함을 가짐으로써 그것을 결함으로 느끼지 않을 뿐만 아니라 오히려 다행스럽고 안전하다 여기며 살아간다. 뿐만 아니라 외눈박이 원숭이들처럼 결함을 미덕으로 삼고, 우월감으로 다른 사람들도 그러하도록 강요한다. 결국 세상은 병든 세상에 적응하지 못하면 조롱받고 '왕따' 되는 외눈박이들의 세상이 되었다.

진짜도 진짜 진짜가 있고 가짜 진짜가 있으며, 가짜도 진짜 가짜가 있고 가짜 가짜가 있는 혼란스러운 세상! 그래서 살아남기 위해서는 똥 묻은 사람보고 똥 묻었다지 말고, 자신도 똥 묻히고 살라는 처세술이 더욱 빛을 발한다. 어떻게 할 것인가! 어쩔 수 없다고 체념하고 영합할 것인가? 아니면 희망을 갖고 분연히 대항할 것인가? 물론 대부분의 사람들은 병든 세상에 대항해야 한다고 말할 것이다. 옳다! 그러나 그 보다 먼저 우리가 대항해야 할 대상은, 아파도 아픈 줄 모르고 비정상을 정상으로 여기며 살아가는 외눈박이, 바로 '내 자신'이라는 사실이다.

(이성록 칼럼, 〈아름다운 세상〉 중에서)

4)귀인의 역할

(1)귀인의 개념

서울역 광장에서 노숙자들 사이에 싸움이 일어났다. 왜 싸울까? 왜? 사람들은 어떤 사건이 일어나면 그 사건의 원인에 대하여 궁금증을 갖고 나름대로 유추하여 자신의 생각을 적극 피력하기도 한다. 기본적으로 인간은 귀인의 본능을 갖고 있기 때문이다. 귀인(attribution)이란 원인을 어떤 현상이 발생하였을 때 그 원인을 추론하여 어느 특정 원인에 그 현상의 원인을 귀속시키는 것을 의미한다.[35] 귀인과정을 연구하는 인지이론가들은 인간은 여러 가지 정보를 종합하여 원인을 파악할 수 있는 능력을 지닌 존재라는 가정을 전제한다.

귀인이 중요하게 다루어지는 이유는 추후 행동에 영향력이 크기 때문이라 볼 수 있다.[36] 첫째, 특히 부정적 결과를 가져온 사건의 원인을 추론하여 규명함으로써, 장차 피할 수 있도록 환경을 예측하고 통제하는 것을 도와준다는 점 때문이다.[37] 둘째, 고의인가? 아니면 불가피한 일이었는가? 등과 같이 귀인은 추론된 원인에 따라 귀인자의 감정, 태도 및 행동을 결정짓기 때문에 중요하다.[38] 셋째, 과거 사건에 대한 귀인은 귀인자의 미래의 사건에 대한 기대에 영향을 미치기 때문이다.[39]

(2)귀인의 원리

귀인이론은 상대방이 취한 행동이나 사건이 왜 일어났는지 파악하는 과정을 다룬다. 귀인과정에 보편적으로 파악되는 내용은 원인의 소재와 안정성, 통제가능성 등이다.[40] 먼저 원인의 소재는 귀인에서 가장 중요 차원으로 여겨지는 것으로 행동의 원인이 개인의 기질에 있다고 추측되는 경우 내적 귀인, 환경적 조건에 있다고 추측되는 경우 외적 귀인이라고 한다. 둘째, 안정성 차원은 원인 요소가 안정적인가, 아니면 불안정적 요소인가에 관한 것이다. 셋째 차원은 원인요소가 개인이 통제·조절할 수 있는 것인가를 파악하는 차원이다.

---

35)Brown, K. A. 1984. Explaining group poor performance: An attributional analysis. Academy of Management Review, 9(1), pp. 54~63.
36)이동원·박옥희, 2000, 사회심리학, 137; 홍대식, 앞의 책, p. 141; 한규석, 1999, 사회심리학의 이해, 학지사, p. 101
37)나쁜 일을 당했을 때 더욱 귀인을 탐색하는 것은 추후에 유사한 일을 예방하거나 예측하기 위한 것이다. 귀인은 환경을 예측하고 통제하려는 인간의 욕구로부터 나온다.
38)즉 어떤 일을 당하거나 타인의 행위를 보았을 때 그것이 고의인지, 불가피한 것이었다고 보는지에 따라 타인에 대한 태도가 달라지기 때문이다. 예컨대 비 오는 날 좁은 길에서 자동차가 물을 튀기고 갔을 때 고의적이었는지 아니면 불가피한 것이었는지에 따라 감정의 수준은 달라 질 것이다.
39)만일 자신의 성공을 자신의 능력 탓으로 귀인하면 유사한 경우에 성공을 낙관할 것이지만 집안의 도움 덕분이었다고 생각하면 성공을 기대하지 않을 가능성이 높다. 또한 자신의 성공이나 실패가 자신의 노력 정도에 의하여 이루어진 것이라 귀인 시킨다면 그는 장차 더욱 노력할 것이다.
40)Meyer, J. P. & Koebel, S. L. M., 1982, Students' test performance: Dimensionality of Casual attribution, Personality and Social Psychology Bulletin, No. 8. , pp. 31~36

한편 귀인의 가장 중요한 과제는 타자들의 행동을 이해하는 것이다. 먼저 켈리(H. H. Kelley)가 제시한 공변이론 (convariation model)[41]은 사람들이 다양한 상황에 걸쳐서 발생하는 특정결과와 특정원인이 공존하는지 살펴서 귀인하게 된다는 원리이다. 켈리에 따르면 사람들은 귀인을 함에 있어서 자극 대상, 행위자, 상황(맥락) 등 세 가지 종류의 정보를 사용한다.

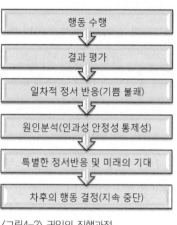

〈그림4-2〉 귀인의 진행과정

먼저 자극대상과 관련되어 관찰자는 행위자의 행위가 특정 자극에 대한 것인가 아니면 보편적인 반응인지를 분석하는데 이를 특이성 (distinctiveness)이라 한다. 둘째, 행위자와 관련되어 관찰자는 같은 상황 하에 있는 다른 사람들의 반응은 어떠할지를 생각하는데 이를 일치성 (consensus)이라 한다. 셋째, 상황과 관련하여, 관찰자는 유사한 상황에서 행위자가 동일한 행위를 지속적으로 하는 것인지, 아니면 이번에만 보이는 일시적인 행위인지를 판단하는데 이를 일관성(consistency)이라 한다.

한편 대응추리이론(correspondent inference theory)[42]은 관찰자가 일어난 사건을 보고 행위자의 능력이나 사건 발생의 예견, 행위자의 고의성을 살펴 그 사건으로부터 행위자의 내적 특징을 추론해간다는 설명이다. 이 과정을 대응추리과정이라 하는데, 그 이유는 행위에 대응하는 내적 특징을

41)Kelley, H. H., 1973, The Processes of causal attribution, American Psychologist, No. 28, pp. 107~128.
42)Kelley H H. Attribution theory in social psychology. Nebraska symposium on motivation. (Levine D., ed.), Lincoln. NE: Univ, Nebraska Press. 1967, p. 192-240.

추리하는 과정이기 때문이다. 이 과정에서 두 가지 요소가 귀인에 영향을 미친다. 첫째는 사회적 바람직성이다. 특정 상황에서 사람들이 어떻게 행동하는가는 그 행동이 행위자의 내적 성격 탓에 나온 것인지를 판단하는 데 매우 중요한 단서가 된다. 즉 드러낸 행위가 같은 상황에 처한 다른 사람들의 행위보다 유별난 행위이거나 예측을 뒤엎는 행위일 경우, 즉 사회적 바람직성이 낮은 경우 그것으로 행위자의 진면목을 판단하게 된다.

둘째는 비공유 효과이다. 사람들은 행동하기 전에 여러 가지 가능한 대안적 행위를 고려한다. 만일 행위자의 여러 대안적 행위가 다른 사람과 공통의 결과를 가져 온다면 그 결과를 보고 왜 그 행위를 취했는지 파악하기 어렵다. 그러나 특정 효과가 특정한 대안적 행위로서 발생한다면 그 비공유된 효과는 행위의 이유를 말해 주는 것으로 간주된다. 비공유된 효과의 수가 적을수록 대응추리과정에 의한 귀인에 강한 확신을 갖는다.

(3) 귀인의 오류

귀인과정을 설명하는 이론들은 사람들이 합리적으로 정보를 처리하고 객관적으로 결론내릴 것이라고 가정하고 있다. 그러나 귀인과정에는 여러 가지 오류가 발생할 수 있다. 그 이유는 자신의 욕구나 동기를 충족시키려는 동기적인 요인에 기인하기도 하고, 효율성을 높이려고 쉽고 빠르게 귀인 하는 인지적 요인에 기인하기도 하며, 타자들에게 인상을 심어 주려는 관계적 요인에 기인하기도 한다.

첫째, 인지요인에 기인한 편향은 인지적 지름길, 즉 어떤 훌륭한 설명에 도달하기 위하여 사용 가능한 인지적 자원들을 아끼려는 경향으로 인하여 발생한다. 즉 사건의 원인을 분석하고 탐색하는데 너무 많은 시간과 인지적 에너지를 쓸 수 없기 때문에 귀인의 형성과정을 신속하고 효율적으

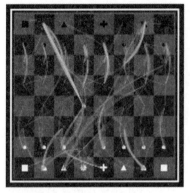

로 처리하려고 한다. 따라서 인지요인에 의한 편향들은 조리 있고 명료한 이해를 구하면서도 가능한 한 효율적으로 귀인 하기 위해 일부 정보를 삭감함으로써 일어나는 것이다.

둘째, 동기요인에 의한 편향은 자기 자신의 욕구와 동기를 충족시키려는 사람들의 노력에 의해서 발생한다. 사람들은 세상에 대한 조리 있고 명료한 이해 이외에도 애정, 복수, 자존심, 권위, 재화 등에 대한 욕구들을 갖고 있으며, 이러한 요소들은 귀인의 편향에 실질적 역할을 한다. 이들 동기요인 중 많은 것이 자존심을 높이는 이기적 편향과 자기 자신의 생활을 통제할 수 있다는 느낌 등의 범주에 해당한다.

셋째, 관계요인에 의한 편향들은 타자에게 의미 있는 인상을 심어 주려는 욕망에 의해 발생한다. 사람들은 대체로 타자에게 의미 있는 존재로서, 호감을 주는 존재로서 인상 지워지기를 기대한다. 따라서 자기 인상 제시를 위한 전략적 수단으로서, 다른 사람에게 지각되는 자극의 속성에 주의하여 돌출적인 행동을 채택함으로써 그 자극이 행위의 원인으로 여겨지도록 하는 것이다.

사람들은 대체로 공평한 입장에서 행동한다고 말하지만 많은 경우 귀인의 결과가 자신이 선호하는 방향으로 귀결되기를 바라게 됨으로써 자기중심적 편향이 일어나게 된다. 대부분의 귀인 오류나 편향은 이러한 인지요소, 동기요소, 관계요소 등과 같은 요인들이 복합적으로 작용하여 일어난다고 해야 할 것이다.

5)편향의 유형

귀인의 편향 혹은 오류를 이해하는 것은 부정적인 갈등을 예방하고 해결하는데 도움이 된다. 톰프슨(Thompson) 등은 그동안 사회심리학에서 발견된 오류들을 참고하여 갈등과 관련이 있다고 생각되는 오류들을 다음과 같이 네 가지로 구분하였다.[43]

첫째, 인과적 귀인편향으로서 사람들이 행동의 원인을 귀속시키는 과정에서 체계적인 오류를 범한다. 이들 오류는 기본적 귀인오류, 자기중심적 편향 등이다. 둘째, 자기 지각적 편향으로서 사람들이 자신의 행동, 태도 및 가치를 지각하는 과정에서 오류를 범한다. 이런 오류로서 자신의 성공에 대한 낙관적 추정, 자기 판단의 정확성에 대한 과신, 자기중심적 편향 등을 들 수 있다. 셋째, 타인지각편향으로서 다인의 행동, 특성 및 태도를 지각할 때 체계적 오류를 범한다. 이런 오류로서 배경효과, 초두효과, 돌출적 편향, 긍정성 편향, 자기 이행적 예언 등을 들 수 있다. 넷째, 효용성 판단에서의 오류로서 자신과 상대방의 선호도 판단에서 범하는 오류이다. 이런 오류는 가치 준거 효과, 대표성 및 유용성편향 등을 들 수 있다.

(1)기본적 귀인오류

우리는 흔히 어떤 상황에서 일어나는 특정인의 행동을 보고 "저 사람 원래 저래!"라는 말을 자주 쓴다. 어떤 사람이 못된 일을 저질렀다. 왜 그랬을까 의견이 분분하다. 한쪽은 "그 사람이 워낙 포악했다지?" 또는 "그래, 정서불안도 있었다던데"라고 말한다. 다른 한쪽에선 "글쎄, 경제적으

---

43)Thompson, L. & Hastie, R. , 1990, Judgment tasks and biases in negotiation, in B. H. Sheppard, M. H. Bazerman & R.J. Lewicki, (Eds.), Research in negotiation in organizations, Volume 2, pp. 31-54.

로 많이 쪼들렸다고 하던데" 혹은 "터놓고 말할 친구라도 있었으면 그리
안 했을 텐데" 등등의 말을 던진다.

어떤 행동의 배경에는 성격요인과 상황요인 양쪽 모두가 작용한다. 문
제는 어느 쪽에 더 무게를 두느냐 하는 것인데, 우리 일상에서는 상황보다
는 성격 쪽에 무게를 두는 경향을 흔히 볼 수 있다. 예컨대 사람이 다른 사
람으로부터 도발을 받고 화를 내고 있음에도, "그 사람 원래 그래!" 라고
하여, 그가 기질적으로 화를 잘 내는 사람이라고 치부해 버리는 것이다.

즉 도발이라는 원인은 덮어 두고 화를 내는 행동이 그 사람의 기질과 일
치한다고 간주해 버리는 것이다. 이와 같은 현상을 '기본적 귀인오류
(fundamental attribution error)' 혹은 '합치성 오류(correspondence bias)' 라고
하는데 이는 관찰자의 입장에서 다른 행위자의 행위 원인을 그 사람의 성
향 때문으로 여기고 상황적 요인을 경시하는 경향을 말한다.[44]

(2) 사후과잉확신편향

인천시가 유휴부지가 없다고 하여 인하대학교가 인천 송도국제도시 내에 조성하려던
제2캠퍼스 조성사업이 무산될 위기에 처했다는 뉴스가 보도되었다. 이에 대해 일부 네
티즌들은 "인천시, 그럴 줄 알았다. 인천대 때문인지도 모르겠지만 원래부터 인천시는
인하대가 발전하는 걸 원치 않았고 비협조적이었어!"라는 반응을 드러냈다. 또한 아시
안 게임 예선전에서 약체 바레인 팀에게 2:1로 지게 되자, "내 첨부터 저리 될 줄 알았
다니까!"라는 반응들이 쏟아졌다. 기본적 귀인편향이 상황을 무시하고 "원래 그런 사람
이야."라는 편향을 보이는 것과는 달리, "처음부터 그럴 줄 알았어!"라는 귀인의 편향
역시 우리 일상생활에서 흔히 일어난다.

---

44) Stalder, D. R. 2000, Does logic moderate the fundamental attribution error?, Psychological
     Reports, 86(3), 879-882.

사람들은 일단 어떤 사건의 결과를 알게 되면, 마치 무엇이 일어날 것인지 알고 있었던 것처럼 느끼게 된다. 어떤 결과를 회고해서 당연한 것으로 보는 이 경향을 심리학자들은 '사후과잉확신편향'이라고 부른다.[45]

귀인의 공변이론을 제시한 켈리(H. H. Kelley)에 따르면 사람들은 귀인을 함에 있어서 자극대상, 행위자, 맥락(상황) 등 세 가지 종류의 정보를 사용한다.[46] 기본적 귀인오류가 행위자 정보와의 일치성(consensus)과 관련된다면 사후과잉확신편향은 맥락(상황)적 정보와의 일관성(consistency)과 관련이 된다고 하겠다.

사람들은 현재 자신이 알게 된 결과와 과거의 기억을 일관되게 만들기 위해 과거를 재구성한다. 사후과잉확신편향은 도처에 널리 퍼져 있다. 사람들은 대부분 자기들이 현재 아는 것에 맞추려고 과거를 재구성하게 되는 것으로 보인다. 알려진 결과에 비추어 볼 때, 사람들은 그것을 확인해 주는 사례들과 정보를 더 쉽게 인출할 수 있기 때문에 이러한 편향은 쉽게 일어난다.

사후과잉확신 편향은 경험을 통해 배우는 것을 저해하거나 심지어 막을 수 있다는 점에서 문제가 된다. 만약 우리가 무엇이 일어날지 처음부터 알았다고 느낀다면 어떤 특별한 사건이나 일에서 얻을 수 있는 교훈들을 덜 얻게 될 것이다.

그러나 동시에 그렇게 될 것이라고 처음부터 알았다는 위안은 우리 자신의 지혜와 통찰의 추정을 부풀려서 스스로 자신감을 느끼게 한다. 이러한 특징은 의심의 여지없이 편향을 강화하는데, 자신을 더 좋게 느끼도록

45) Schacter, D. L. , 1999, The seven sins of memory: Insights from psychology and cognitive neuroscience. American Psychologist, vol. 54, pp. 182-203.
46) Kelley H H. , 1967, Attribution theory in social psychology, Nebraska symposium on motivation.

하는 자기향상 편향들이 개인적인 과거를 재구성하려는 시도들의 공통된 특징이기 때문이다.

(3)확증편향

확증편향(confirmation bias)이란, 선택적 사고의 일종이다. 사람은 자기의 신념을 확증해주는 것들을 쉽게 발견하거나, 찾는 경향이 있으며, 반대로 자기의 신념에 반하는 것은 무시하거나, 덜 찾아보던가, 혹은 낮은 가치를 주는 경향이 있다. 예를 들면, 보름달 저녁에는 사고가 많이 일어난다고 믿는 사람이 있다고 하자. 이 경우, 그 사람은 보름달 저녁에 일어났던 사고만 주목해 버리고, 보름달 이외의 기간에 일어났던 사고는 주의를 기울이지 않게 된다. 이러한 것이 반복되면, 보름달이 사고와 관계있다는 신념은 부당하게 강화된다.[47]

'사람은 부정적인 것보다 긍정적인 것에 의해 좀 더 영향을 받고, 흥분하게 되는 것은 인간만의 고유하고 영원한 오류이다.'(Francis Bacon).

이와 같이 처음에 가졌던 선입관이나 신념을 뒷받침하는 데이터에 더 무게를 실어주고, 이것에 반대되는 데이터를 가볍게 보려는 경향은, 선입관이나 신념이 편견일 경우에는 더욱 현저해진다. 신념이 확고한 증거나 유효한 확증 실험에 의하여 뒷받침된 경우라면, 신념에 들어맞는 데이터에 더 무게를 둔다고 해서 잘못된 길을 헤매지는 않을 것이다. 만약, 정말로 가설을 부정할 증거에 대하여 눈을 감는다면, 합리와 맹목을 구분하는 선을 넘어 버리게 된다.

사람은 재확인하는 정보, 즉 자기의견에 유리하거나, 자기의견을 뒷받침할 것 같은 정보를 지나치게 신뢰한다는 것은 수 많은 연구로 명백해졌다. 토마스 기로비치(Thomas Gilovich)는, "재확인적인 정보에 지나치게 높은 점수를 주는 것은, 아마 인식론적으로 불리한 정보를 무시해 버리는 쪽이 편안하기 때문일 것이다"라고 말하고 있다. 데이터가 얼마나 자기 의견을 뒷받침하는가를 생각하는 것이, 그것이 얼마나 자기 의견을 반론하는가를 생각하는 것보다 훨씬 쉽다.

예지몽(clairvoyant dream)에 대한 실험을 생각해 보자. 성공 사례는 종종 명백하게 성공한 것으로 보이거나, 혹은 자료가 쉽게 성공으로 간주되어 기억되지만, 실패한 사례의 경우는 그것이 실패했다고 생각하는 것조차도 지적노력이 들고, 그것이 중요하다고 생각까지 기억해야 한다. 자기의견을 지지하고 확증한 사항에 더 무게를 두는 경향은, 기억에도 영향을 준다. 자기의견에 관하여 기억을 하려고 할 때, 자기의견을 뒷받침하는 데이터가 더 쉽게 떠오른다.

연구자는 자신의 가설을 확증하도록 실험을 설정하거나, 데이터를 취하기 때문에 때로는 재확인 선호 편향에 빠진다. 그들은 가설에 반대되는 데이터를 취급하려고 할 때, 자기에게 불리한 것을 인정하려고 하지 않기 때문에 문제가 복잡해진다. 사회 과학자의 대부분 특히, 자의적으로 설정한 역사 시대에 관하여 출생순서와 '급진적 사고'와 같은 불분명한 변수 사이의 상관관계를 발견하려고 하는 사람도 확증편향에 빠진다.

연구자는 반대의견을 지지하는 연구자와 실험 계획을 공동으로 디자인하면, 재확인 선호 편향을 피하든지 줄일 수 있을 것이다. 각 개인은 재확인 선호 편향에 관하여 항상 염두에 두고 반증 데이터를 잘 살펴보지 않으면 안 된다. 이러한 것이 자연적인 것은 아니므로 일반인들은 재확인 선호 편향에 빠지지 않을 수 없다.

마케팅 연구에선 고객들이 가게에 들어섰을 때 처음 봤던 상품을 구입하는 경향이 높다고 한다. 무슨 이유인지 모르지만 고객의 눈길을 끌었고, 그 인상이 결국 구매를 좌우한다는 것이다. 사람도 첫인상이 중요하다. 처음 만났을 때의 인상이 그 후의 판단에 적지 않은 영향을 미친다. 처음에 호감을 가지면 웬만한 실수도 애교로 봐주지만, 좋지 않은 인상을 준 사람은 무엇을 해도 고깝게 보인다.

사람들은 자신의 신념에 부합하는 증거는 쉽게 발견하거나, 일부러 찾기까지 하는 데 반해 자신의 신념에 어긋나는 증거는 의도적으로 무시하거나 폄하하는 경향이 있다. 예컨대 보름달 저녁에 교통사고가 많다고 믿는 사람은 보름달이 뜬 날에 일어난 사고에만 주목하고 그 밖의 기간에 일어난 사고는 무시한다. 이런 과정이 반복되면 보름달과 사고가 밀접한 관련성이 있다는 잘못된 인식이 왜곡된 정보에 의해 더욱 강화되고, 나중에는 부인할 수 없는 '사실'로 마음속에 자리 잡는다.

코넬대학의 심리학과 교수인 토머스 길로비치는 "확증적인 정보에 과도하게 영향을 받는 이유는 그렇게 하는 것이 인지적으로 편안하기 때문일 것"이라고 분석했다. 사람은 자신의 생각과 다른 현실을 직시하기보다는 자신의 입장을 뒷받침하는 한 조각의 정보에 매달리기 쉽다는 것이다. 심지어 자신의 생각에 부합하는 기억은 쉽게 떠올리는 반면 불편한 사실은 기억이 가물가물하다. 확증 편향이 두뇌의 기억 활동에도 작용하는 것이다.[48]

(Levine D., ed.), Lincoln, NE: Univ, Nebraska Press., p. 192-240.
47) http://skepdic.com/confirmbias.html
48) http://cafe.joins.com/cafe/CafeFolderList.asp?cid=okbbok&list_id=419436

(4)자기중심적 편향

①자기중심적 기억편향 : 우리는 어떤 일을 함께 하고 난 뒤 잘못된 결과에 대하여 "모두 내 책임이야! 다 내 탓이야!" 라고 말하는 것을 흔히 본다. 어떤 사람들은 공동의 활동을 하고 난 뒤의 결과 곧 성공, 실패에 대하여 자기 자신의 공헌 혹은 책임을 과장하는 편향을 나타내는데 이를 '자기중심적 편향(self-centered bias)' 이라고 한다. '이기적 편향(self-serving bias)' 이

성공에 대해 영예를 차지하고 실패에 대해서는 책임을 지지 않는 반면, 자기중심적 편향은 성공 여부에 관계없이 공동 작업의 어떤 결과에 대해 자기 역할 이상으로 과장하여 공헌 또는 책임을 주장하는 것이다. 49)

이러한 종류의 자기중심적 편향이 커플들이 함께 한 과거에 대해 불일치를 경험하게 한다. 예를 들면, 시콜리(F. Sicoly) 등은 부부 33쌍을 대상으로 결혼생활에서 자기중심적 편향에 대하여 설문조사를 하였다. 식사준비, 설거지, 애정표현 등 20가지 활동에 대한 부부 각각의 책임을 확인한 결과 16가지 활동에서 자기중심적 편향이 나타난 것을 확인하였다. 50)

결혼한 부부와 교제 중인 연인에 대한 연구는 커플의 각 성원이 여러

---

49) Gifford. Robert, 1997. I'm cooperative, but you're greedy': some cognitive tendencies in a commons dilemma: Canadian Journal of Behavioural Science(Oct 1997): Gifford는 주식투자의 결과에 대해 책임을 누가 얼마나 지는가를 실험하였다. 만일 책임을 5명 혹은 6명의 참가자들이 똑같이 나누어진다고 생각하면, 그들은 10~20% 책임수준을 보여줄 것이다. 그러나 그들은 자신의 책임을 적어도 50%를 잡았다.

50) Ross Michael, & Fiore Sicoly. 1979. 'Egocentric biases in availability and attribution.' Journal of Personality and Social Psychology 37: 322-336.

사건들에 있어서 자기 자신이 상대방보다 더 책임 있는 것(혹은 공헌을 한 것)으로 기억하는 경향이 나타났다.[51]

이것은 커플의 각 구성원이 상대방이 하거나 말한 것보다 자기 자신의 행위와 느낌을 더 쉽게 회상할 수 있기 때문에 일어나는 것으로 보인다.

다니엘 샥터(Daniel L. Schacter)는 이를 "자기중심적 기억편향"이라고 하였는데, 우리는 다른 사람들의 행위나 말보다 우리 자신의 행위나 말을 좀 더 쉽게 회상하는 경향이 있다는 것이다.[52] 즉 사람들은 긍정적인 착각이라는 위안의 불빛 아래 현재의 자기를 둘러싼 여러 가지 관련된 책략(선택적 회상, 과거 어려움을 과장함, 과거 자기를 무시함)을 반영시킨다. 이는 기억에서 자기중심적 편향은 '자기(the self)'가 심적 생활을 조직하고 규제하는 데 중요한 역할을 한다는 것을 반영한다.

②자기중심적 고취편향 : 당신은 거울에 비친 자신의 모습을 어떻게 인식하는가? 물속에 비친 자신의 모습에 도취되어 그만 물에 빠져 죽고 말았다는 나르키소스만큼은 아니더라도 타자의 평가보다 높은 평가를 할 것이다. 대체적으로 사람들은 모든 사람이 공평하고 중립적이기를 기대하면서 자기는 세상을 중립적으로 관찰하지 않는 경향을 갖고 있다.

사람들은 대체로 자기 자신을 더 높이 생각하고, 종종 자기의 능력과 성취에 대해 비현실적으로 과장하도록 동기 부여된다. 즉 사람들은 어떤 내부 통제감에 대하여 높은 가치를 두고 자기 자신의 자존심을 지탱하거나 방어한다. 이러한 자기를 고취시키는 자기중심적 편향이 매우 보편적이므로 최근에는 그 현상의 순기능적 측면이 탐색되고 있다. 사회심리학자

51) Thompson, S. C., & Kelley, H. H. 1981, Judgments of responsibility for activities in close relationships. Journal of Personality and Social Psychology, 41, 469-477.
52) Schacter, D. L., 1999, The seven sins of memory: Insights from psychology and cognitive neuroscience. American Psychologist, vol. 54, pp. 182-203. ??

테일러(S. E. Taylor)와 브라운(J. D. Brown)의 연구에 의하면, 사람들이 자기 가치를 부풀려서 추정하는 '긍정적인 착각(Positive Illusions)'을 공통적으로 경험한다.[53]

예를 들면, 바람직한 성격 특질들은 보통 사람들보다 자기 자신들을 더 잘 묘사하는 것으로 보지만, 바람직하지 않은 성격 특질은 보통 사람들보다 자신을 덜 묘사하는 것으로 보는 경향이 있다. 마찬가지로 사람들은 실패보다는 성공을 자신들에게 더 귀인하고, 실패를 자기 밖의 힘에 귀인시키는 경향이 있다. 이러한 경향은 타자와의 관계에서 갈등을 유발하는 원인이 되기도 하지만 장래와 관련된 일에서 자신의 능력에 귀인시킴으로 성취를 기대하고 성취지향 행위를 보이는 것이다.[54]

> 긍정적인 착각을 아주 잘하는 사람들은 손상되거나 부적합한 방식으로 기능하는 대신, 보통 그들 인생의 많은 면에서 잘 지낸다. 이와는 대조적으로 우울한 환자들은 우울하지 않은 사람들의 특징인 긍정적인 착각이 결핍되어 있는 경향이 있다. 매우 긍정적인 방식으로 과거를 기억하는 것은 미래에 대해 아주 낙천적인 견해를 증진시킴으로써 우리가 새로운 도전을 만나도록 고무하지만, 과거를 더욱 정확하고 부정적으로 기억하는 것은 우리를 낙담시킬 수 있다. 매우 왜곡된 낙천적 편견은 결국 문제를 일으킬 것이기 때문에 그러한 효과가 제한적인 것임에는 틀림없다. 그러나 테일러가 지적한 것처럼 긍정적인 착각은 우리를 가볍고 편안하게 만드는 데 크게 기여한다. 따라서 기억 편향이 우리의 인생에 만족감을 증진시키는 한도 내에서 그것을 인지 체계의 적응 요소로 간주할 수 있는 것이다.

53) Taylor, S. E. & Brown, J. D. , 1988, Illusion and well-being: A social psychological perspective on mental health, Psychological Bulletin, vol. 103, pp. 193-210.
54) Taylor, S. E & Brown, J. D. , 1994, Positive Illusions and Well-Being Revisited Separating Fact

③총합고정오류(Fixed Sum Error) : 톰프슨(Thompson) 등은 갈등 협상과 정에서 총합고정오류를 발견하였다.[55] 즉 자신이 중요하다고 생각하는 사안은 상대에게도 중요한 것이라고 생각하고, 자신이 중하지 않다고 여기는 것은 상대에게도 중요하지 않다고 생각하는 것이다.

따라서 자신에게 중요하지 않지만 상대에게 중요한 것을 양보하고 상대에게 중요하지 않지만 자신에 중요한 것을 얻어냄으로써 상생(win-win)할 수 있는 여지를 갖지 못하고 갈등을 심화시키게 된다는 것이다. 이는 자신의 입장에서 상황을 해석함으로써 정작 근본적으로 자신이 원하는 바는 표현하지 못한다는 것이다.

(5)사회적 자아중심성 편향

사회적 자아중심성(social egocentrism)은 '일반인의 성향주의' [56]와 자아중심성[57]에 근거한 귀인오류이다. 일상적으로 사람들은 타인의 행동 결과를 행위자의 성격이나 성향 탓으로 귀인시키는 경향이 있다.[58] 역할행동과 개인행동을 구별하지 못하는 성향주의의 뿌리는 특정인의 '역할' 을 '인격' 과 동일시하는 데서부터 시작된다.[59]

From Fiction, Psychological Bulletin, by American Psychological Association, July 1994 Vol. 116, No. 1, 21-27.

55) Thompson, L., & Hastie, R. (1990). Social perception in negotiation. Organizational Behavior and Human Decision Processes, 47, 98-123.; Hastie, R. (2001). Emotions in jurors' decisions. Brooklyn Law Review, 66, 991-1009.; http://faculty.chicagogsb.edu/reid.hastie/vita/

56) 소위 '성향주의' 는 타인의 행동이 실제 사회적 역할이나 상황 때문에 일어났음에도 불구하고 개인적 성향이나 성격 탓으로 귀인 하는 현상이다.

57) 자아중심성은 자신은 특별한 존재라는 착각에 빠져들어, 자신이 우주의 중심이 된다고 생각하는 오류이다. 즉 세상을 지각할 때 인식의 주체로서 '자기' 가 인식의 틀이 되어 지각하지만 자기가 도구화되었다는 사실을 자각할 수 없기 때문에 자신의 지각이 절대화되는 것이다.

58) 기본적 귀인 오류는 상황과 성격을 양자택일하는 귀인과정이라면 성향주의 개념은 먼저 성향에 귀인시키고 그다음 상황에 귀인시키는 과정을 설명한다.

59) 이수원, 1994, 사회적 자아중심성 : 타인이해에서 성향주의의 원천, 한국심리학회. Vol. 13(1), pp. 129~152

성향주의에 따르면 사람들은 상대가 거짓말을 하면 그는 원래 거짓말쟁이이기 때문이며, 수다를 떨면 그는 원래 수다쟁이이기 때문인 것으로 인지한다.

예컨대 상사와 부하의 관계에서 상대방이 보이는 행위를 조직적 역할 차원에서 파악하는 것이 아니라 개인적 성격 차원에서 인지하고, 만일 상사가 질타를 하면 그의 성격이 원래 나쁘기 때문으로 귀인시키고, 칭찬을 하면 내가 잘했기 때문으로 귀인시키는 사회적 자기중심성 편향을 갖게 되는 것이다. 이러한 경향은 갈등관계에 있는 상대를 적대시하는 과정의 기저에 놓인 심리적 작용인 것이다.

(6)이기적 편향

①소극적 실패처리 : 흔히 쓰는 "잘되면 내 탓이요, 잘못되면 조상 탓"이라는 속담은 이기적 편향(self-serving bias)을 잘 설명해 준다. 이기적 편향이란 일반적으로 사람들은 성공했을 경우 자기 자신에게, 실패했을 경우에는 다른 사람이나 외부적인 상황으로 돌리는 오류를 말한다. 이는 자기 자신의 장점은 대단하다고 생각하며, 단점은 누구에게나 있는 일반적인 것이라고 생각하는 성향을 갖고 있기 때문이다.

'자기중심적 편향(self-centered bias)'이 공동 작업의 어떤 결과에 대해 자기 역할 이상으로 과장하여 공헌 또는 책임을 주장하는 것이라면 '이기적 편향(self-serving bias)'은 성공에 대해 영예를 차지하고 실패에 대해서는 책임을 지지 않는 귀인오류이다. 만일 성공하게 된 원인을 자신의 노력이나 능력 탓으로 여긴다면 차후에도 성공을 기대하고 노력할 것이고 외부 원인 탓으로 돌린다면 자신의 노력으로 성공을 도모할 것이라고 가정하면 이기적 자기 편향은 긍정적 효과도 있다.

성공에 대해서는 영예를 차지하고 실패에 대해서는 그 탓을 외부로 돌려 책임지기를 거부하는 이기적 편향은 비난으로부터 자아를 방어하기 위한 욕구에 기인한다. 이러한 이기적 편향은 개인적 행동에 대한 설명뿐만 아니라 자신의 가까운 사람들, 친한 친구들 및 자기가 관련되어 있는 다른 집단들에 대한 설명도 포함된다. 이러한 편향은 '집단 이기적 편향'으로서 집단 구성원들이 긍정적 내집단 행동과 부정적 외집단 행동에 대해 내부적 원인들을 귀인시키고 부정적 내집단행동과 긍정적 외집단 행동에 대해 외부적 원인들을 귀속시키는 경향을 말한다.[60]

> 당신의 집 벽에 금이 갔다고 생각해 보자. 시멘트와 흙손을 사와 틈새를 메웠다. 그런데 이틀만에 모두 떨어져 버렸다. 무슨 생각이 들까. 십중팔구는 싸구려 시멘트라고 생각할 거다. 건재상에서 바닷모래를 주었거나 불량 흙손을 팔았다고 불평할 수도 있다. 새로 바른 표시도 안 나게 시멘트가 잘 굳었다면? 당연히 아내에게 당신의 미장 솜씨를 자랑할 것이다.[61] 학생들의 시험 성적이 좋으면 교사는 "내가 잘 가르쳤다"고 자랑하지만 성적이 나쁘면 "가정환경 때문"이라고 외적요인에 귀인시킨다. 성공의 원인은 '내적 요인(능력. 노력. 자질)'에서 찾고, 실패 원인은 '외적 요인(불운. 고의적 방해. 운명)'에서 찾는다.

②적극적 실패처리 : 실패를 처리하기 위한 기제로서 이기적 편향보다 더욱 맹렬한 것은 '자기 핸디캡전략(Self-handicapping Strategy)'이다. 사람들은 어떤 중요한 일을 앞두고 너무 스트레스를 받으면 그 상황을 무의식적

---

60)Mullen, B. & Riordan, C. A., 1988, Self-serving attributions for performance in naturalistic settings: A meta-analytic review. Journal of Applied Social Psychology, 18. 3-32.
61)Serge Ciccotti, 150 petites experiences de phychologie, 윤미연 역, 2006, 내 마음 속 1인치를 찾는 심리실험 150, 궁리.

으로 모면하려고 한다. 예컨대 시험이 부담스런 사람은 전날 밤 잠을 자버리으로써 시험에 떨어졌을 때 자신의 실패를 방어할 구실을 만든다. 이렇게 스스로 핸디캡을 만들고 나서 실패하면 자신이 실력이 없어서 그런 것이 아니라 나름대로 이유가 있었기 때문이라고 핑계를 대며 자존심을 보호하려는 전략이다.

(7)인물 긍정성 편향

사람들은 나쁜 소식보다는 희소식을 말하기를 좋아하고 듣기를 좋아 한다. 사람들은 어떤 사람의 인상을 평가할 때 대개는 긍정적으로 평가하려고 한다. 기왕이면 좋게 사람들을 평가하려는 그런 경향을 '인물 긍정성 편향 (positivity bias)'이라고 하고, 미국 소설에 나오는 여주인공의 성격에 비유해 '폴리아나 효과' (Pollyana Effect)라고도 한다.

그러나 소위 폴리아나 효과에도 불구하고 사람들은 어떤 부정적인 정보가 나타나면, 다른 긍정적인 정보보다 부정적인 것에 더 비중을 두고 인상을 평가한다. 다시 말해 모든 것이 동일하다면, 부정적인 특성들은 긍정적인 특성들보다 인상 형성에 더 많은 영향을 준다. 이런 현상을 '부정성 효과(Negativity Effect)'라고 하는데 결국 부정성 효과는 긍정성 편향이 있기 때문에 나타나는 것이라 할 수 있다.

긍정성 편향은 여러 사람에 대한 평가에서 나타나는 긍정적 반응의 상대적 빈도를 지칭한다면, 부정성 효과는 개인의 여러 특성 중 부정적인 것에 대한 반응이라고 정리할 수 있다.

카산드라와 폴리아나

카산드라(Cassandra) : 그녀는 그리스신화에 나오는 트로이의 공주다. 미래를 예언하는 능력을 얻었지만 누구도 그 예언을 믿지 않는 저주도 함께 받았다. 그녀의 예언대로 트로이가 함락되고 자신도 죽임을 당한 이후 카산드라는 나쁜 일이나 재앙을 예언하는 사람의 대명사로 쓰이고 있다. 진실을 이야기해도 아무도 진실에 귀를 기울이지 않는 무서운 집단성의 공모, 늘 진실을 예언하면서도 타인을 설득할 수 없는 설득력의 부재를 카산드라 콤플렉스라고 한다.

폴리아나(Pollyanna) : 그녀는 미국의 엘리노 포터가 1913년에 발표한 동화의 제목이다. 여주인공인 폴리아나는 낙관적인 성격으로 온 마을을 즐겁고 행복하게 만들어 준다. 사람들은 부정적인 경험이나 사건보다는 긍정적인 것을 더 쉽게 기억하고 과거를 실제보다 더 행복했던 시절로 기억하는 현상이 있다. 사람들은 좋은 사람들과 좋은 환경 속에 있을 때 행복을 느끼듯이, 나쁜 환경에 처했을 때도 상황을 긍정적으로 해석하여 행복을 느끼는 것을 폴리아나 효과라고 부른다.

한편 우리는 일상생활 속에서 "주는 것 없이 밉다!" 혹은 "밉다하니 업어 달라 한다!"는 말이 갖고 있는 정서를 자주 경험하게 된다. 왜 그런가? 누구를 미워하게 되면 그 사람의 미운 짓만 보인다. 속담에 "며느리가 미우면 며느리 발뒤꿈치까지 밉다"고 하는데, 어떤 사람을 의심하면 하는 짓마다 수상하게 보이고, 미워하면 미운 짓만 하는 것처럼 느껴지는 것이다.

그런데 관찰자의 느낌만이 아니라 행위자는 상대가 어떻게 보는가에 따라 실제로 그렇게 행동하는 것을 보게 된다. 어떻게 행동하리라는 주위의 예언이 행위자에게 영향을 주어 결국 그렇게 행동하도록 만든 것이다.

타인에 대한 사전도식[62]은 타인의 실제 행동과 그에 대한 인상에 영향을 준다.

이와 같이 타인에 대한 사전기대가 타인으로 하여금 기대된 행동이나 태도를 갖게 만드는 현상을 '자기 이행적 예언(Self-Fulfilling Prophecy)'이라고 한다. 이러한 자기 이행적 예언은 긍정적 행동을 이끌어 내는 기능을 할 수도 있지만 고정관념 편향과 관련되어 부정적 행동을 야기할 수도 있다.

(8)고정관념 편향

고정관념(stereotype)은 귀인 현상의 어떤 특별한 경우이다. 사람들이 개인행동에 대해 원인을 알려고 하는 것은 인간의 중요한 속성이다. 그런데 사람들은 새로운 상황을 직면할 때마다 새로운 해석을 시도하기보다, 유사한 상황에 대한 경험과 지식에 의존함으로써 자신의 신념이나 고정관념에 일치되도록 귀인 하는 경향이 있다. [63]

고정관념은 우리가 사람들과 사물들을 범주화하기 위해 사용하는 과거 경험의 일반적인 표현이다. 많은 사회 심리학자들은 고정관념을 세상을 이해하는 과제를 단순화해 주는 '에너지 절약' 기제로 생각한다. 우리가 새롭게 만나는 모든 사람들을 독특한 개인으로 평가하는 것은 상당한 인지적 노력이 필요하기 때문에 종종 타자들의 경험이나 자신의 경험을 망라하여, 다양한 출처에서 축적한 고정적인 일반화에 의지하는 것이 더 쉽

---

62)구조화된 인지 세트. 도식(schemata)은 특정의 사람들, 사회적 역할들, 자기, 특정의 대상들에 대한 고정관념들, 또는 공통 사상들에 대한 지각을 의미한다. 사람들은 새로운 상황을 직면할 때마다 새로운 해석을 시도하기보다, 유사한 상황에 대한 경험과 지식에 의존하는 경향이 있어, 도식에 의존하는 경향이 있다.

63)Elliot Aronson, 2004, The Social Animal, Eighth Edition,, New York: Worth Publishers, p. 311.

다는 사실을 발견한다.

그러나 고정관념에 의존하는 것이 인지적 과제를 더 쉽게 처리할 수 있게 해준다고 하더라도, 그것은 바람직하지 않은 결과를 초래할 수도 있다. 인종이나 성(性)에 대한 고정관념과 같이 고정관념이 실제로 확산될 때 그 결과 나타나는 편향은 부정확한 판단과 정당하지 않은 행동을 일으킬 수 있는 것이다. 물론 고정관념적인 편향이 반드시 오류를 일으키는 것은 아니다. 다만 사람들이 편향성에 따라 행동하기 때문에 문제가 생기는 것이다.

활성화된 고정관념은 행동을 편향시킬 뿐만 아니라 기억에도 영향을 줄 수 있다. 예컨대 인종 편견이 강한 사람은 편견이 덜한 사람보다 아프리카계 미국인의 행동에 대해 고정관념적인 특징들을 더 잘 기억하고, 고정관념에 맞지 않는 행동은 잘 기억하지 못하는 경향이 있을 것이다. 이러한 경향은 고정관념에 일치하도록 사건들의 회상을 편향시키고, 그것은 다시 고정관념적인 편향을 강화시키는 자기 충족적인 순환을 만들어낼 수 있다. 나아가 고정관념과 관련된 기대에 모순되는 방식으로 사건들이 전개될 때, 자신의 기대에 일치하도록 하기 위해 사건들을 조작할 수도 있다. [64]

[토론해 봅시다] 우리 사회에 일어나고 있는 피해자의 수난 사례는 어떤 것들이 있는가? 우리 조직에는 그런 일이 없는가? 그리고 피해자의 곤경을 어떻게 해결해야 하는가? 내 자신이 피해자의 입장이라면 어떻게 대처할 것인가?

64)Schacter, D. L. , 1999, The seven sins of memory: Insights from psychology and cognitive neuroscience. American Psychologist, vol. 54, pp. 182-203. ??

고정관념의 편향은 의도적으로 타자를 박해하는 것은 아니지만 그것을 받는 사람의 입장에서는 매우 모욕적이고 고통스러울 수 있다. 특히 어떤 사건의 피해자가 상대적으로 약자이라면 고정관념은 피해자에게 잘못을 뒤집어씌우는 편향은 더 쉽게 작동된다. 예컨대 직장에서 동료가 부당해고를 당했다면 처음에는 동정을 하지만 점차 '틀림없이 해고당할 짓을 했을 것'이라는 생각을 하고, 피해자 개인의 성격이나 능력에서 문제의 원인을 찾고 이에 자신은 연루되지 않으려고 한다.

즉 처음엔 피해자를 동정하기도 하지만 점차 은근히 '자기 독선(self-righteousness)'이 작동하여 결국 피해자에게 오히려 '당해도 싸다는 평판(well deserved reputation)'을 부여하는 것이다.[65] 나아가 가해자의 입장에 동조하여 피해자를 배제하고 직접적으로 가해하기도 한다.

예컨대 부당해고를 당한 동료가 소송을 할 때 불리한 진술을 하거나, 소송에서 승소하여 복직하였을 때 의도적으로 배제하고 괴롭히는 행동을 볼 수 있다.

[사례] 정부출연기관에 계약직으로 근무하던 Q는 파견 공무원과 갈등을 빚었다. 파견 공무원은 경직된 업무수행 방식과 군림하는 태도로 사사건건 민간 직원과 갈등을 빚었고 특히 Q는 민간의 자율성을 주장하여 파견 공무원의 눈엣가시가 되어 계약을 일방 파기하고 말았다.

직원들은 동정하면서도 파견 공무원들의 기세에 눌려 Q를 멀리하더니 점차 공무원들의 논리에 동조하기 시작하였다. 일부직원들은 불법적 계약해지임에도 불구하고 문제의 본질은 외면하고 개인적 태도를 문제 삼아 비방하기 시작했다. 일부는 소송을 제기한 Q에 대해 불리한 진술을 하기도 했다. 승소하여 복직을 하였지만 일부직원은 갈등 당사자였던 공무원보다 더 심하게 핍박을 하고 배척을 하였다. 이러한 심리상태에 대하여 다른 사례를 찾아보고 그 심리적 기제에 대하여 토론해 보라.

65)Elliot Aronson, 앞의 책, p. 322.

2. 동조와 일탈

1)동조현상

상담을 마치고 난 뒤 사람들이 가장 흔히 하는 말은 "나 말고 이런 사람이 또 있나요?"이다. 직장상사와의 심각한 갈등, 아내와의 불화, 자식문제 등 우리가 주위에서 흔하게 접할 수 있는 일임에도 자신만의 생각에 빠져 잠시 객관성을 상실하는 것이다. 그래서 비슷한 사례로 상담실을 찾는 사람들이 꽤 있다고 말해주면 그때부터 편안한 얼굴을 하는 경우가 의외로 많다. 상황이 달라진 건 하나도 없는데 비슷한 유형의 사람이 어딘가에 존재한다는 사실만으로도 위안을 느끼는 것이다. 이처럼 인간은 '고립'에 대해 본능적 공포심을 가지고 있다. 타인과의 관계를 통해서 자신의 존재를 확인해 보고자 하는 잠재심리가 있기 때문이다.

(1)동조의 개념

동조(conformity)란 외부의 압력이 없음에도 불구하고 의식적 또는 무의식적으로 타인의 영향을 받아 행동상의 변화를 나타내는 현상이다. 즉 동조란 예컨대 "친구 따라 강남 간다!"는 속담과 같이 개인이 다수의 타인들이 어떤 행위를 하고 있을 때 자발적으로 그 행위를 따라하는 행위를 말한다. 그러나 동조가 자발적이라고 하나 자율적인 것은 아니다.[66] 만일 타자로부터 동떨어진 존재라고 느껴 본 적이 있다면 그 자체가 동조의 압력을 경험한 것이 된다. 즉 외재적으로는 동조에 대한 압력이 없으나 내재적으로는 압력이 존재하며 동조의 압력은 대부분 암시적인 사회적 규범이거나 묵시적인 인간관계와 같은 형태이다.

---

[66]이미 앞서 우리는 자율성과 자발성에 관한 의미관계를 논하였다.

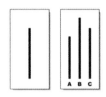
　동조의 개념을 논할 때 전제되어야 하는 것은 근원이 무엇이든 간에 강 력한 동조 압력이 존재한다는 사실이다. 따라서 동조 역시 긍정적 기능과 부정적 기능을 모두 갖고 있다. 동조는 일종의 불문율로서 개인의 주체적 행동을 제어하는 기능을 갖고 있으며 제도나 법률에 의한 규제가 아닌 묵 시적인 규범들을 스스로 지키도록 작용한다. 예컨대 극장이나 백화점의 계산대 앞에 줄을 선다거나, 공중이 모인 곳에서 애국가가 울려 퍼지면 기 립하는 것과 같은 것이다. 만일 이러한 동조의 작용이 없다면 우리 사회는 혼란에 빠질 수 있다.

　그러나 동조가 언제나 순기능적인 것만은 아니라는 사실이다. 예컨대

---

67)Asch, S. E. (1951). Effects of group pressure upon the modification and distortion of judgment. ;http://en.wikipedia.org/wiki/Asch_conformity_experiments

양복은 서양문화의 산물로서, 특히 유럽의 기후에 적합하게 만들어졌음에도 불구하고 대한민국에서도 양복을 입는 것이 표준처럼 되어 있다. 명절이 아닌 평상시에 한복을 입는 것이 도리어 특이한 행동으로 간주되고 있다. 유행을 따르지 않으면 시대에 뒤쳐진 사람으로 치부되기도 한다. 시대적 이슈에 민감하지 않으면 사회적 배제를 당할 수 있다. 이와 같이 동조는 개인의 자율성을 침해하며 사회에 대한 신념이나 철학에 따른 행동을 일탈로 간주하여 사실상 억압하는 역기능을 갖고 있다.

(2)동조행위의 요인

사람들이 동조 행위를 하는 이유는 무엇일까? 어떤 요인이 동조에 영향을 미치는가? 여러 가지 측면에서 검토될 수 있으나 기본적으로는 바람직하게 되는 것과 호감을 받게 되는 것이 동조를 유발한다. 이를 좀 더 구체화하면 규범요인과 정보요인[68] 및 신념요인으로 나눌 수 있으며 이는 사회화 및 용이성 측면에서 위계적 구조를 갖는다.(〈그림4-3〉 참조)

첫째 규범의 영향(normative influence)이다. 이는 보상과 처벌에 관련되는 것이다. 즉 사람들은 집단으로부터 호감과 인정받기를 원한다. 규범은 다수의 기대에 부합되는 행동을 하도록 유도하는 사회적인 압력이다. 여기에는 인정과 배제라는 '보이지 않는 손'에 의한 보상과 처벌이 존재한다. 따라서 사람들은 타자와 집단으로부터 호감과

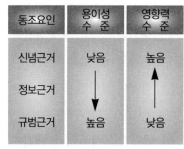

〈그림4-3〉 동조요인의 위계

동조요인	용이성 수 준	영향력 수 준
신념근거	낮음	높음
정보근거	↓	↑
규범근거	높음	낮음

---

68)Campbell, J. D., & Fairey, P. J. (1989). Informational and normative routes to conformity. Journal of Personality and Social Psychology, 57, 457-468.

인정을 받기 위하여 규범을 따름으로써 동조를 하게 된다. 즉 규범적 동조란 타인과 잘 어울리고 배제를 피하려는 동기를 갖는다. 따라서 내재적 신념의 변화보다는 외재적 행동의 변화를 의미하므로 동조의 용이성은 높으나 사회성은 낮다고 하겠다.

그러나 규범적 동조가 신념의 변화를 초래할 수도 있다. 즉 배제를 피하기 위해, 호감을 얻기 위해서라는 동기가 동조과정에서 바람직한 것을 얻기 위한 동기를 충족시킬 경우이다. 예컨대, 배제를 피하고 호감을 얻기 위해 지역사회 환경개선 운동에 참여하였지만 활동과정에서 지역사회 환경개선 운동 그 자체가 '옳게 되는 것'이라고 판단할 경우 동조는 내면화될 수 있다.[69]

둘째, 정보의 영향(informational influence)이다. 이는 합리적 선택과 관련되는 것이다. 사람들은 때로는 어떤 태도를 취하는 것이 합리적인 것인지 알지 못한다. 동조의 이유는 타인들의 행동이 합리적 행동에 대해 유용한 정보를 준다고 믿기 때문이다. 여기에는 두 가지 관점이 있다. 하나는 유능하고 알고 있는 정보가 많을수록 동조할 가능성이 낮다는 것이다.[70] 정보의 부족으로 인한 가장 극단적 동조 형태는 패닉(panic)현상이다. 패닉과 같은 극단적 동조만이 아니라 이러한 현상은 일상생활 속에서도 발견된다. 예컨대 식당에 관한 정보가 적은 사람들은 사람들이 많은 곳을 선택할 가능성이 높으며, 패션과 관련된 일을 하거나 많은 정보를 보유하고 있는 사람들은 현재의 유행에 동조하기보다 오히려 새롭고 창의적인 스타일을 찾는 경우가 많은 것이다.

---

69) 이성록, 2003, 자원봉사매니지먼트, 미디어숲, p.238.
70) Krohn, Marvin D. (1986), The Web of Conformity: A Network Approach to the Explanation of Delinquent Behavior, Social Problems, Vol. 33, No. 6, Special Theory Issue (Oct. - Dec., 1986), pp. S81-S93

그러나 다른 관점은 환경보호운동, 자원봉사활동 등과 같이 가치지향적인 공익활동의 경우에는 자신이 보유하고 있는 지식이나 정보가 많을수록 적극 동조할 가능성이 높으며, 집합행동의 합리적 선택 원리에 따라, 무임승차(free ride)를 감소시키기 위하여 적극적으로 동조를 유도하기도 한다.[71] 이러한 관점의 차이는 내면화의 차이로 설명할 수 있다. 내면화의 수준이 낮은 경우 정보가 적을수록 동조 가능성이 높으며, 내면화 수준이 높은 경우 정보가 많을수록 동조 가능성이 높은 것이다.

패닉영화 타워링

고층빌딩 화재를 다룬 영화 「타워링」이 히트를 하고 난 뒤 소위 「패닉영화」라는 말도 생겨났다. 때문에 「패닉」이라는 말은 비교적 잘 알려져 있다. 패닉이란 어원적으로는 희랍신화에 나오는 「팬」이라는 신의 이름에서 유래되었다고 한다.

이 반인반수의 신이 낮잠을 자고 있을 때 누군가가 방해를 하면 성이 나서 공포를 인간세계에 쏟아 부었는데 그 공포에 쫓겨 헤매는 사람들의 행동을 「패닉」이라고 불렀다는 것이다. 사회심리학에서 패닉은 「방위적 난중 행동」이라고 하는데, 위험상황에 직면하였을 때 정부의 부족 혹은 왜곡으로 타자의 행동에 극단적으로 동조하여 우왕좌왕하는 현상을 말한다.

패닉으로 유명한 사건은 화성으로부터의 침입사건이다. 이 사건은 1938년에 미국에서 있었던 일인데 「오슨웰즈」 주연의 라디오 드라마를 들은 사람들이 그것을 진짜인 줄 알고 친척이나 친구들에게 전화를 하고 짐을 꾸려 도망을 치는 등의 도주행위를 일으켰다는 것이다. 지난 후에 볼 때는 우스꽝스럽다고 느끼겠지만 실제로 백만 명이 넘는 미국시민들이 말려들어간 대사건이었다.

셋째, 신념의 영향(convictive influence)이다. 이 경우는 내면적 신념의 내면화와 관련되는 것으로, 내면화(internalization)는 사회적 영향에 대한 가장 지속적이고 뿌리 깊은 반응이다. 어떤 신념을 내재화하려는 동기는 올바르게 되려는 욕구이다. 따라서 행위자들은 '그렇게 하는 것이 옳은 일'이라고 신념 때문에 동조하는 것이다.

또한 그 신념에 대한 보상은 내면적인 것이다. 따라서 만일 영향을 주는 사람이 믿을 만하고 훌륭한 판단을 가지고 있는 것으로 판단한다면 그 신념을 받아들이고 그것을 자신들의 가치체계 속으로 통합한다. 나아가 자신의 가치관으로서 새로운 규범, 또는 표준, 혹은 새로운 행동을 내면화하고 자신들의 신념체계에 상충되거나 저해하는 사건에 적극적으로 저항을 하게 된다. 조직차원에서 볼 때 이러한 유형의 사람들의 경우 동조의 용이성 수준은 가장 낮으나 영향력의 수준은 가장 높다고 할 수 있다.(〈그림 4-3〉 참조)

(3)집단의 동조압력

동조의 역기능에도 불구하고 조직을 관리하는 입장에서는 구성원들의 동조 행위를 유발하고 유지해 나가는 과업이 매우 중요할 것이다. 특히 시민의 자발적 참여와 지지를 기반으로 하는 NGO/NPO의 경우 내부 구성원뿐만 아니라 시민들의 동조를 획득하는 것은 매우 중요한 과제이다. 따라서 동조 유발과 유지에 영향을 미치는 집단의 특성을 검토할 필요가 있다.

---

71)이성록, 2001, 자원봉사 행동에 미치는 다차원적 동인의 영향력, 서울여자대학교, 박사학위 논문.

인간은 누구나 개별성을 존중받기를 바라면서도 집단으로부터 호감과 인정받기를 기대한다. 또한 개인의 입장에서 집단은 동조압력을 가하는 존재이며 자신은 동조압력에 저항하는 존재이다. 따라서 사회화의 요구와 개별화의 욕구 사이에는 길항관계가 성립된다. 그 결과 사람의 성향과 집단의 상황에 따라 동조압력에 대해 다양한 형태로 반응하게 된다.

첫째, 집단의 응집성(cohesiveness)이다. 응집성이란 집단의 구성원들이 집단에 머물고자 하는 욕구의 정도와, 영향력을 행사하고 있는 집단이나

⟨그림4-4⟩집단 동조압력 반응

사람들에 대해 느끼는 매력의 정도로 평가되어진다.[72)

한편 집단 구성원은 본성적으로 동조압력에 대하여 응집력과 이탈력을 함께 지닌다.[73) 구성원들의 응집력이 이탈력보다 강할 때 집단이 형성되고 유지된다.[74) 따라서 응집력이 동조에 영향력을 미친다는 것은 의심의 여지가 없다. 일반적으로 응집성이 미치는 영향은 응집력이 강할 때 훨씬 강력하다. 대부분의 사람들은 친밀한 관계 혹은 존경하는 사람들의 영향을 기꺼이 받아들이기 때문이다.

둘째, 집단의 규모이다. 집단규모의 영향력에 관한 여러 연구결과에 따르면 구성원의 수가 어느 정도까지(3~4명) 증가하면 동조성도 증가하지만 그 이상으로 규모가 커지면 동조성에 미치는 추가 효과는 줄어든다는 것이다.[75)

72)Gordon, J. R. , 1999, Organizational Behavior: A Diagnostic Approach, Prentice-Hall, p. 153.
73)R. N. Lussier, 1993, Human Reations in Organizations, Irwin, p. 19.
74)J. M. Ivancevich & M. T. Matteson, Organizational Behavior and Management, 3rd. ed, Irwin, 1993, p. 398.

그렇게 되는 이유 중 하나는 집단의 규모가 3~4명을 넘게 되면 사회적 압력을 받는 사람들은 그 상황이 공모에 의한 것이라고 의심하기 쉽다는 것이다. 그래서 개인적인 의견 표명을 꺼려하게 되고 자발적으로 행동하지도 않게 된다. 기본적으로 사람들은 의사결정 과정에서 전원일치보다 다양한 의견들을 광범위하게 나누고 선택하는 것을 좋아한다. 따라서 너무 많은 사람이 동의할 경우 그것을 경계신호로 판단하기 쉬운 것이다.

동조에 대한 집단규모의 영향을 설명하기 위하여 탠포드(S. Tanford)는 이른바 '사회적 영향모델(social influence model)'을 제시하였다.[76] 이에 따르면 초기에는 집단의 인원이 한 단위 증가할 때마다 동조압력은 빠르게 증가하다가 집단의 인원수가 일정 수준 이상으로 증가하게 되면 동조압력은 둔화되기 시작하여 수평을 이루게 된다는 것이다. 이 이론모형은 집단규모와 표적인물의 수에 따르는 동조압력의 변화과정을 잘 설명해 주고 있다.

셋째, 집단의 전원일치이다. 기본전제는 구성원들은 동조압력을 받고 있다는 것이다. 그러나 동조압력이 모든 사람들에게 똑같은 정도로 일어나는 것은 아니다. 동조를 일으키는 가장 강력한 요인은 집단 의견의 전원일치이다. 전원일치라는 집단의 의사결정에 직면한 사람은 커다란 동조의 압력을 받게 된다. 즉 모든 사람이 자신과 의견을 달리한다고 인지하면 동조압력은 극대화된다. 그러나 전원일치가 깨졌을 경우나, 다수의견에 따르지 않는 사람이 있다는 사실을 알게 되면 동조는 극적으로 감소하게 된다.

75) Wilder, D. A. (1977). Perception of groups, size of opposition, and social influence. Journal of Experimental Social Psychology, 13, 253?268.
76) Tanford, S. & Penrod, S. (1984). Social influence model: A formal integration of research on majority and minority influence processes. Psychological Bulletin, 95, 2, 189-225.

다시 말해서, 집단의 구성원 개인은 동조압력에 굴복하지 않으려는 관성을 갖고 있으나 한 편으로는 일탈자로 낙인 되지 않으려는 속성을 갖고 있기 때문이다. 따라서 다수가 동조한다고 하더라도 예기치 못한 동조 감소의 상황을 직면할 수도 있다. 예컨대 '임금님의 새 옷(The Emperor's New Clothes)' 상황과 같은 것이다. 아름다운 새 옷을 입었다고 자랑하는 벌거숭이 임금을 보고 모두가 박수를 보낼 때, 단 한 사람이 용기 있게 벌거벗었다고 말함으로써 다수들은 동조압력에 불복하여 결국 다수측이 소수측이 되어버리거나 소멸해 버리는 경우이다. 이는 극소수의 이탈된 발언이 매우 중요한 효과를 가져 올 수 있음을 시사해 주는 것이다.

2)응종과 복종

(1)자발적 응종

원하지는 않지만 요구받은 어떤 것을 받아들일 때 응종(compliance)이라 한다. 응종의 특징은 다른 개인이나 집단으로부터 어떤 요청을 받고 반응한다는 점이다. 예컨대 자선단체가 기부금을 요청할 때 응하는 것이나, 친구가 도움을 요청할 때 긍정적으로 대응하는 것 등이 응종에 해당된다. 사람들은 가족이나 친구와 직장동료 나아가 NGO/NPO, 기업, 정치인 등등으로부터 끊임없이 응종을 요청받고 있다. 응종은 심리적 보상과 처벌, 암묵적 규범과 합법적 권위 등에 의해 일어나며 응종은 지속기간이 짧고 개인에 대한 영향력도 크지 않다.

한편 응종을 유발하는 권력 중에 하나로서 합법적 권위는 단순하게 명령에 따르는 일방적인 복종을 유발하기도 하지만 역할 관계에서 권위를 인정함으로써 순응을 유발한다. 예컨대 군대에서 상관의 취침명령에 대한 방응은 강제된 복종이지만, 가정에서 어머니의 취침요구에 대한 반응은 자발적인 응종이라 할 수 있다. 즉 합의된 역할관계에 의해 어머니는 합법적 권력을 갖고 있으며 아이는 응종의 의무를 갖고 있는 것이다.

한편 응종을 유발하는 합법적 권력 중의 하나는 소위 '무기력의 권력 (power of helplessness)'라고 일컬어지는 것이다.[77]

우리는 사회적 책무에 관한 규범을 갖고 있으며 이에 따라 약자의 도움 요청을 합법적인 것으로 묵시적으로 인정하고 있다. 그래서 장애인이나, 노인, 어린아이 등 무력한 상태에 있는 사람이 도움을 요청하였을 때 이를 거절하지 못하는 것이다. 약자에 대한 배려 의무는 인간의 도리라는 가치 차원을 넘어 불문율의 합법적인 권력화가 되고 있다.

(2)응종유발기법

NGO/NPO는 미션을 수행하기 위해서 사람들이 통상 거부할 상황에서도 동의하도록 응종을 유발하는 방법이 필요할 때가 있다. 선행연구들에 의해 입증된 하나의 유용한 방법은 소위 '단계적 요청기법(foot in the door technique)'[78] 이라는 것이다. 이는 작은 행동에 동의하게 되면 큰 행동에도 동의할 수 있다는 관점에서 처음에는 아주 쉽고 작은 응종을 유도하면서 점차로 보다 큰 응종행동을 하게 만드는 것이다. 한편 위의 방법과는

---

77)Raven, B. H. (1965). Social influence and power. In I. D. Steiner & M. Fishbein (Eds.), Current studies in social psychology (pp. 371-382). New York: Holt, Rinehart, & Winston.

반대로, 처음엔 의도적으로 매우 큰 요구를 한 다음 점차 작은 요구를 하여 응종행동을 유발하는 방법도 있다. 이는 이른바 '역(逆)단계적 요청기법(door in the face technique)' 79) 이다.

- foot in the door technique: 실험자들은 가가호호 방문하여 주부들에게 안전운전 시민모임에서 일한다고 소개하고 안전운전을 촉진시키는 입법을 촉구하는 건의서에 서명을 요청한 결과 거의 모든 주부들이 동의하였다. 이 후 다른 실험자들이 방문하여 '안전 운전합시다!' 라는 볼품없는 큰 스티커를 붙여 놓기를 요청한 결과 이전에 동의하였던 주부들의 52.8%가 동의하였고, 이전에 작은 요청은 거절하였으나 큰 요청 수락한 경우는 33.3%로 나타났다. 그러나 이전에 전혀 접촉이 없었던 일반 주부들의 경우 22.2%만이 스티커 부착을 동의하였다.(Freedman & Frase).

- door in the face technique : 실험자들이 대학생들을 접촉하고 2년 동안 매주 2시간씩 아동을 위한 상담 자원봉사를 요청하였지만 아무도 그 요청을 받아들이지 않았다. 뒤이어 실험자들은 비행청소년을 데리고 2시간 정도 동물원에 다녀오지 않겠느냐는 한 단계 낮은 요청을 했더니 55%가 동의하였다. 그러나 처음부터 낮은 단계의 요청을 받은 집단의 경우 33%만이 동의하였다. 동시에 두 가지 활동을 설명하고 낮은 단계의 도움을 요청한 결과 수락한 경우 역시 33%로 나타났다.(Cialdini & Vincent 등).

(3)타율적 복종

복종(obedience)은 응종의 한 형태로서, 권력을 가진 실체의 강요에 의해 어떤 일을 하거나 행동을 변화시키는 것을 의미한다. 대체로 심리학자들의 실험 결과를 보면 ①보수, 처벌 및 위협을 주는 상황에서 ②자신이 특

---

78)Freedman, J. L., & Fraser, S. C., 1966, Compliance Without Pressure: The foot-in-the-door technique, Journal of Personality and Social Psychology, Vol. 4, 196-202
79)Cialdini, R. B., Vincent, J.E., Lewis, S.K., Catalan J., Wheeler, D., & Darby, B.L., 1975, Reciprocal Concessions Procedure for Inducing Compliance: The door-in the face Technique. Journal of Personality and Social Psychology,, Vol. 31, pp. 206-215.

별한 대우를 받고 있다는 느낌을 주는 상
황에서 ③타인들의 기대에 부응하려는 상
황에서 ④책임감을 덜 느끼는 상황 등에서
복종 행위가 나타나고 있다.

즉 복종은 집단이나 사회에서 지위가 낮
은 사람이, 자신보다 지위가 높은 사람의 명령, 지시, 요청 등 구체적 압력
에 따르는 것을 의미한다. 복종은 일반적으로 사람들은 상대방의 권위를
인정하고 그 권위를 받아들이면 그 때부터 그 권위에 종속되어 복종하게
된다. 경우에 따라 타자에게 위해를 주는 명령까지도 수행하는데 이는 처
벌이 두렵다는 요인보다 명령자의 권위를 인정하기 때문이다.

3)일탈현상

일탈을 꿈꾸는 모나리자! 우리들 대부분은 일
상의 권태로움을 지겨워하며 일탈을 꿈꾼다. 일
상을 벗어나고픈 마음인 것이다. 그렇다고 일탈
의 욕구가 실제 행동으로 이어지는 것은 아니다.
사람들은 어느 누구나 타자로부터 사회로부터
배제되기를 바라지 않기 때문이다. 일탈이란 자
신의 욕구와 사회의 질서가 일으키는 갈등 속에
서, 전자가 후자를 압도할 때 일어난다. 개인의
욕구가 무조건 이기적인 것도, 사회의 질서가 무
조건 정당한 것도 아니다. 옳고 그름을 판단하기 이전에, 일탈행위는 단지 일탈행위일
뿐이다.

(1)일탈의 개념

우리는 누구나 일탈 행동을 꿈꾼다. 평범한 일상이 반복될 때, 일상에

대한 불만 등 여러 가지 원인으로 일탈 행동은 일어날 수 있다. 그러나 대부분의 사람들은 그것을 행동으로 옮기지 않는다. 그러나 행동으로 옮기지 않는다고 해서 일탈 행동에 대해 간과할 수는 없다. 행동으로 옮기지 않는 사람들도 일탈 행동의 충동을 느꼈다면 언제나 일탈 행동을 할 수 있기 때문이다. 설사, 그것을 행동으로 옮기지 않더라도 정신적인 스트레스로 작용할 수 있다.

일탈(deviance)은 또는 일딜행동(deviant behavior)은 인간행위의 한 유형으로서 사전적으로 정상적인 궤도를 벗어나고 빗나간 상태, 정해진 영역 또는 본래의 목적이나 사상, 규범, 조직 따위로부터 빠져 벗어남을 의미한다. 사회학적으로 일탈은 사회질서 유지를 위해 마련된 여러 사회적 장치들을 어기는 행위를 일컫는다.

어느 사회나 그 존속을 위하여 제도화되거나, 또는 제도화되지는 않았다 하더라도 사회적으로 강제되고 있는 행동의 규범의 체계를 가지고 있고, 이 체계에서 벗어날 경우, 그 사회는 집단적으로 이에 제재를 가하게 된다. 이 규범 체계에서 벗어난 사람은 일탈 행위자로 규정되고, 규범에서 벗어난 행동은 일탈 행위로 지칭된다.

(2)일탈의 요인

일탈행동의 원인에 관한 이론은 다양하다. 다른 행동과 마찬가지로 학습됨으로써 일어난다는 문화적 전파이론, 사회의 목표와 그 목표를 달성할 수 있는 합법적인 수단이 결여되어 있을 때 일탈 행동이 일어난다는 구조적 긴장이론 또는 아노미 이론, 인간은 합리적 선택을 하는 인간이라는 가정 하에 일탈로 인한 손해보다 이익이 많다고 생각할 때 일탈한다는 사회통제이론, 갈등은 사회의 본질적 속성으로 가정하고 사회적으로 다른 이해관계를 가지고 대립하면서 발생되는 경쟁과 불평등이 일탈을 가져온다는 갈등이론, 일탈은 본질적 특성이 아니라 사회적으로 정의된 것으로 보고, 그 사회가 어떤 행동을 일탈이라고 낙인함으로써 일탈행동이 발생된다는 낙인이론 혹은 사회반응이론 등이 있다.

사회적 규범에서 일탈한 행동. 그런데 사회적 규범은 극히 다양하여 문화에 따라서 다르고, 같은 문화라도 시대에 따라서 다르며 하위문화에 따라서 다를 수도 있다. 범죄 · 비행 · 마약 · 매춘 · 폭행, 속어 · 비어 · 은어의 사용, 신(神)에 대한 모독, 정치 · 경제에 대한 과격한 언동 등이 여기에 포함된다. 일탈행동은 사회적 규범의 규정방법에 따라서 상대적인 뜻을 갖는다.

일탈자란, 일탈행동양식을 취하고 정도가 강한 일탈행동을 하거나, 또는 정도는 가볍지만 되풀이하여 사회적 허용한계를 넘음으로써 사회, 또는 집단으로부터 일탈자라는 낙인이 찍히게 된 사람을 말한다. 레머트(E. M. Lemert)는 일탈을 개인적 일탈 · 상황적 일탈 · 집단적 일탈 등 세 가지 유형으로 나누었고[80] 머튼(R. K. Merton)은 문화적 목표 및 제도화 수단의 수용여부에 따라 동조형(Conformity), 혁신형(Innovation), 의식형(Ritualism), 퇴행형(Retreatism), 반항형(Rebellion) 등 5개의 유형으로 나누었다.[81]

상징적 상호작용론자들의 일탈에 관한 개념은 행위에 내재된 속성뿐만 아니라 그 행위가 사회적으로 정의되고 취급되는 방식까지도 강조하고 있다. 이들에 따르면, 일탈은 사람들이 규칙들을 만든 결과의 정도나 일탈을 구성하는 위반의 정도에 달려 있다고 한다. 즉, 일탈은 특정 형태의 법

---

80)Lemert, E. M. (1974). Beyond Mead: The societal reaction to deviance. Social Problems, 21, (4), 457-68.

81)Robert Merton, 1985, George Sarton: Episodic Reflections by an Unruly Apprentice, Isis, vol. 76, pp. 470-486.

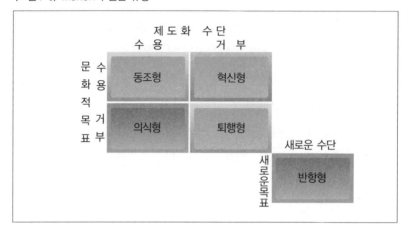

〈그림4-5〉 Merton의 일탈 유형

이나 다른 금기들의 산물이며, 그러한 것들이 적용되고 강제되는 방식의 결과가 일탈이다. 그러나 일탈은 단순히 규칙들의 산물만은 아니다. 왜냐하면 어떤 형태의 행위들은 사회통제 기관들의 주의를 요하는 것으로 선택되어지지만, 반면에 많은 다른 형태의 행위들은 그렇지 않다.

특정 형태의 행위에 대해서 무언가 조치가 취해져야만 한다는 집합관념(collective sense)을 일으키는 것은 기존 사회질서에 대한 위협감이다. 이 질서는 규범적 용어들로 규정되며, 그리고 사회질서에 대한 규정과 사회질서에 대한 위협을 구성하는 것에 대한 규정은 정치적 용어들로 구성되어진다. 일탈에 대한 정의(규정)는 권력분배의 결과 또는 어떤 행동들을 일탈로 규정할 수 있는 가능성의 결과이다.

(3)일탈의 기능

일반적으로 사람들은 자신이 소속된 조직이나 집단 및 사회가 요구하는 규범의 틀에 맞추어 행동한다. 그러나 사회구성원들의 모든 행동이 항상 규범에 동조하는 것은 아니다. 동조하는 행동도 있고 규범의 틀을 벗어나는 행동도 있다. 그러나 누가 언제 어디서 어떤 관점으로 보느냐에 따라 일탈에 대한 개념이 달라질 수 있어 논쟁이 끊이지 않는다.

사람들은 일탈은 행위 그 자체뿐만 아니라 그 행위를 행한 행위자에 대해서도 의미를 부여한다. 대체로 일탈 그 자체를 부정적인 기능을 갖고 있는 것으로 간주하며, 나아가 어떤 형태의 일탈행위를 한 사람 역시 부정적인 속성(essence)을 가진 사람으로 생각하는 경향이 있다. 그러나 모든 일탈이 부정적으로 기능하는 것은 아니다. 물론 일탈이 사회규범을 어기는 것이라는 점에서는 전체 사회나 조직의 통합을 저해하는 부정적 기능을 갖는다. 구성원들이 사회나 조직이 기대하는 바에 동조하지 않으면 질서가 파괴되는 결과를 초래하여 그 사회와 조직은 유지되기 어렵다.

그러나 일탈이 이처럼 부정적 기능만이 아니라 긍정적 기능도 갖고 있다. 모든 사회구성원이 사회규범에 완전히 동조한다면 혁신을 통한 사회발전은 기대하기 어렵다. 사회변화를 주도한 사람들은 당시 관점에서는 모두 일탈자였다. 일탈은 변화를 촉진하는 긍정적 기능을 수행한다. 지나치게 동조가 강조되는 사회에서는 창의력이 억제되고 새로운 것은 배척되며 권태감과 체념으로 무기력하고 단조로운 생활이 야기된다. 일탈은 문제가 있는 조직과 사회를 환기시키고 헌신하는 촉매재가 되기도 한다.

동시에 일탈은 역설적으로 구성원들의 위기의식을 일으켜 사회를 응집시키고 통합하는 기능도 한다. 규칙에 대한 동조를 집착하여 일탈에 대한 관용수준이 낮으면 그 집단은 도태될 가능성이 높다. 일탈이 많이 일어난 다는 것은 그 만큼 사회에 문제가 있다는 것을 의미하기도 한다.

한편 사회학자들은 일탈 행동은 행동 그 자체가 갖는 내재적 특성에 의해 규정되는 것이 아니라, 그 행동의 발생 상황에 따라 판단된다고 생각한다. 문화의 상대성은 일탈 행동을 보는 눈에도 적용된다. 즉 문화의 차이가 일탈 여부를 결정지을 수 있다. 몇 년 전 미국에 이민 간 교포가 백인 어린아이이가 귀엽다고 한국에서처럼 "고추 한 번 보자"며 장난을 걸었다가 고발을 당해 체포된 사건이 있었다. 문화적 차이에서 오는 일탈인 것이다.

그러나 지금은 한국에서도 그렇게 하면 성추행의 문제로 비화될 수 있다. 이와 반대로 필자는 고등학교 때 교회에서 기타를 쳤다가 혼이 난 적이 있다. 그러나 지금은 전혀 문제가 되지 않고 오히려 예배를 돕는 수단으로 애용되고 있다. 이는 시대가치에 따라 일탈이 되기도 하고 되지 않기도 하는 것이다.

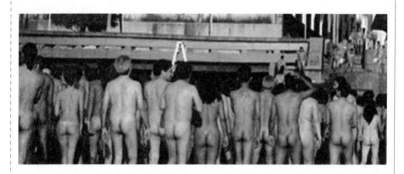

장소에 따라서도 일탈의 기준이 달라진다. 예를 들어, 비키니 차림의 젊은 여자가 한여름 바닷가 모래밭을 거닐고 있는 행위는 극히 자연스럽고 정상적이지만, 같은 여자가 동일한 차림으로 서울의 종로 거리를 활보하고 다닌다면, 우리는 모두 이 행동을 자연스럽다기보다는 일탈로 생각하게 될 것이다. 따라서 일탈이란 상대적 개념으로서 때와 장소, 행위자와 관찰자의 관점 등에 따라 달라질 수 있어 사회적 갈등의 원인이 된다.

3. 경쟁과 협동

"하늘을 나는 저 새를 보시오. 왼쪽 날개가 있고, 그것이 오른쪽 날개만큼 크기 때문에 저렇게 멋있게 날 수 있는 것이오. 인간보다 못한 금수의 하나인 새들조차 왼쪽 날개와 오른쪽 날개를 아울러 가지고 시원스럽게 하늘을 날고 있지 않은

가? 그것이 우주와 생물의 생존의 원리가 아닐까?" 이영희 교수의 '새는 좌우의 날개로 난다'의 한 구절이다.

경쟁과 협동이라는 양 날개에 의지하여 살아가는 인간은 언제나 갈등을 하기 마련이다. 서로 협동하기 위해 노력을 하다가도 결국은 각자의 입장이나 견해, 이해관계 따위에서 불화, 충돌이 일어나는 갈등을 겪게 된다. 배신과 무임승차 등의 문제만이 아니라 근원적으로 인간은 자기 지향적인 합리적 존재이며 집중된 이해관계가 분산된 이해관계를 지배하기 때문이다.

1)경쟁의 관계

(1)경쟁의 원리

인간은 늘 경쟁하면서 협동 관계를 만들어 낸다. 분명한 것은 개인이 경쟁과 협력 어느 것을 택하든 사회 전체로 볼 때 손해보다 이익이 커야 한다는 점이다. 여기서 우리는 협동 사비주의에 빠져 협동을 찬양하기 전

---

82)Matt Ridley, 1998, The Origins of Virtue, Author(s) of Review: Robin Dunbar International Affairs
(Royal Institute of International Affairs 1944-), Vol. 74, No. 1 (Jan., 1998), pp. 208-209; Matt Ridley,

제4장 I 길항적 인간 _**217**

에 협동이 무엇으로 시작되는지를 알아야 한다. 모든 종류의 원숭이 사회에서 협동은 오로지 경쟁과 공격행위를 위한 것이다. 수컷 원숭이에게 협동이란 싸움에 이기는 수단이다. 원숭이들이 협동하고 연대하는 모습을 관찰하려면 그들이 서로 싸울 때를 기다리는 것이 가장 확실하다. 협동은 이기적 목적을 달성하기 위해 진화되었다. 협동은 원래 미덕을 위해서가 아니라 이기적 목적을 달성하는 수단으로 쓰였다.[82]

많은 사람들은 삶을 그리고 시장을 지나치게 낭만적으로 바라본다. 화려한 수사나 아름다운 말이나 글로 삶과 시장을 장식할 수 있을지 모르지만 결국 세상사는 생존과 번영을 향한 전쟁터라는 면을 애써 외면할 수 없다.

종이나 조직이나 국가나 간에 치열한 생존 경쟁의 장에 노출되어 있다. 살아가는 것, 활동하는 것은 곧바로 경쟁을 뜻한다고 보면 된다. 공격당한 종이 공격한 종에 적절히 대응하지 못하면 패배를 인정하고 이후에 따르는 모든 치욕과 불편함을 감수할 수밖에 없다. [83]

생물학 분야에서 구소련 과학자 가우스가 실험을 통해서 얻은 결론은

1997, The Origins of Virtue. New York: Viking. p. 295
83) 공병호, 2004, 〈칼럼〉 가우스 법칙. http://www.gong.co.kr/
84) Gause, G. F. 1934, The struggle for existence. Baltimore, MD: Williams & Wilkins.;
     http://en.wikipedia.org/wiki/Competitive_exclusion_principle

경쟁하는 두 개의 종(種)은 자원이 제한된 조건 아래서 무기한 같이 살지 못하고 또 같은 방식으로 환경과 상호작용할 수 없다는 것이다.

즉 같은 생태적 지위를 놓고 벌이는 종(種)들 사이의 경쟁으로 한 종은 살아남고 다른 종은 죽게 되는데 이는 공유하는 자원, 즉 먹이나 서식 가능한 공간 등에 대해서 각 종(種)이 서로 차지하려고 하기 때문이다. 이를 가우스의 원칙(Gause's principle) 또는 경쟁배타의 법칙(principle of competitive exclusion)이라고도 한다.[84]

따라서 경쟁에서 생존하는 방법은 가우스의 원리에 따라 타자와 차별화하는 것이다.

소위 가우스의 '차별화에 의한 생존원리(Principle of Survival by Differentiation)'에 입각하는 것이다. 차별화는 공존이 가능한 경쟁력이다. 따라서 개인이든 조직이든 생존하기 위해서는 자신과 조직이 다른 존재와 차별화되어야 한다는 것이다.[85]

1920년대에 정립된 미국 노스(Nourse) 교수의 경쟁척도이론(competitive yardstick theory)[86]은 상황, 대상, 행위자에 따라 어떻게 행동하는지를 설명해 준다. 즉 인간은 자신의 경제적 행위에 대한 결과에 대한 수지타산을 예상하고 미리 합리적으로, 이익이 되는 행동을 취한다는 것이다. 동시에

85)H. Christopher Peterson 1*, Bruce L. Anderson 2

86)Nourse, Edwin G., 1922, 'The Economic Philosophy of Cooperation,' American Economic Review, 12, December 1922.

87)Fulton, M.E. and L. Hammond Ketilson. 1992. 'The role of cooperatives in communities: Examples from Saskatchewan.' Journal of Agricultural Cooperation 7: 15-42.; 노즈는 협동조합이 제한된 범위에서 시장활동을 지배할 수 있도록 조직될 수 있고, 조합원들이 시장유통구조를 지배하는 일반기업의 행위를 측정함으로써 잣대 역할을 수행할 수 있다고 주장하였다. 이러한 시장의 견제와 균형 기능으로 일반기업을 배제하고 이들로 하여금 더욱 치열한 경쟁 상태에 놓이도록 하였다. 만일 시장이 협동조합의 역할로 인하여 더욱 경쟁적이 된다면, 경제학자의 수사적인 말로 표현하면, 협동조합의 역할은 성취되어 존재하지 않게 된다고 주장하였다.

88)http://www.ihkim.pe.kr/speech/kosbi/20051202.html

사람들은 집단 내에서 협동과 경쟁이 모두 가능할 때 경쟁을 선택하는 경향을 갖고 있다.[87] 자원은 유한 하지만 욕구는 무한하다는 명제를 기저로 하여 사람들은 상대적 비교 우위를 도모하여 경쟁을 시도한다.

준거경쟁 (Yardstick Competition)

한국은 지난 20년 동안 경제규모가 크게 팽창했지만 자살률 역시 3.5배나 늘어난 것이다. 잘 살게 되었는데 왜 점점 불행해지는 걸까? 무엇보다 우리가 행복하지 못한 것은 다른 사람과 비교해서 상대적으로 만족하지 못하는 '사회적 허기' 때문이다. 사촌이 땅을 사면 약이 올라 결국 배가 아프게 되는 소위 '카인 콤플렉스'는 배고픈 것은 참아도 배 아픈 것은 참지 못하게 만든다. 물론 빈부격차가 커져서 상대적으로 박탈감을 느끼는 것은 자본주의 사회의 근본적 문제이지만, 상대와 비교해서 약 올리거나 약 오르는 소위 '약 올리는 사회' 풍토는 더욱 심각한 병리적 현상이다.

삼성경제연구소는 우리 한국인의 의식을 분석한 '한국종합사회조사' 결과를 발표했다. 흥미로운 것은 다른 나라 사람들과 달리 한국인의 경우 남보다 잘 산다고 느껴야 만족한다는 것이다.

그래서 소득 수준이 높을수록 삶의 만족도가 올라가는 미국인들과 달리 우리 한국인의 경우는 소득 수준이 삶의 만족도에 크게 영향을 미치지 않는 것으로 나타났다. 높은 소득이 삶의 높은 만족으로 연결되지 않는 것은, 자신의 소득을 남과 비교하여 '아직도 배가 고픈' 사회적 허기 때문이다.

한편 경쟁은 대체로 유인과 징벌(incentive & penalty)의 원칙에 의해 촉진된다. 시장경제는 경쟁원리에 서 있고 경쟁원리의 핵심적 요소는 바로 이 '유인과 징벌'의 원칙이다. 즉 승자에게는 보상이 패자에게는 벌칙이 돌아가는 원리가 경쟁을 촉진시킨다는 것이다.

어느 사회 어느 시대를 막론하고 경쟁을 배제할 수는 없다. 집단이 있으면 집단 내에서 경쟁이 있기 마련이며, 승자에게는 응분의 보상이 주어지고 패자는 도태된다. 유인과 징벌에 의한 경쟁의 촉진은 사회발전을 위한 효력이 되는 것도 사실이다.

그러나 유인과 징벌에 의한 경쟁 촉진은 계층 간, 세대 간의 갈등을 야기하고 배제와 차별로 인한 많은 부작용을 수반하기도 한다.

유인과 징벌(incentive & penalty)의 원리

기독교인이 아니더라도 신약성서 마태복음의 '달란트의 비유'를 모르는 사람은 드물다. 어떤 사람이 세 사람의 하인에게 차례로 금 다섯 달란트, 두 달란트, 한 달란트를 맡기고 타국으로 여행을 떠난다. 여행에서 돌아온 주인이 이들과 결산을 한다. 다섯 달란트 받은 하인은 이를 밑천으로 다섯 달란트를 더 벌었고 두 달란트 받은 하인도 비슷하게 또 두 달란트를 남겼다. 주인은 이 두 하인을 향해 극구 칭찬한다. 그러나 한 달란트 받은 하인은 이것을 그냥 묵혀 두었다가 그대로 주인에게 바친다. 주인은 격노하면서 그 한 달란트마저 빼앗아 이미 열 달란트를 가진 자에게 더하여 준다.

이 비유는 경제와 관련되는 이런 수많은 성경 구절 중에서 자본주의와 시장경제 원리의 핵심적 요소를 가장 잘 나타내 주고 있다. 받은 것을 제대로 활용하지 않은 게으름은 꾸중의 대상이 되어야겠지만 그래도 가장 적게 가진 사람은 동정을 받고 균형 차원의 사후적 배분을 받는 것이 상식이고 대개의 사람이 상상하는 천국의 모습일 것이다. 그런데 이 비유는 전연 다르다. 동정이나 사후적 배분은커녕 그나마 가진 것도 빼앗기고 그 중에서도 가장 많이 가진 사람이 이것을 더해서 가진다. 모든 과정과 결과에 적용되고 있는 엄격한 '유인과 징벌(incentive & penalty)의 원칙'에 특히 주목할 필요가 있다.[88]

(2) 경쟁의 한계

오늘날 최고의 시대적 화두는 '경쟁력'이다. 치열한 적자생존의 사회구조 속에서 살아남기 위한 최대의 무기는 바로 '경쟁력'이며, 경쟁에서 패배하는 것은 곧 죽음을 뜻하는 것과 같다.  이러한 현상은 단지 우리나라에만 해당되는 것이 아니라 전 지구적으로 나타나는 현상이다. 과연 생존을 위한 경쟁력만이 절대 절명의 과제인가?

이에 대하여 리스본 그룹은 세계화라는 대세 속에서 극한으로 치닫는 경쟁이데올로기가 과연 인류의 미래를 행복하게 할 수 있을 것인가에 대한 문제제기를 포함한 연구 보고서를 출간하였다.[89] 이 보고서에 의하면 원래 '경쟁' 이라는 단어의 라틴어 어원은 최선의 결론을 얻기 위해 '함께 추구하다' 는 의미를 갖고 있다고 한다. 경쟁의 논리가 기술의 진보와 생산성 향상에 크게 기여했음은 부인할 수 없다. 인간의 욕구 수준을 계속 높여감으로써 새로운 진보와 창조를 가능케 한 것이다.

정치적인 측면에서도 경쟁 심리는 민주주의 발전의 핵심적인 동인(動因)이었다. 정치적 의지를 관철시키려는 이익집단 또는 정당 간의 치열한 경쟁을 통해 민주주의가 뿌리내릴 수 있었다. 그러나 오늘날 경쟁은 어원적 의미와는 달리 변질되어 통용된다. 이제 더 이상 경쟁은 수단이 아니라 그 자체가 하나의 범세계적인 지배 이데올로기가 되었다.

경쟁 논리가 지배하는 사회에서는 승리자와 패배자가 확연히 구분된다. 물론 아무렇게나 경쟁하는 것은 아니다. '게임의 법칙' 이 공정했을 때 패자도 승부의 결과를 받아들이게 된다. 그렇지만 경쟁 사회에서는 '협상' 을 통해 갈등을 해소하거나 타협점을 찾을 여지가 없다. 경쟁에서 상대방을 이기면 된다는 간단한 논리만이 존재할 뿐이다. 경제적인 측면에서 살펴보면, 경쟁이란 곧 상대의 이익을 빼앗는 과정이다.

리스본 보고서는 돌이킬 수 없는 세계화의 흐름을 인정하면서, 이제 인류가 직면한 생태학적, 사회적, 경제적, 정치적 재앙 등 세계적 재앙들을 방지하기 위해 지구촌 차원의 새로운 공동 규범을 만들어야 한다고 역설한다. 이러한 새로운 공동규범에 합의하는 것은 모두가 상생하기 위한 필

89)The Group of Lisbon, 1993, Limits to competitive, Lisbon: Gulbenkian Foundation.
90)Matt Ridley, 앞의 책, p. 238

수조건이다. 이는 '함께 추구한다' 는 경쟁의 원래 어원처럼 최선의 결론
을 얻기 위해 함께 추구하는 노력을 통해 가능할 것이다.

2)협동의 관계

(1)협동의 가치

> 자본의 속성은 경쟁이 아니라 독점이다. 자본주의 사회의 핵심은 적자생존이며 무한
> 경쟁이다. 그 결과는 만인의 만인에 대한 늑대이다. 리들리는 (Matt Ridley) 인간의 탈
> 을 벗고 인간이라는 생물학적 종(種)이 갖고 있는 약점을 직시하라고 강조한다. 코끼리
> 의 사회에는 폐쇄성이 없다. 암컷 코끼리들이 모여 집단을 형성하지만 이들 집단은 서
> 로 경쟁적이거나 적대적이지도 않으며 세력권도 없고 구성원이 일정하지도 않다. 코끼
> 리들은 집단과 집단 사이를 자유롭게 오간다. 인간이 코끼리와 같은 개방 사회를 이루
> 고 살아왔더라도 공격, 폭력, 연합, 정치 따위가 없었을 리는 없겠지만, 적어도 인간 세
> 계는 현재와 같은 집단들의 모자이크 그림이 아니라 수채화가 되기는 했을 것이다. 그
> 랬다면 국경, 집단 안팎의 차별, 전쟁과 같은 것은 존재하지 않았을 것이다.[90]

사전적 의미로 협동(cooperation)이란 두 사람 이상이 상호작용을 하는
과정에서 소기의 목적을 달성하기 위하여 힘과 마음을 합하여 서로 돕는
것을 의미한다. 경쟁(competition)은 한 군집 내에 같이 살고 있는 다른 종
(種) 또는 같은 종 사이에서 자원이 부족할 때, 개체들이 자원을 서로 차지
하려고 하는 것을 의미한다.

그동안 협동보다는 경쟁을 적극 강조해 온 논리는 진화론이다. 진화론
하면 흔히 '적자생존' 즉 경쟁과 도태를 연상한다. 19세기 중반 다윈의

---

91)J. R. 스탠필드, 원용찬 역, 1997, 칼 폴라니의 경제사상, 한울아카데미.

진화론이 나왔을 때 당시 산업 자본가들은 자유 경쟁과 도태를 진화의 원리로 설명한 다윈을 구세주처럼 생각하고 환호했다. 그러나 적자생존이라는 용어는 1850년대에 사회학자 허버트 스펜서가 처음으로 사용한 말이지 다윈이 만든 말이 아니다. 다윈은 적자생존과 자연선택 못지않게 동물 사회의 협동과 공생 같은 상호 의존적인 관계의 발전도 진화의 중요한 원천이라고 생각했다.

인간은 이러한 종적 관련을 맺음과 동시에 횡적으로 동류 개체들과 결합하여 유기적 조직체를 이룸으로써 고차적 개체 형성에 기여하게 된다. 이것이 바로 각종 사회조직이다. 그리고 이러한 사회조직체들을 이루어 나가는 주요 구성양식이 이른바 사회체제라고 할 수 있다.

일반적으로 이러한 사회체제의 구성 원리는 인간이 지닌 기본적 속성 즉 경쟁과 협동 성향에 두고 있다. 이는 근본적으로 개체생명이 지닌 두 상반된 성향 즉 개체 중심적 성향과 생태 중심적 성향에 바탕을 두고 있는 것이다. 그리고 이 속성 가운데 어느 것의 발현을 우선하느냐에 따라 경쟁적 방식을 위주로 하는 경쟁적 체제와 협동적 방식을 위주로 하는 협동적 체제가 존재하게 된다.

협동을 사회적인 사고와 행동의 중심에 두고 경쟁을 효과적인 협동을 위한 하나의 하위개념으로 보는 사회적 의식의 근본적 급반전 없이는 '만인의 만인에 대한 늑대'의 상황에서 벗어날 수 없다. 협력하며 경쟁하는 소위 '더불어 경쟁' 의식(co-competition), 시민사회, 기업, 정부 간에 함께 발전하고 변화하는 소위 '공진화' 의식(co-evolution)이야말로 우리가 추구해야 할 문화의 핵심일 것이다.

(2)협동의 원리

인간사회는 경쟁과 협력이 공존하는 사회(returns Society)이다. 이기적인 이익 추구, 사회적 계급, 성적 질투심이 어떤 사회에나 보편적으로 존재하듯이 인간의 본성에는 상대를 도움으로써 협동 관계를 구축하고 상호 의무를 다 하는 본성이 존재하는 게 분명하다. 물론 개인적

이익 추구도 무시할 수 없다. 이익 추구는 인간의 가장 강력한 욕구이기 때문이다. 만일 협동만 하고 개인의 이익 추구를 무시한다면 무임승차자(free rider)가 많이 생겨 사회가 유지되지 못 한다.

인류학자들은 인간이 협동심을 키워 왔던 것은 과거 인류의 조상이 사냥 몰이를 하거나 농작물을 경작할 때 서로 돕지 않으면 생존에 불리했기 때문이라고 설명한다. 그러나 사회학자들은 서로 돕고 협력하는 것이 사회적 필요성의 산물이라고 주장해 왔다. 인류 역사에서 보면 생산에 있어 경쟁보다는 오히려 협동과 협력이 지배적이었다는 칼 폴라니(K. Polanyi)의 주장도 같은 맥락에 있다.[91]

경쟁과 협력은 표현을 통해서 그 결과를 이끌어 낸다. 갈등상태에 있는 쌍방이 서로 의사를 전달할 수 있는 채널을 갖고 있다는 것은 대체로 갈등

해소에 도움이 된다. 그러나 의사소통은 양날의 칼과 같아서 갈등 해소에 도움이 되기도 하지만, 상호신뢰를 통한 원활한 대화가 아닌 경우 갈등을 증폭시킬 수도 있다. 즉 협동원리(cooperative principle)는 언어에 의한 의사소통이 원활하게 진행되기 위한 몇 가지 조건 중의 하나로, 화자와 청자가 원활한 의사소통을 하기 위해서는 상호 협동적이어야 한다는 원리이다.

협동 원리가 만족되기 위해서는 네 가지 규칙이 지켜져야 한다. ①사실이라고 생각하는 것을 말하는 질에 관한 규칙, ②상대방에게 필요한 만큼만을 전달하는 양에 관한 규칙, ③진행되고 있는 대화와 관련된 내용을 말하는 관련성의 법칙, ④가능한 한 간단하고 명료하게 표현하는 매너의 법칙이 그것이다. 실험결과에서도 의사교환이 허용된 집단은 그렇지 않은 집단보다 더 효과적이었으며 결과적으로 더 많은 자원을 축적할 수 있는 것으로 나타났다.[92]

3)전략적 선택

(1)딜레마의 개념

언제 경쟁하고 언제 협동하는 것이 보다 유익한가? 배신자들로 들끓는 세계에서 소위 맞받아치기(Tit-For-Tat) 전략은 자기와 비슷한 전략을 구사하는 협력자를 만나지 않으면 살아남을 수 없다.[93] 결국 우리는 타인의 행동을 고려해서 자신의 행동 양태를 결정해야 한다. 국가의 정책수립에서부터 기업의 경역전략, 그리고 아이들의 가위바위보 게임에 이르기까

92)Braver, S. L., & Wllson, L. A., 1986, Choices in social dilemmas: Effects of communication within subgroups, Journal of Conflict Resolution, 30, pp. 51~62
93)앞의 책, p35
94)이종범 외 3인, 1994, 딜레마 이론, 나남출판, p.29

지 모두 대안적 가치들 간의 우선순위를 고려하거나 그 중 하나를 선택해야하는 행동이다.

이러한 경우 공통점은 상호간의 행동이 서로에게 영향을 준다는 것이며 소위 게임 상황(game like situation)이 일어난다는 것이다. 이러한 게임 상황에서 어떻게 합리적으로 전략적인 행동을 취해야 하는가? 그런데 대안이나 가치들이 상충될 경우 우순순위를 정하여 하나를 선택한다는 것은 매우 어려운 일이다. 특히 양립할 수 없는 두개의 대안이나 가치가 팽팽히 맞서고 있다면 선택의 어려움이 증폭된다. 양자택일을 피할 수 없는 상황에서 두 가지 선택지 가운데 무엇을 선택할지 망설이는 상황을 딜레마라고 표현한다.

딜레마(dilemma)란 이것을 택할 수도, 저것을 택할 수도 없는 상태에 끼어 있는 진퇴양난의 상황을 말한다. 딜레마의 어원은 그리스어로 '이중의 문제' 라는 뜻이다. 'di' 가 둘, 'lemma' 는 '가설', '전제' 라는 뜻이다. 즉 딜레마란 상충되는 두 개의 가치 또는 대안 중 하나를 반드시 선택해야만 하는 상황에서 어느 하나를 선택함으로써 나타나는 기회손실 때문에 선택이 곤란한 상황이라고 정의할 수 있다. 기회손실이란 하나의 대안을 선택

함으로써 예상되는 어떤 가치의 포기로 비교 불가능성을 전제한 손실이
다. 그러나 기회손실이 있다고 해서 딜레마 상황인 것은 아니다. 가치 간
의 상충성을 둘러싼 충돌의 정도가 임계영역을 넘어서는 상태일 때 딜레
마라고 할 수 있다.[94]

한편 딜레마는 갈등과 유사하지만 기회 손실의 개념이 전제된 갈등이
라고 할 수 있다. 즉 갈등과 딜레마 모두 상호배타적인 가치들이나 대안
들, 행동들 간 또는 가치와 행동 간의 요구가 동시성을 갖게 됨으로써 어
려움을 겪게 되는 심리적 상태로 규정된다. 그러나 갈등상태에 기회손실
의 개념이 포함되면 딜레마가 된다. 동시에 기회손실 개념을 적용하는 경
우, 딜레마에는 당사자 간의 이해상충인 갈등과는 달리 제3자의 이익 개념
이 포함될 수도 있다. 따라서 갈등은 딜레마 현상과 그것을 풀어가는 과정
에서 일어나는 사회 심리적 반응이라고 볼 수 있다.

(2)사회적 딜레마

공유지의 비극

95)Garrett Hardin, (1968), 'The Tragedy of the Commons,' Garrett Hardin, Science,
162(1968):1243-1248.; http://dieoff.org/page95.htm
96)Dawes, R. and Messick, M. (2000). 'Social Dilemmas' International Journal of Psychology, 35

어느 마을에 공동의 목초지가 있었다. 처음에 마을 사람들은 소를 한 마리씩 길렀으나 누군가가 소를 더 놓아기르기 시작했다. 그러자 다른 사람들도 그렇게 했다. 결국 그 목초지는 더 이상 소를 놓아먹일 수 없을 정도로 황폐해졌고 사람들은 하나둘씩 그 마을을 떠나기 시작했다. 하딘(Garrett Hardin)의 공유지비극(tragedy of the commons)[95]은 제한된 공유지에서 개인적 이기심으로 소를 많이 방목함으로써 결과적으로 모두에게 치명적인 비극적 손실을 초래한다는 것을 지적하고 있다. 지하자원, 초원, 물, 공기 등과 같이 공동체의 모두가 사용해야 할 자원이 사적 이익 추구에 의해 고갈되고 결국 사회 전체의 생존을 위협할 수 있음을 보여 준다.

사회적 딜레마(social dilemma)란 개인적 합리성에 기초한 개인의 행동이 사회적 합리성을 가져오지 못하게 되는 상황을 말한다. 즉 사회 전체적으로 볼 때 공유재의 효과적 사용을 위해서는 개인들이 적정수준 이상의 공공재 사용을 자제하여야 하나, 사익을 극대화하려는 개인들의 합리적 결정이 결국 사회 전체적인 면에서 최적성(social optimality)을 달성하지 못하게 하는 상황을 말한다.[96] 예컨대 모든 공장들이 공해물질 배출을 방지하는 시설에 투자를 한다면 모든 사람들의 삶의 질이 높아질 것이다.

그러나 한 공장에서만 투자하지 않으면 개인적으로 투자하지 않은 만큼 이익을 얻게 될 것이다. 모두가 선한 사람일 경우 오히려 악인이 득을 보게 된다. 그러나 이러한 합리적 선택을 모두가 한다면 공멸에 이르게 된다. 즉 배신, 무임승차 등 이기적 행동이 개인적인 이득을 가져 오는 반면에 결국 공동의 파멸을 자초할 수 있는 상황을 야기하는 것이다.[97]

〈그림4-6〉과 같이 협동을 하게 되면 모두 이익을 얻지만 배신을 하게 되

(2), 111-116.; http://en.wikipedia.org/wiki/Social_dilemma

97)http://perspicuity.net/sd/sd-games.html; Social Dilemma Games and Puzzles By Leon Felkins, written 3/10/96.

98)앞의 책, p35

99)Rapaport, A. (1973), Experimental games and their uses in psychology, Morristown, N.J: General

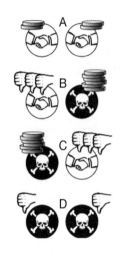

〈그림4-6〉 딜레마 모형

면 배신자가 이익을 얻게 된다. A의 경우 행위자가 협동을 하게 되면 공생(win-win)을 이루게 된다. 그러나 B와 C의 경우처럼 어느 한편이 배신을 하게 되면 배신한 편이 이익을 취하게 된다. D의 경우처럼 행위자 모두 서로 배신하게 되면 공멸(lose-lose)하게 되는 것이다. 이 딜레마 모형은 왜 협동을 해야 하는지를 설명해 줄 뿐만 아니라 왜 악인이 선인을 이기는지를 보여 주는 것이기도 하다. 결국 협동에는 협동으로, 배신에는 배신으로 맞받아치기(Tit-For-Tat)를 해야 한다는 것이 된다. 배신자들로 들끓는 세계에서 자기와 비슷한 전략을 구사하는 협력자를 만나지 않으면 살아남을 수 없다.[98]

이러한 개인 간 또는 집단 간 협동 관계에서의 배신행위는 공공재에 있어서 무임승차(free-ride)의 문제가 된다. 사람들은 합리적 존재로서 가능한 한 적게 투입해 산출은 극대화하려고 한다. 이 때 전혀 기여하지 않고 편익을 누리는 가장 합리적인 행동은 무임승차이다. 그러나 문제는 모든 사람들이 합리적 행동을 한다면 상황은 달라진다. 즉 모든 사람이 가장 합리적 선택을 한다면 그 선택은 가장 비합리적인 선택이 되는 것이다.

예컨대 대학에서 공동연구 과제를 수행할 경우 연구결과물에 따라 동일한 성적을 받게 된다. 따라서 각 성원들의 공헌이 클수록 모두 좋은 성적을 받게 될 것이다. 그러나 많은 경우, 기여도와 관계없이 구성원 모두 동일한 성적을 받게 되므로 아무런 기여를 하지 않고 무임승차하려는 배신자가 발생한다. 물론 이 배신자는 기여하지 않고 좋은 성적을 받게 된다. 그런데 모두가 무임승차를 하려고 시도한다면 그 과제는 실패하고 말 것이다.

마찬가지로 만일 공공재가 비용을 부담하지 않는 사람에게도 이익이 갈 수 있는 것이면 사람들은 공공재의 비용을 부담하는 것보다 무임승차를 선택하는 것이 유리하다고 생각할 것이다. 그러나 모든 사람이 이처럼 행동한다면, 결국은 비용조달이 불가능하게 되어 공공재의 생산은 중단되고 만다. 이것은 모두가 비용부담에 응하여 공공재를 생산하는 경우보다 열악한 상황인 것이다.

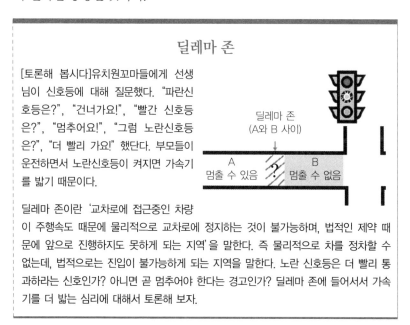

딜레마 존

[토론해 봅시다]유치원꼬마들에게 선생님이 신호등에 대해 질문했다. "파란신호등은?", "건너가요!", "빨간 신호등은?", "멈추어요!", "그럼 노란신호등은?", "더 빨리 가요!" 했단다. 부모들이 운전하면서 노란신호등이 켜지면 가속기를 밟기 때문이다.

딜레마 존 (A와 B 사이)

A 멈출 수 있음
B 멈출 수 없음

딜레마 존이란 '교차로에 접근중인 차량이 주행속도 때문에 물리적으로 교차로에 정지하는 것이 불가능하며, 법적인 제약 때문에 앞으로 진행하지도 못하게 되는 지역'을 말한다. 즉 물리적으로 차를 정차할 수 없는데, 법적으로는 진입이 불가능하게 되는 지역을 말한다. 노란 신호등은 더 빨리 통과하라는 신호인가? 아니면 곧 멈추어야 한다는 경고인가? 딜레마 존에 들어서서 가속기를 더 밟는 심리에 대해서 토론해 보자.

(3)수인의 딜레마

게임이론은 복잡한 상황을 극도로 단순화 시켜 두 사람 간의 전략적 행동 선택을 제시하고 각자의 행동 선택과 그 선택에 영향을 주는 상황변수의 관계를 분석하는 이론이다. 여기에는 어떤 상황에서이든 행위자는 자신의 이익을 최대화하고 손실을 최소화하려는 합리적인 행동을 한다는

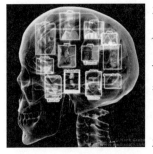

것을 가정하고 있다. 특히 행위자의 관계가 상호 의존적이므로 각자에게 가장 유익한 행위는 한 쪽의 일방적 선택에 의한 것이 아니라 쌍방 간의 선택에 의해 결정된다.

전략적 행동 선택을 분석하기 위해 여러 가지 게임이 개발되었지만 가장 많이 쓰이는 것은 수인의 딜레마이다. 즉 두 사람의 피의자가 있는데 쌍방이 묵비권을 행사하여 자백하지 않으면 똑같이 1년, 한쪽이 자백하고 다른 쪽이 자백하지 않으면 전자는 석방되고 후자는 10년, 쌍방이 자백하면 다같이 5년을 복역하게 된다고 가정한 다. 만약 쌍방이 협력하여 자백하지 않으면 쌍방에게 명백한 이익이 존재함에도 불구하고, 최악의 사태를 피하기 위해 결국은 쌍방이 모두 자백하는 것과 같은 상황을 '수인의 딜레마(prisoner's dilemma)'라고 한다.[99)]

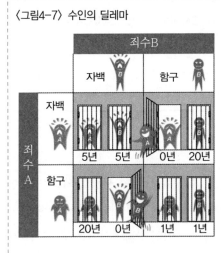

〈그림4-7〉 수인의 딜레마

수인의 딜레마는 죄수 두 사람이 체포되어 각각 신문을 받는다는 가설적 상황에서 나온 것이다. 여죄에 대하여 두 사람이 다 입을 열지 않으면 형기는 1년, 한 사람이 협조하면 그는 석방이 되지만 상대는 20년형을 산다. 두 사람 다 자백하면 형기는 5년이다.

따라서 두 사람이 택해야 할 행동은 어느 것이 가장 좋은가의 문제다. 관건은 상호 신뢰에 있다. 수인의 딜레마는 단기적으로는 배신이 이익이지만 장기적으로는 '배신'보다는 '협조'를 택하는 편이 유리함을 증명하였다.

게임을 반복하여 행위자들의 전략
적 대응을 통하여 성공을 분석한 결과,
수인의 딜레마 게임이 주는 교훈은,

첫째, 먼저 경쟁적 선택을 하지 말
라는 것이다.

배반은 당장은 유망해 보이지만 결
국 장기적으로는 성공에 필요한 신뢰
를 파괴하여 손실이라는 것이다.

둘째, 선하게 행동하되 배반에 대해
서는 과감하게 응징을 하고 그 다음에는 용서하라는 것이다. 초기에 협동
하다가 경쟁으로 바뀌는 것보다, 경쟁을 하다가 협동으로 바뀐 경우가 더
효과적이기 때문이다.

셋째, 비영합 게임(non zero sum game)[100]인 수인의 딜레마에서 보면,
장기적으로 타인의 성공은 자기 자신의 성공에 꼭 필요한 조건이라는 것
이다. 맞대응(tit-for tat)의 성공은 무승부를 기록하는 것이 최선이기 때문
이다.

그런데 협동과 경쟁 상황에서 맞대응 전략이 가장 합리적인 대응으로
설명되고 있으나 예외일 경우가 있다.

(1)개인의 성격에 따라 서로 협동을 하기로 했다가 배신을 당했을 때 의
기소침한 사람은, 그렇지 않은 사람에 비하여 신뢰감이 급격히 삭감

Learning Press. 1
100)영합 게임(zero sum game)은 한정된 자원에 대하여 쌍방의 이해가 대립하여 한쪽의 이익은
다른 한쪽의 손해가 되는 상황을 의미한다. 예컨대 모든 스포츠 게임이 여기에 해당된다. 그러
나 수인의 딜레마는 한정된 자원을 놓고 경쟁을 하지만 양쪽 모두가 이익을 볼 수 있는 해결책
이 존재하므로 비영합 게임(non zero sum game)에 해당된다.
101)Haley, W. E., & Strickland, B. R. (1986). Interpersonal betrayal and cooperation: Effects on

되면서 극단적으로 경쟁하기 쉽다는 것이다.[101]

(2)협동을 고의적으로 악용하는 경우로서, 자신의 이익을 취하기 위하여 협동을 가장하는 경우 선량한 편에서 손해를 보게 되는 것이다.[102]

(3)귀인의 편향으로 인한 것이다. 자기중심적 편향에 의하여 자신의 협동을 과대평가하고, 상대방의 협동을 과소평가하여 왜곡 대응하는 경향이 있다. 또한 상대의 협동에 대하여 진심이 아닌 유휴한 책략으로 귀인하고 배신으로 맞대응하는 경우도 발생된다.[103]

한편 수인의 딜레마는 다음 세 가지 점에서 사회적 딜레마와는 다르다.[104]

첫째, 죄수의 딜레마에서는 한 편의 경쟁적인 반응에 따라 다른 편이 손해를 보지만 사회적 딜레마는 전체 구성원이 피해를 본다는 점이다.

둘째, 수인의 딜레마에서는 경쟁이 공공연히 일어나지만 사회적 딜레마에서는 경쟁이 익명적으로 일어난다.

셋째, 사회적 딜레마에서 직면하게 되는 것과는 달리 수인의 딜레마에서는 상대방의 행동에 영향을 미칠 수 있다.

즉 게임이 반복적으로 일어나기 때문에 상대방이 취하는 전략에 따라 협동을 선택할 수 있는 것이다.

selfevaluation in depression. Journal of Personality and Social Psychology, 50, 386-391.
102)Koslow, S. (2000). Can the truth hurt? How honest and persuasive advertising can unintentionally lead to increased consumer skepticism. Journal of Consumer Affairs, 34, 245-268.
103)Kathleen D. Vohs & Roy F. Baumeister, 2007, Feeling Duped: Emotional, Motivational, and Cognitive Aspects of Being Exploited, Review of General Psychology, American Psychological Association, Vol. 11, No. 2, 127-141.
104)Dawes Robyn M, John Orbell, Randy Simmons, Alphons van der Kragt, 1986, Organizing groups for collective action, American Political Science Review, 80, pp. 97-103.

날마다 만우절

우리 사회는 365일 거짓말이 판치는 '날마다 만우절' 사회이다. 믿을 말도 믿을 사람도 없다. 요즘 정치권에는 오일게이트라는 해괴한 의혹사건으로 불신의 응어리를 드러내고 있다. 우리 사회를 흔히 불신사회라 한다. 그래서 국민은 정치와 정부를 믿을 수 없고 학생은 스승을 믿을 수 없고 소비자는 생산자와 상인을 믿을 수 없고 아랫사람은 윗사람을 믿으려 하지 않는다.

다른 나라의 사정은 어떠한가? 영국의 여론조사기관 모리(MORI)에 의하면 영국인의 86% 이상이 의사의 말을 믿는다고 한다. 그 다음 교사는 83%가, 성직자는 71%가 신뢰하고 있었다. 영국에서는 보통사람이 하는 말에 대해서도 55%가 믿는다고 했다. 미국의 한 여론조사기관 역시 같은 방식으로 조사한 결과 미국인들은 86%가 교사를 믿고, 성직자는 85%, 의사는 83%, 판사는 79%가 믿는 것으로 나타났다. 보통사람이 하는 말에 대해서도 미국 사람들은 71%가 믿는다고 답해 영국보다 훨씬 더 신뢰도가 높은 것으로 나타났다고 한다.

그러면 우리나라는 어떤가? 공보처가 발표한 자료에 의하면 응답자의 65%가 의사의 말을 믿는다고 하여 가장 높은 신뢰도를 보였으며 다음이 교사 59%, 성직자 58%, 판사 58% 순이었다. 교사, 성직자, 의사, 판사 등이 비교적 높은 신뢰를 받는다는 점은 영국이나 미국과 마찬가지이지만 신뢰도 수준은 현저하게 낮게 나타나고 있다.

특히 정부에 대한 우리 국민의 신뢰도는 외국보다 크게 낮다. 예를 들어 공무원에 대해 미국인들은 70%가 신뢰하지만 우리 국민은 47%만이 신뢰하고, 미국인은 경찰을 75%가 신뢰하지만 우리 국민은 43%만이 신뢰한다. 미국인들은 정치인에 대해 46%가 신뢰하지만 우리나라 국민들은 겨우 17%만이 신뢰한다. 불신이 깊은 사회임을 여실히 보여주는 통계이다.

우리는 높은 경제성장으로 풍요를 누리고 있지만 성숙되지 못한 사회에 살고 있으며, 높은 신뢰 사회로 전진하기는커녕 낮은 신뢰 사회로 후퇴하고 있음을 알 수 있다. 신뢰야말로 21세기에 경제적 번영과 사회적 안정의 필수적인 사회적 자본이라고 강조한 프랜시스 후쿠야마에 의하면 우리는 명백히 낮은 신뢰 사회이며, 신뢰수준이 낮은 사회는 곧 공동체적 연대가 허약하기 때문이다. 이는 곧 성숙된 신뢰 사회를 만들기 위해서는 공동체적 연대 수준을 높여야 한다는 말이 된다.

근래 우리 사회의 화두는 개혁과 혁신이다. 그러나 기대했던 사회개혁은 이루어 지지 않고 도리어 사회 전반에 대한 좌절감과 피로감만 늘어가고 있다. 한 광고회 사의 조사에 의하면 20대 젊은이들 87%가 우리나라에서는 법대로 사는 사람이 손해 본다고 생각하며 성공을 위해서는 능력보다는 편법이 더 중요하며 '돈'이 있는 곳에 '길'이 있다고 생각한다.

왜 이 지경이 되었는가? 그것은 개혁의 방향이 잘못되었기 때문이다. 진정한 개혁은 단지 효율성을 높이려는 수단의 개선이 아니라, 신뢰의 회복에 초점을 두 어야 한다. 진정한 개혁과 혁신은 거짓이 통용되는 왜곡된 풍토를 고치고, 함께 일하고 더불어 살아가는 공동체적 연대수준을 강화하는 것이다.

(이성록 칼럼〈아름다운 세상〉에서 발췌)

5장 집합적 인간

평범한 사람도 환경에 따라 괴물로 돌변할 수도 있다. 2004년 4월 이라크에 주둔 중인 미군 병사가 바그다드 근처 감옥에서 이라크 포로들을 짐승처럼 학대하는 동영상이 폭로되어 온 세계가 경악했다. 그는 인간쓰레기 취급을 받았다. 그를 정신이상자로 보는 사람들이 적지 않았다.

그러나 그는 여느 미국인처럼 정상적인 정신 상태의 소유자로 밝혀졌다. 그를 면접한 스탠퍼드대의 필립 짐바르도(Philip Zimbardo) 교수에 의하면 그는 좋은 남편이자 아버지였으며 부지런하고 애국심과 신앙심이 깊고 친구들도 많은 지극히 평범한 미국 시민이었다고 증언했다. 이 사건은 개인이 특수한 환경에서 집단의식에 의해 전혀 다른 사람으로 돌변하는 사례를 보여준다.

2004년 이 사건 이 후 프린스턴대의 수전 피스크(Susan T. Fiske) 교수 팀은 '사이언스'에 발표한 논문에서, 2만 5,000개의 사회심리학 연구를 분석한 결과 거의 모든 사람이 잘못된 사회적 환경에 처하게 되면 고문 등 흉악한 범죄를 저지를 가능성이 높다고 주장했다.[1]

피스크 교수의 연구는 개인심리학 못지않게 집단심리학이 중요하다는 사실을 일깨워준다. 집단 심리의 본질을 모르고서는 선량한 미군 병사가 이라크 포로를 잔혹하게 고문하는 괴물로 둔갑하고, 평범한 이슬람 청년들이 9 · 11 테러의 자살특공대처럼 목숨을 기꺼이 던지는 까닭을 이해할 수 없기 때문이다.

1)Susan T. Fiske, Lasana T. Harris, Amy J. C. Cuddy, 2004, SOCIAL PSYCHOLOGY: Why Ordinary People Torture Enemy Prisoners, Science 26, Vol. 306(5701), pp. 1482 - 1483.

1. 집합적 실존

인간은 집합적 행위를 하는 존재이다. 인류학자인 홀(Hall 1976)에 의하면 저맥락(low context) 문화권에서는 사람을 맥락에서 떼어내어 보기 때문에 개인은 독립적이다. 하지만 고맥락(high context) 문화권에서 개인은 태어날 때부터 사회에 존재하는 수많은 단서들을 통해 끊임없이 상호이존적이 되도록 유도되기 때문에 집단과 조화로운 어울림을 추구하고 타인과의 관계를 소중하게 여긴다. 집합적 행위를 선호하는 인간의 욕구는 선별된 집단을 만들고 사회·경제적 지위, 정치·종교적 신념 등을 공유하지 않는 타인들을 소외시킨다. 이러한 경향성은 역사적으로 전쟁과 폭력, 억압과 차별, 배제 등을 야기하는 주요한 갈등의 원인 중의 하나가 되어왔다.

1)익명의 인간

⑴기게스의 반지

귀하는 만일 투명 인간이 된다면 가장 먼저 무엇을 해 보고 싶은가? 고대 그리스의 철학자 플라톤의 「국가론」에는 〈기게스의 반지(Ring of Gyges)〉 이야기가 나온다. 순박한 목동 기게스는 기이한 반지를 갖게 된다. 반지를 손가락에 끼고 조금 돌리면 반지를 낀 사람의 모습이 보이지 않게 된다. 요즘 식으로 말하면 투명 인간이 되는 것이다. 순박한 목동에 불과했던 기게스는 반지의 힘을 이용해서 국왕을 죽이고 그 왕비를 부인으로 삼아 새로운 왕으로 등극한다.

기게스의 반지 비유가 시사하는 바는 무엇일까? 플라톤 이래로 기게스의 반지는 처벌받지 않고 불의를 행할 수 있는 자유의 은밀한 비유였다.

기게스의 반지는 양심과 정의의 의무를 면제해 준다. 플라톤도 이 전설을 소개하면서 "가장 의롭지 못한 사람이 더 정의롭게 비친다"고 지적했다.

인간 본성에 비추어 보면 과연 기게스의 반지를 끼고서도 법을 지킬 사람은 얼마나 될까? 만약 내가 기게스의 반지를 갖게 되었다고 할 경우 이때에도 나는 도덕적이어야 할까? 내가 무슨 짓을 하든 처벌받지 않으리라는 것을 아는 경우에도 내가 도덕적이어야 할 이유가 있을까?

우리는 사회적인 존재로서 법이란 울타리 안에 살며, 자의로든 타의로든 공공의 질서와 공존하는 삶의 행복을 위해 개인의 쾌락을 절제하며, 살아간다.

공존의 원칙이나 법률을 어겼을 경우 그에 따른 법률적 처벌이나 사회적 제재의 고통을 피하기 위하여 자신의 욕망을 억누르고, 쾌락을 절제한다면, 익명성이 보장되어 처벌과 비난으로부터 자유롭다면 비상식적이거나 불법적인 행동을 여과 없이 드러낼 수 있다.

특히 경쟁의 시대 속에서 남을 이기고 올라서야 하는 상황에서 사람들은 온갖 수단과 방법을 동원하고 심지어는 편법까지 써가면서 이기려 노력한다.

또한 성숙한 인성을 가진 이가 아니라면 거짓과 술수를 써서라도 상대방을 무너뜨리려 할 것이다. 이런 상황은 쉽게 찾아볼 수 있다. 이러한 상황에서 우리는 도덕적으로 행동할 수 있을까?

어렸을 적에 누구나 한 번쯤은 이런 상상을 해본다. 만약 내가 투명 인간이라면 무엇을 먼저 할까? 현실적으로도 사람들은 투명 인간이 된다고 가정하고 무엇을 가장 먼저 하고 싶으냐는 질문에 대해 대부분의 사람들은 악행을 계획한다. 필자가 대학생들과 자원봉사자들을 대상으로 한 설문에서도 "은행을 털고 싶다, 미운 놈 패 주고 싶다, 여탕에 들어가 보고 싶다" 등의 대답을 하였으며 선행을 말한 사람은 사실상 없었다.

기게스의 반지(Ring of Gyges)를 어떻게 활용하느냐? 이 문제는 개인적으로 볼 때 "개인적인 욕구 충족을 위해 사용하느냐?" 아니면 "보편적 윤리로서 도덕성을 지키겠느냐?" 라는 선택의 문제로 바꿀 수 있을 것이다.

그러므로 수많은 도덕성 단계 중 무엇을 택하느냐 하는 문제는 전적으로 각 개인의 도덕성에 기초한다고 본다. 여기서 개인적 도덕성이라는 것은 상황적, 맥락적인 요구에 의해서 충분히 달라질 수 있는 것이고 따라서 기게스의 반지를 가졌을 때 선택도 그 상황적 요구를 반영하게 될 것이다. 그러나 대부분의 사람들은 자신을 숨길 수 있을 때 무책임해지고, 이기적이 되고, 공격성이 높아지며 법이나 규범도 지키지 않게 된다.

문제는 우리 사회에서 기게스 반지의 위험이 도처에 잠재되어 있다는 것이다. 특히 권력자들에게 각종 법과 제도는 기게스의 반지가 되어 국민을 농락하고 진실을 무력화시킨다. 자신의 대들보 같은 과오는 법으로 감추고, 타자의 경우엔 티끌 같은 과오도 법으로 엄단한다.

보다 더 심각한 문제는 그 반지의 위력에 맛들이면 자연인으로 돌아갈 수 없다는 것이다. 그렇게 대단히 신비롭고 훌륭한 무기, 그리고 무한한 권력과 부를 자유로이 탐할 수 있는 신비한 반지를 포기할 수 없기 때문이다. 그러나 여기에는 인간성을 포기해야 하는 불행이 도사리고 있다. 그리고 이런 반지의 위력이 통하는 사회는 불행한 사회이다.

할로우 맨(Hollow Man)

폭풍우 치는 어느 추운 겨울밤, 영국의 한 시골여관에 수상쩍은 남자가 도착한다. 당시로서는 겨울에 혼자 여행하는 것도 이상하지만, 남자의 얼굴이 온통 붕대로 감겨 있는 건 더욱 기이하다. 음산한 분위기로 시작하는 이 소설은 1897년에 발표된 영국 작가 허버트 조지 웰스의 대표작 「투명 인간」이

다. 소설 속의 주인공은 마시기만 하면 투명 인간이 될 수 있는 약물을 발명하여 시골 마을을 공포의 도가니로 몰아넣는다. 이 소설은 1933년 영화로 만들어졌으며, 이후에도 투명 인간은 육체적 한계에서 벗어나고 싶은 인간의 상상을 자극하며 영화의 인기 소재로 사용되곤 했다. 투명 인간을 소재로 한 영화들이 많이 있지만 최근 개봉된 '할로우 맨'도 그 중 하나이다.

주인공 케인은 투명 인간이 가진 무한한 가능성을 의기양양하게 외쳐댄다. 그러나 막상 투명해졌을 때 그가 하는 일이라고는 여자들을 고문하고 강간하는 것이 고작이다. 케인은 분명 익숙한 유형의 인간이다. 지붕 없는 스포츠카를 몰고 다니는 그는 똑똑한 과학자다. 그는 천재 레오나르도 다빈치를 본받아 잠도 별로 자지 않는다. 잘난 체하는 케인은 주변의 모든 사람들에게 "나는 신, 다시 말해 천재다"라고 자랑하는 인간이다. 대부분의 사람들은 어쩔 수 없이 그의 말을 들어준다. 그들은 케인이 이끄는 프로젝트 팀에 소속된 연구원들이다.

워싱턴 D.C의 지하 비밀기지에서 국방성 자금으로 진행되는 이 프로젝트는 생물을 보이지 않게 만드는 방법을 연구한다. 이들의 프로젝트에서 생물을 보이지 않게 만드는 것은 쉬운 편에 속한다. 문제는 생물을 어떻게 다시 보이게 만들 것인가이다. 케인의 팀은 심술궂은 고릴라 이사벨을 적외선 안경을 써야만 볼 수 있는 상태로 만드는데 성공한다. 그러나 이들은 곧 이사벨을 육안으로 볼 수 있는 상태로 되돌리는 것이 더 어렵다는 사실을 깨닫는다. 혼자 그 방법을 찾은 케인은 상관들에게 아직 연구가 끝나지 않았다고 거짓말을 한다. 그는 자신의 발견이 지루한 실험을 거치기를 원하지 않는다. 그는 직접 실행해 보고 싶어 한다. 케인은 "규칙만 지켜서는 역사를 만들 수 없어! 기회를 잡아야만 역사를 만드는 거지"라고 주장한다. 투명 인간이 아닐 때도 케인은 결코 멋진 남자는 아니었다. 평소에도 악랄하던 케인은 투명 인간이 되자 악의 힘에 완전히 빠져 들고 만다. 그러나 고릴라 이사벨은 최소한 남을 훔쳐보거나 동료들의 몸을 쓰다듬거나 더 나쁜 짓을 저지르지는 않았다.

(2)익명의 폭력성

앞에서 살펴 본 바와 같이 사람들은 정체가 드러나지 않을 때, 즉 익명성이 담보될 때 반사회적 행동을 취할 가능성이 높다. 여러 실험의 결과들은 자기 자신의 정체가 드러나지 않을 때 신체적 및 언어적 적대감을 더 쉽게 드러낸다는 사실을 발견하였다. 특히 짐바르도(Zimbardo)는 몰개성화(deindividuation)를 논의하면서 익명성(anonymity)을 증가시키는 조건들이 평가에 대한 우려를 최소화시켜 주고 따라서 죄의식, 수치 및 공포에 기초되어 있는 통상적 자제를 약화시킨다고 시사해 왔다.[2]

짐바르도는 몰개성화 과정을 상호 관련된 세 가지 성분으로 구분하고 몰개성화 과정에서 익명성이 가장 중요한 변인이라고 보았으며 몰개성화의 결과가 긍정적인 행동을 하게 만들 수도 있다고 보았으나 전체적으로는 폭력, 파괴, 적대행동 등과 같은 반사회적 행동에 보다 강조점을 두었다.

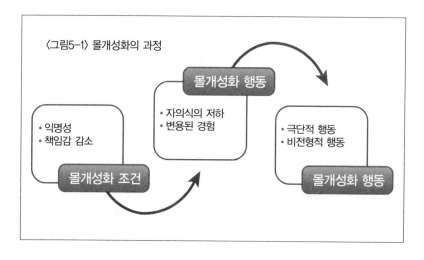

〈그림5-1〉 몰개성화의 과정

2) Zimbardo, P. (1970). The human choice: Individuation, reason, and order versus deindividuation, impulse, and chaos. In W. Arnold & D. Levine (Eds.), Nebraska symposium on motivation, Vol. 17, pp. 237-307.

익명성은 위장복의 착용, 별명의 사용, 안면을 서로 익히지 않는 것, 또는 유사한 사람들로 집단을 구성하는 것 등의 방식으로 달성할 수 있는데, 이러한 방법들은 개인의 정체를 어렵게 만든다는 점에서 공통점을 갖는다. 짐바르도는 다른 여성에게 전기 쇼크를 주는 것이 포함된 실험에서 여성들로 구성된 피험자 집단은 그들이 명찰을 착용하는 등 신분이 드러나는 경우보다, 흰 두건을 쓰는 등 신분이 감추어져 있는 경우가 보다 공격적으로 전기 쇼크를 가한다는 사실을 발견하였다.

이러한 실험은 다른 사람들이 알아보거나 짚어낼 수 없으며 평가하거나 비판 또는 처벌할 수 없다는 사실을 확신한다면 반사회적이거나 공격적인 행동을 보다 쉽게 취한다는 사실을 보여주는 것이다. 익명성으로 초점이 외부 단서들로 이동되게 될 때, 개인적인 자기 인식은 감소됨으로써 자기 자신에 대한 민감성이 사라져 공격적 행동을 스스럼없이 취하는 것이다.

최근 인터넷에서 일어나는 언어폭력의 문제들 역시 익명성 때문이다. 사람들은 익명일 때, 즉 자기의 정체를 숨길 수 있을 때 무책임해지고, 이기적이 되고, 공격성이 높아지며 법이나 규범도 무시하고 폭력적 행동을 일삼는데 바로 인터넷이 그런 공간이라는 것이다. 사이버 공간의 개방성과 평등성이란 특성은 원초적 욕구를 충족하기 아주 좋은 마당이다. 폭력의 결과도 현실 공간에서처럼 법률적으로나 윤리적인 불이익이 오지 않는다. 그래서 리비도와 익명성 그리고 현실세계의 불이익이 없다는 점이 상호 화학작용을 일으켜 폭발적으로 난무하게 되는 것이다.

폭력이란 난폭한 힘을 말한다. 이런 힘을 사용하면서 불법 부당한 방법으로 물리적인 강제력을 행사하는 일이 바로 폭력이다. 일상생활에서 폭력은 다양한 방법으로 표출이 되는데 가장 흔하기는 타인의 신체에 위해

를 가하는 일이다. 몸에 상처가 나도록 행사하는가 하면 살인에까지 이른다. 외관상 이런 모습이 아니더라도 심리적인 폭력도 있다. 무형의 심리 현상이지만 스트레스를 주어 압박하는 일이 바로 심리적인 폭력이다.

폭력이란 어디에서건 존재하는 것이지만 사이버 공간에서 일어나는 폭력은 실제 대상관계가 아니면서 더욱이 현실이 아니면서 어떤 이유 때문에 일어나는 것일까. 폭력의 기본적인 욕구는 정신분석학적으로는 리비도라는 원초적 충동으로부터 시작한다. 사이버 공간에서 폭력이 더욱 난무하는 것은 실제 삶에서 억압하고 제약받는 상황에 비해 훨씬 자유롭기 때문이다.

탈 억제적인 상황은 마치 고삐 풀린 망아지처럼 자유로울 뿐만 아니라 폭력을 행사하더라도 자신이 누구인가 노출되지 않는다. 익명성은 인간의 잠재된 폭력성을 훨씬 자극한다. 그리고 익명성은 또 다른 자신의 분신으로 정체성이 분열된다. 영화 '할로우 맨'과 같이 익명성이 담보되면서 사람들 악랄하고 파괴적으로 변해간다. 처음에는 사소한 장난으로 시작한 악행은 사람을 파멸시키는 지경까지 악화된다.

그들은 처음부터 악한 사람들이 아니다. 얼마 전 임수경 씨의 아들 사망기사에 악의적인 댓글을 달아 검찰에 소환되었던 이들의 대다수가 중년의 점잖은 층이었다고 한다. 그들이 그처럼 돌변한 것도 투명 인간처럼 보이지 않는 인터넷에서의 익명성이 가져온 몰개성화의 결과들이다. 익명성이 강한 가상공간에선 현실공간에서보다 폭력적 성적 자극에 쉽게 긴장하고 또 허상이긴 하지만 그런 자극을 스스로 자극하면서 극치감에 도달하고자 하는 강박성이 폭력을 폭발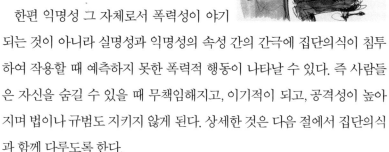
적으로 낳게 만든다. 어떻게 제어하는 방법
은 없을까? 많은 연구자들이 애를 쓰고 있
음에도 불구하고 익명성이 주는 쾌감 때문
에 제어하기가 쉽지 않다.

　한편 익명성 그 자체로서 폭력성이 야기
되는 것이 아니라 실명성과 익명성의 속성 간의 간극에 집단의식이 침투
하여 작용할 때 예측하지 못한 폭력적 행동이 나타날 수 있다. 즉 사람들
은 자신을 숨길 수 있을 때 무책임해지고, 이기적이 되고, 공격성이 높아
지며 법이나 규범도 지키지 않게 된다. 상세한 것은 다음 절에서 집단의식
과 함께 다루도록 한다.

(3)익명성의 딜레마

　사람들은 익명성이 담보되면 억압되어 있던 욕구와 이기심을 드러내기
를 두려워하지 않는다. 많은 사람들이 현대사회의 익명성을 비판하고 있
다. 그러나 현대사회에서 익명성이 주는 이점을 간과하고 있다. 즉 현대
도시사회에서 익명성이 없으면 자신의 생을 살아갈 수 없으며, 익명성은
인간을 위협하는 것이기보다 오히려 해방시켜 주는 현상임을 간과함으로
써 중요한 논점을 상실하고 있다.

　즉 익명성은 수많은 사람들에게 자유의 가능성을 제공하고 사생활을
보장하고 있다. 거대한 도시사회에서 도시는 복잡한 통신망이며 인간은
복잡한 스위치 판에 서 있는 단일부호이며 통신기이다. 도시는 개개인의
선택범위를 확대하기 위한 기구이다. 도시화는 개개인의 선택권을 강화
한다는 점에서 인간의 자유에 공헌한다.

영화관 선택을 예를 들면 인구 1만 명의 도시에서는 한두 개의 영화관으로 선택이 제한되는데 반하여 인구1백만의 도시에서는 수십 개의 영화관 가운데서 하나를 선택할 수 있다. 도시인은 넓은 범위에서 자유롭게 선택할 수 있다. 도시인들은 다양한 선택권, 즉 자유를 갖게 된다.

익명성에 문제점이 있음에도 불구하고, 단순히 모든 사람과 의미 있는 사귐이 없다고 비판하는 것은 익명성과 선택의 제약성을 제대로 이해하지 못함으로 인한 오류이다.

그러나 자유는 항상 자율을 요청한다. 도시인은 더 자주 선택해야 하며 이 선택은 항상 다른 것을 제거하는 것을 의미한다. 도시인은 영화관이 하나뿐인 농촌사람들과는 달리 50개의 영화관 가운데서 하나를 선택해야만 한다. 이는 곧 49개의 영화는 보지 않겠다고 의식적으로 결정함을 뜻한다. 인간관계 분야에서는 이 선택이 더욱 더 요구되고 있다. 도시인은 수많은 사람들과 접촉하게 되지만 한정된 수만을 친구로 선택할 수밖에 없다. 어떤 사람과 친교를 갖기 위해 접촉하는 대부분의 사람들과의 관계는 포기해야만 한다. 소수를 선택하고 나머지 대다수와는 어느 정도 비인격적인 관계를 가질 수밖에 없다.

이러한 비인격적 관계는 전화번호부로서 설명할 수 있다. 사람들은 도시 전체의 전화번호부를 갖고 다니지 않는다. 그 중에서 지극히 일부만을 선택하여 자신의 수첩에 기록해 두고 있다. 그리고 수시로 새로운 이름을 선택하고 많은 이름을 제거해 버린다. 접촉하는 모든 사람과 의미 있는 관계를 유지할 수는 없기 때문이다.

예컨대 나와 자동차 수리공과의 접촉은 거래일 뿐이다. 본질적으로 익명성으로 남아 있다. 나는 그와 다시 만나지 않기를 바란다. 물론 그가 불친절해서가 아니라, 그와 다시 만난다는 것은 내 자동차가 다시 고장 났다는 것과 비싼 비용을 지불해야 한다는 의미이기 때문이다. 그렇다고 수리공과 인간관계가 냉혹하거나 잘못된 것은 아니다. 그것은 다만 본질적으로 그가 익명성으로 남아 있음을 의미한다.

물론 모든 것이 상품화되고 획일화된 사회에서 익명성을 벗어나 이웃과의 유대관계 형성노력은 상실된 인간성을 회복하여 삶의 의미와 보람을 줄 것이다. 그러나 정서적 유대 관계 형성을 위한 개인의 노력은 한계가 있을 수밖에 없다. 현대 사회는 거대한 사회 조직 내에서 표준적으로 획일적인 통제가 이루어지는 사회이며, 보다 근본적으로는 시공간의 제약성을 전제로 개개인은 끊임없이 선택을 해야 하기 때문이다. 비록 개인이 열성적으로 정서적 유대 관계의 형성을 주장하고 또 그것을 실천해 나간다 해도 그것은 소집단 내부의 관계에 국한되기 십상이며, 경우에 따라서는 거대 사회의 대중들로부터 오히려 소외당하게 될 가능성도 있는 것이다.

모든 사람과 의미 있는 관계를 추구하는 것은 곧 모든 사람과 의미 있는 관계를 포기하는 것이다. 이것이 인간의 실존적 딜레마이고 한계이며 동시에 익명성의 딜레마이다.

따라서 복잡화된 거대사회 속에서 도시인들은

더 이상 누구에게나 자신을 열어 둘 수 없다. 또 아무도 그렇게 하기를 원하지 않는다. 현대인들의 타자와의 유용하고 뜻있는 접촉은 사생활을 위하여 제한될 수밖에 없다. 따라서 익명성을 단순히 현대사회의 병리적 현상으로 치부해서는 안 되는 것이다.

2)경계선의 인간

(1)이중적 속성

인간은 왜 개인적 차원의 태도와 집단적 차원의 태도가 다를까? 점잖은 사람들도 예비군복만 입혀 놓으면 철없는 망나니처럼 휘파람 불어대고 아무 곳에나 방뇨를 한다. 군대에서 냉혹해 보이던 상사도 개인적으로 만나보면 따뜻하기 그지없다. 왜 그럴까? 고(故) 박종철 군 고문치사로 우리 사회에 큰 충격을 주었던 경찰관도 집에서는 자상한 아빠이고 성실한 신앙인이었다.

함께 있을 때 두려울 것이 없다! 혼자일 땐 다소곳하고 음전하던 사람도 무리를 짓게 되면 당당해지고 나아가 방자해지고 난폭해진다. 개인적으로 성품이 고운 사람이 집단 속에서는 광폭해질까? 인간은 선과 악의 경계선에 서 있는 실존이다. 경계선의 인간이 집단의식에 따라 어떻게 변하게 되는지에 대한 실험은 짐바르도(Philip Zimbardo) 교수의 소위 '스탠포드 대학 교도소 실험(Stanford Prison Experiment)'이다.

스탠포드대학 교도소 실험

1971년 짐바르도 교수가 주
도하여 실시한 소위 '스탠포드
대학 교도소 실험'은 집단심리
학에서 가장 유명한 실험연구
이다. 그는 대학생들을 죄수와
간수로 나누었다. 누가 죄수가
되고 간수가 될지는 동전을 던
져 무작위로 결정했다. 죄수가 된 학생들은 건물 지하에 임시로 만든 감방으로 들어갔
다. 실험은 2주 동안 진행될 예정이었다. 그러나 6일째 되는 날 실험을 중단하지 않으
면 안 되었다.

실험을 시작한 지 며칠이 지나지 않아 교도관 역할을 맡은 학생들은 거드름을 피우
고 가학적인 태도를 보이기 시작했으며 죄수 역할 학생들의 머리 위해 가방을 올려놓
고 발가벗긴 채 성행위를 연상케 하는 동작을 강요했고, 결국 임시 교도소에서 폭동이
일어났기 때문이다. 죄수 학생들은 감방의 물건을 모조리 내동댕이쳤고, 잠긴 문 저쪽
의 간수 학생들이 어떤 진압작전을 펼칠지 불안해했다. 이윽고 간수들은 소화기를 분
사하며 죄수들을 제압했다. 간수들은 죄수들에게 보복하기 시작했다. 굴욕적인 노동을
시키고 정신적인 고문을 가한 것이다.

스탠퍼드 교도소 실험에 참여한 사람들은 모두 충격을 받았다. 간수 역할을 맡은 학
생들은 죄수들에게 증오심을 갖고 야만적으로 대했던 사실이 스스로 믿기지 않았다.
죄수 역할을 맡은 학생들은 실험 도중에 찾아온 신부더러 부모에게 감금 사실을 알려
보석금으로 빼내줄 것을 부탁했던 일을 떠올리며 경악했다.

짐바르도 교수는 평범한 학생들로 구성된 간수 집단이 6일 만에 빠른 속도로 폭력적
인 행동을 나타내는 것을 보고 두 가지 결론을 얻었다.

첫째, 개인이 집단의 익명성 뒤로 숨을 때는 자제력을 잃고 도덕적 판단 능력을 상실
하기 때문에 집단이란 본질적으로 위험한 것이다.

둘째, 개인이 집단에 들어가서 힘을 갖게 되면 야생 동물처럼 난폭해지고 멋대로 군
다는 것이다. 환경과 맥락에 따라 사람이 얼마든지 악해질 수 있음을 보여 준 충격적인
실험이었다.

(2)루시퍼 효과

루시퍼는 창조주의 속성을 그대로 지닌 훌륭한 존재, 찬란한 인격체로 알려져 있으나 기독교에서 사탄을 지칭하는 말로 쓰인다. 그는 세상이 생겨나기 이전에 지체가 높은 대천사 중의 한 명이었으며 천사장인 미카엘에 이어 두 번째 서열로, 때로는 미카엘보다 높은 지위에 있던 존재로 표현되기도 한다. 루시퍼라는 이름 역시 라틴어의 '빛(lux)을 가져오는 (ferre) 것'에서 나온 말로 '샛별'이란 예쁜 뜻을 지니고 있다.

하지만 그는 하나님의 자리를 차지하고 싶다는 욕망을 품고 반란을 일으키게 되었고, 천사의 삼분의 일이 그를 추종하여 반란에 참여하였다. 결국 루시퍼가 이끄는 일파와 미카엘이 이끄는 일파 간의 전쟁이 일어나고 전쟁에서 패한 루시퍼와 그의 영들은 하늘에서 지상으로 쫓겨나고 말았다. 지고지순한 위치에서 지상으로 쫓겨난 루시퍼는 이에 분을 품고서 하나님과 미카엘의 계획을 방해하기 시작하였는데 그는 뱀의 모습을 빌려 아담과 이브를 유혹하였고 카인의 마음을 악으로 물들였다. 따라서 루시퍼는 훌륭한 인격체이지만 동시에 추악한 모습을 갖고 있는 인간의 이중성을 설명하는 용어로 사용되기도 한다. 루시퍼는 모든 인간의 전형이기도 하다.

1964년 미국을 발칵 뒤집어 놓은 살인사건이 일어났다. 제노비스라는 20대 여성이 야심한 시각 주택가에서 수십 분간에 걸쳐서 비명을 지르며 자신을 죽이려는 정신이상자를 피해 도망 다니다 결국 살해당한 사건이 있었다. 경찰 조사 결과 강간과 살해당하는 장면을 지켜 본 목격자들이 38명이나 있었고, 일부는 자신의 집에 조명까지 켠 채 그 모습을 보고 있었지만, 그 누구도 도움을 주지 않았을 뿐만 아니라 경찰에 신고조차 하지 않았다는 것이다.

1976년 8월 22일 UPI에 따르면, 다음과 같은 일이 벌어졌다. 마약에 취한 열여섯 살짜리 소녀가 손목과 팔에 난도질을 하며 로마 가톨릭 교회의

3)Howard Bloom. , Lucifer Principle-A Scientific Expedition into the Forces of History, 이무연 역, 2002, 루시퍼 원리-역사 원동력에 관한 과학적 분석, 파스칼북스.

제단으로 뛰어들었다. 그 소녀가 면도칼로 목을 찌르자 300명의 군중들은 "계속해라!"고 소리쳤고, 베인 상처에서 너무 많은 피를 흘려 소녀가 기절해 쓰러지자 환호했다고 한다. 하워드 블룸 (Howard Bloom)은 인간의 악(惡)과 집단 광기를 '루시퍼의 원리'로 설명하면서 생물학적, 인류학적 증거에 근거하여, 인간이 본래 이기적인 개인  이 아니라 집단의식에 크게 의존하고 있다고 주장한다.[3] 그는 집단의식이야말로 루시퍼 원리를 떠받치는 원초적인 힘이라면서, 인류가 집단광기의 해악에서 벗어날 수 있는 방법은 수많은 사람들의 정신적인 노력, 과학, 철학, 사회 변혁 운동의 협력을 통해서라고 주장하고 있다.

한편 모의 교도소 실험을 주도했던 짐바르도 역시 2004년에 이 실험에 기초한 연구논문을 발표하였고[4] 2007년에는 「루시퍼 효과(The Lucifer Effect)」라는 책을 펴냈다.[5] 부제는 '선량한 사람이 악인으로 바뀌는 과정의 이해'이다. 루시퍼 효과는 선과 악의 경계선 상에 있는 인간의 실존을 설명해 주는 것이다. 집단의식은 언제든지 경계선을 허물고 개개인의 가치를 무력화하고 돌연한 집합행동을 전염시키는 기제이다.

선과 악의 경계 속에 존재하는 인간! 개인적으로는 선을 지향하면서도 특정 집단 속에서는 개인의 특성과는 상관없이 집단의식에 전염되어 충동적이고 비이성적이며 극단적인 방식으로 행동을 하게 된다. '루시퍼 효과'는 집단 속에서 평범하고 선량한 인간이 과격하고 악의적인 인간으로

4) Zimbardo, P., 2004, A Situationist Perspective on the Psychology of Evil: Understanding How Good People Are Transformed into Perpetrators, in The Social Psychology of Good and Evil: Understanding Our Capacity for Kindness and Cruelty, ed. Arthur Miller, New York: Guilford.
5) Zimbardo, P., 2007, The Lucifer Effect: Understanding How Good People Turn Evil, Random House.

변하게 되는 현상을 설명한다. 짐바르도 교수의 이러한 실험은 영화로 제작되기도 하였다.

한편 짐바르도는 저서 「루시퍼 효과」에서 집단심리의 긍정적인 측면으로 관심을 확대했다. 누구나 괴물이 될 수도 있고 영웅이 될 수도 있다는 것이다. 즉 영웅을 만드는 요인을 분석하면서 인간이 집단의 영향 하에 악행을 일삼는 보편적 성향 못지않게, 패거리의 압력에 저항해서 올바른 일을 하는 보편적 능력도 갖고 있음을 밝혀낸 것이다.

엑스페리먼트(Das Experiment)

사실 영화의 내용은 실제 실험과 상당부분 비슷하다. 영화에서 택시운전사, 신문가판대 주인, 교사 등 평범한 남자 20명은 각각 4000마르크(240만 원)를 받는 대가로 진짜와 똑같은 모의 교도소에서 2주일간 간수와 죄수 노릇을 하게 된다. 연구팀이 정해준 실험의 원칙은 단 한 가지, 폭력 금지뿐이다.

그러나 실험 시작 불과 36시간 만에 죄수와 간수의 힘겨루기 문제가 일어나고 간수들은 힘을 보여주기 위해 죄수들의 옷을 벗기고 모욕을 준다. 간수들을 조롱하던 모의 죄수는 간수들에게 집단 구타당하고 강제 삭발되며 점차 간수들은 권력의 맛을 알기 시작한다. 5일째가 되면서 죄수들은 권력에 완전히 굴복하고 간수의 곤봉에 맞아 1명이 사망하는 사건이 일어난다. 그 이후 통제 불능 상태에 빠지고 모든 것이 엉망진창이 된다.

영화 〈엑스페리먼트〉는 관객이 불편해할 만큼 인간의 본성을 들춰내는데 성공했다. 이 영화는 인간의 권력욕, 힘의 역학관계, 잠재된 폭력성, 사악함 등을 집요하게 파고든다. 모범 항공사 직원에서 곤봉과 호루라기를 갖게 된 뒤 악질 간수로 변하는 베루스라는 인물을 통해 인간의 추악한 면을 보여준다.

나아가 이 영화는 신과 인간의 관계에 대한 철학적인 질문까지 던진다. 영화에서 실험을 통제하며 24시간 관찰하는 박사는 피실험인들에게 '신'과 같은 존재다. 베루스는 지나친 폭력에 두려움을 느낀 동료가 "규칙대로만 해"라고 하자 이렇게 대꾸한다. "주어진 상황에서 반응을 보이는 게 박사님이 정해준 규칙이야!" 이 말은 신이 인간에게 부여한 자유 의지에 대해 한 번쯤 다시 생각하게 한다.

(3)유혹의 실존

말 타면 견마 잡히고 싶다! '디드로 효과'는 원하던 것을 얻고 나서도 또 다른 욕구로 갈급해지고 허전하기만 한 인간의 심리체계를 설명해 준다. 자정이 되면 신데렐라의 파티가 끝나는 것처럼! 허술하기 짝이 없는 인간심리는 인간이 유혹에 전적으로 노출되어 있음을 의미한다.

마케터들은 이러한 욕망의 심리를 꿰뚫어보고 줄기차게 더 많이 더 비싼 소비재를 구입함으로써 빈 가슴을 충만케 하라고 유혹을 한다. 목이 마르다고 바닷물을 마시면 갈증은 더욱 심해진다. 오늘날의 소비재들은 소금물과 같다. 소비재가 주는 만족은 끊임없이 다른 욕망에 의해 대체되는 기만일 뿐이다. 그래서 소비자는 시간이 갈수록 더 많은 소비재와 더 비싼 사치품을 갈망하게 된다. 더 빛나 보이는 자신에 대한 갈망, 이렇게 만족을 모르는 욕망을 소비물로 해결하려고 하면 사치는 영원히 지속될 수밖에 없다.

베블렌효과 (Veblen Effect)

가격이 상승한 소비재의 수요가 증가하는 현상으로 허영심에 의해 수요가 발생하는 효과이다. 미국의 경제학자 베블렌(T.Veblen)이 유한 계급론에서 고소득 유한계급의 과시하고자 하는 소비 행태를 논한 데서 비롯된 것으로, 이는 소비자들이 돋보이고 싶어서 소비하는 경우에 나타난다. 사치품이라는 말이 주는 거부감을 줄이고 소비자들의 선망을 불러일으키기 위해 명품이라는 단어로 남을 지나치게 의식하거나 허영심이 많은 소비자를 현혹한다. 비쌀수록 더 잘 팔린다는 베블렌효과(Veblen Effect)는 익명의 타인에게 자신의 계급을 효과적으로 과시하고 구별하려는 허영심이나 명품을 소비하면 자신이 다른 자아로 변신할 수 있다는 환상 때문에 일어나는 것이다.

사람은 언제든 어떤 유혹이나 암시성에 대해 낚일 준비가 되어 있는 존재이다. 사람들은 언제나 무엇인가를 기대하며 살아가기 때문이다. 그러나 그 기대는 상황의 변화에 따라 항상 변하며 불안감의 의식 속에 감추어져 있다. 때로는 자신도 자기 자신이 무엇을 원하는지 알지 못한다. 그러나 이럴 때 혁신적인 해결을 주장하는 누군가가 나타나면 사람들은 그의 선동에 잘 빠져든다.

인간의 욕망이 강해질수록 '무책임한 지도자(Pied Pipers)' 6) 가 나타나 자신에 대한 동조의 요구도 늘어날 것이다. 인간의 욕망은 혹세무민의 촉

---

6)Pied Pipers: 마을 안의 쥐를 퇴치해 준 사례를 받지 못하자 그 앙갚음으로 마을 아이들을 피리로 꾀어서 감췄다는 독일 전설 속의 인물로서, 무책임한 약속을 하는 지도자를 일컫는다.

매제이며 자신의 삶을 선동자의 놀이터로 제공하는 것이다. 결국 인간의 허술한 욕망은 몰개성화의 과정을 진행시킨다.

인간은 정체성을 상실하고 독립적 개체로서 자기 판단보다 제3자의 평가를 기준으로 삼는다. 옷가지 하나를 살 때에도 타자의 평가를 의식한다. 결국 몰개성화의 인간은 비이성적이며 원초적 본능에 충실해진다.

인간은 타자의 유혹을 기대하는 존재인 동시에 타자를 유혹하는 존재이다. 사람들의 공허한 마음을 읽는 것은 사람의 마음을 낚는 낚시와 같은 것이다. 왜 여성들은 눈동자를 크게 보이려고 노력하는가? 남성들이 그런 눈에 잘 매혹된다는 것을 알고 있기 때문이 아닐까? 어째서 나이트클럽은 조명을 어둡게 하고 음악의 볼륨을 최대로 높일까? 어둠 속에서 동공이 팽창하고, 사람을 흥분하게 하는 심장소리 같은 강한 비트가 아드레날린 분비를 촉진시킨다는 사실을 알기 때문은 아닐까?

유혹은 인간이 인간으로서 살아가는 데 필요한 필수적 요소이다.[7] 때로는 유혹을 하면서 때로는 유혹을 뿌리치면서 고뇌와

고통을 삼키며 행복을 쌓아가는 작은 징검다리와 같은 존재이다. 그러나 유혹은 동서를 막론하고 전통적으로 타락, 속임수, 성적 정복을 함축한 단어이다. 현실의 욕구를 해결하기 어려울 때 악마의 유혹에 넘어가게 되고 급기야는 힘만을 추구하는 괴물 같은 존재로 돌변하게 된다.

유혹에 약한 인간의 본성! 이는 태초부터 전해 내려온 인간의 특성이었다. 기독교 창세신화에서 인류 최초의 유혹자는 이브에게 선악과를 먹게 만든 뱀, 곧 사단이었다. 신이 인간에게 금욕적인 이성과 영혼의 불멸성을 부여했다면 사탄은 지극히 세속적인 것들 즉 동물성과 너무도 향락적인 운명을 부여했다.

천사도 아니요 짐승도 아닌, 그러나 그 두 가지가 합쳐진 것도 아닌 '인간'이라는 영장류는 이성과 자유의지를 따르는 척하지만 결국 동물적 감각을 이용하여 상대를 유혹하고 정복하려 한다.[8]

유혹은 단순한 남녀 간의 이끌림이 아니라 가공된 이미지를 통하여 매력을 위장하고 집단적 동조를 취하려는 기만적 행위이다. 대인(對人) 매력을 가장하는 유혹의 심리 속에는 자신의 결함에 대한 불안감이 내포되어 있다.

에리히 프롬에 따르면 타자에게 호감을 사려는 의도적 행동은 성격적 결함이며 미성숙의 표시일 따름이다. 연애관계에서 소유란 하나의 질병이며 질투는 가장 흔한 성격적 결함이다. 성숙한 개인은 스스로 산소와 양분을 만들어 자급자족하는 지구의 순환처럼 이 세계를 살아가는 사람이다. 오직 나약한 자들만이 칭찬이나 안심을 추구한다는 것이다.

---

7) 파트릭 르무안, 이세진 역, 2005, 유혹의 심리학, 북폴리오
8) 파트릭 르무안, 이세진 역, 2005, 유혹의 심리학, 북폴리오, p. 17.

프랑스의 사회학자 장 보드리야르는 현대사회를 읽는 키워드로 '유혹'을 제시한다. 그만큼 유혹은 정치, 사회, 경제, 문화, 남녀관계 등 도처에서 이루어지고 있다는 말이다. 유혹의 기술은 원래 힘없는 여성들의 전유물이었다. 물리적인 힘이 우세하던 시절, 여성들은 남성들로부터 자신을 보호하고 권력을 얻어내기 위해 유혹의 기술을 활용했다. 그러나 더 이상 물리력만으로는 권력을 얻거나 유지할 수 없게 되면서 점차 남성들도 대중을 유혹하기 위하여 소위 이미지 정치, 감성 마케팅 등과 같이 유혹의 기술에 관심을 가지기 시작하게 된 것이다.

한편 「유혹의 기술」 저자 로버트 그린은 유혹에 잘 넘어가는 유형의 인간들이 있다고 말한다. 좌절된 몽상가나 스타, 요부형이나 바람둥이형에서 '탈락된' 사람들, 응석받이나 철부지, 내숭쟁이, 정복지상주의자, 호기심쟁이, 비극의 주인공이 되는 환상을 지닌 사람, 미인과 교수, 양성애자도 유혹의 희생자가 되기 쉬운 대상으로 분류됐다. 이 밖에 약한 사람을 도우면서 우월감을 느끼는 사람, 방탕자, 우상 숭배자, 감각주의자, 고독한 지도자 등도 유혹에 약한 부류로 분류하고 있다.[9]

그러나 에리히 프롬의 주장은 자가당착에 빠진다. 인간의 행동가운데 알 수 없는 많은 것들이 집단의식에 의해 설명되기 때문이다.[10]

억압, 불안, 절망과 같은 자기 파괴적 미스터리와 종교적 탐닉, 정의에 대한 신념, 나아가 가장 불온한 탐닉인 유혹과 증오심은 모두 집단의식에 뿌리를 두고 있기 때문이다.

인간이 매력 있는 존재로 보이기 위하여 이미지를 가공하여 유혹하고 유혹당하는 것은, 인간은 기본적으로 선하지 않으며 모든 인간관계는 심리게임이라는 사고의 토대 위에 진행되는 몰개성화의 과정이다. 결국 유혹은 일종의 공모(共謀)이며 안심을 추구하기 위하여 사람들을 계속해서 끌어들이며 전달하고 공유하는 집단의식의 오류이다.

9)로버트그린, 강미경 역, 2002, 유혹의 기술, 이마고(주)
10)Howard Bloom, , Lucifer Principle-A Scientific Expedition into the Forces of History, 이무연 역, 2002, 루시퍼 원리-역사 원동력에 관한 과학적 분석, 파스칼북스. pp. 29~30.

이미지 폭력

선거철이 돌아왔다. 이 때쯤이면 우리의 어려운 이웃들은 정치인들로부터 자원봉사 받느라 너무나 힘들어한다. 평소엔 외면하다가, 선거철이면 자원봉사에 대한 기본적인 가치나 실천방법조차 훈련받지 않은 정치인들이 달동네를 헤집고 다니거나 사회복지시설에 몰려들고 있기 때문이다. 왜냐? 인간적이고 서민적인 이미지를 덧칠하기 위해서란다. 그러나 이러한 과정에서 우리의 어려운 이웃들이 받는 비인간적 상처를 과연 알고나 있는지? 그래서 전문가들은 선거철만 되면 자원봉사 현장에서 일어나는 정치인들의 위선적 행동을 비판하고 중단할 것을 요구하게 되는 것이다. 그럼에도 불구하고 정치인들이 이미지 덧칠하기에 결사적으로 덤벼드는 것은 그만큼 약발이 먹히기 때문이다. 물론 우리 국민들이 감성적이고 이미지에 약한 탓이기도 하지만, 근본적으로 이미지 덧칠하기의 약발을 조장하는 것은 매스 미디어이다. 현대사회의 복잡성이 심화될수록 현대인은 정보를 습득에 있어 미디어에 의존하는 경향이 강해지고 있다. 이러한 형태의 정보는 수용자에게 '이미지'를 형성하게 하고, 나아가 사고와 판단을 그 이미지를 통해 하는 현상이 나타나고 있다. 따라서 정치집단은 대중의 지지 특히 선거기간 중 대중의 표를 얻기 위해서 매스미디어를 통해 비춰지는 자신들의 이미지를 자신들에게 유리한 방향으로 이끌어 가기 위해서 갖은 노력을 다 할 수밖에 없는 것이다.

결국 매스 미디어에 의해 만들어진 정치인이나 정당의 이미지가 정책 비전과 현실적 능력보다도 더 큰 힘을 갖게 됨으로써 소위 '이미지 정치'는 각 정당이 추구하는 목표와 지향점을 짧은 시간 안에 유권자에게 전달하는 데 매우 효과적이다. 그러나 문제는 이미지의 과잉 현상이다. 2002년 우리나라에서 열린 국제 학술 심포지엄에서 프랑스 사회학자 장 보드리야르는 〈이미지의 폭력〉이라는 논문을 발표하였다. 궁극적으로 그가 제기한 것은 '이미지 과잉'의 문제였다. 대중 언론이 산출해내는 대량의 이미지 공세에 현혹되어 대중은 이미지를 현실로 대체함으로써 결과적으로 현실을 상실하고 자기 주체성의 훼손을 당하게 된다는 것이다. 나아가 장 보드리야르는 이미지 과잉은 현실뿐 아니라 이미지 그 자체도 죽이게 된다고 주장했다. 재난과 폭력의 이미지를 상업적으로 되풀이하는 사진·광고 따위가 좋은 예가 될 것이다. 이와 같이 어떤 정치인에 대한 좋은 이미지도 지나치게 이용하면 결국은 본질을 훼손하게 되는 것이다. 즉 과잉 이미지는 현실을 사라지게 할 뿐만 아니라 당사자의 본질마저 훼손하게 되는 것이다. 이미지 정치로 정파의 목적을 달성하는 것을 말릴 수야 없지만, 결코 국민들로부터 현실을 빼앗아 가서는 안 될 것이다. 특히 과잉 이미지는 현실을 사라지게 하고 이미지 그 자체도 죽이는, 일종의 폭력이라는 장 보드리야르의 지적을 곱씹어 보아야 할 것이다.

(이성록 칼럼, 〈아름다운 세상〉에서 발췌)

3)집단 속의 인간

(1)유유상종

2007년 가짜 박사 파동으로 정치, 사회 전반에 충격파를 일으킨 신정아 씨는 자신의 미래를 예견이라도 했는지, 2004년 10월 "과속을 하면 당연 엔진이 과열되는 줄 알면서 왜 그토록 과속을 하였을까? 아마도 아무개 집단의 아무개라는 이름을 놓고 싶지 않기 때문일 것이다"라는 칼럼을 남겼다. 사람보다는 직책을, 능력보다는 학력을 중시하는 보이지 않는 계급사회에서 유유상종(類類相從)의 덫을 피해가기란 쉽지가 않다. 집단의식이 강할수록 집단에 속함으로써 불안감을 감소시키고 어떤 집단에 속하느냐에 따라 자신의 존재가치를 높일 수 있기에 가짜가 되어서라도 더 강한 무리들과의 유유상종을 꿈꾸는 것이다.

집단 의존적 인간 : 르네상스, 종교개혁은 인간을 공동체로부터 해방시켜 자기 자신의 이익에 지배되는 인간상(人間象)의 시대를 열었다. 이후 사람을 상인(商人)으로 보고 노동자를 '노동'이라는 상품의 판매자로 보게 되었다. 즉, 인간을 의인화된 이기주의자로 보는 시대가 도래한 것인데, 이 시기는 다시 야경국가 시대와 계몽시대로 나누어진다. 먼저 야경국가 시대는 이기주의자로서 인간의 욕구를 최대한 보장하고 다만 이에 적응하지 못한 무지한 사람들이 사회질서를 해치지 못하도록 행복을 법으로 강요하던 시기이다. 행복하지 못하는 무능력은 사회질서를 해치는 죄악으로 간주되었기 때문이다.

이에 대해 계몽시대는 자기이익 추구를 강요하던 야경국가 시대에서 한 걸음 나아가 행복은 강제되지 아니하고 스스로 추구해야 하는 단계로 정비된 시기이다. 즉 자기의 이익추구에 있어서 아주 영리한 인간을 염두에 두고 모든 영역에 있어서, 이기적인 인간상에서, 이기적인 동시에 지성적인 인간상을 상정한 것이다. 이는 매우 강력한 인간상으로 정비된 것이다.

그러나 세계대전을 거치면서 인간이란 결코 항상 자기의 이익을 인지할 수 있거나 그 인지한 이익을 추구할 수 있는 것은 아니며, 또한 오로지 자기이익만을 위하여 행동하게 되는 것은 결코 아니라는 것이 드러나게 된다. 곧 몰개성화된 공동체 속의 인간, 즉 집합적 인간상을 보게 된다. 다시 말해 기존의 인간관이 보지 못했던, 보다 열세에 놓여 있는 인간들을 보기 시작한 것이다.

개개의 인간은 자신들이 속한 집단 그리고 궁극에 가서는 사회의 구성원이며, 그 구성원임으로부터 발생하는 공동의식 또는 연대성이라고 일컫는 확대된 이기주의로부터 동기를 갖추고 있는 것이다. 고립된 개체 위에 설정된 인간상은 사회적 집단, 계급, 정당 같은 것이 결집된 대단히 복잡한 사회학적 전체에 의존하는 집합적 인간상으로 변화되고 있는 것이다.

유유상종의 인간 : 집합적 인간은 유유상종(類類相從)의 인간이다. 하워드 블룸은 그의 저서 「집단정신의 진화」에서 유유상종은 오랫동안 진화를 거쳐 온 것이라고 주장하며, 인간은 정서적 연결 그리고 사물에 대한 견해일치 등에 의해 신념으로 맺어진 집단을 이루게 된다고 하였다.[11]

포유류들은 기쁨과 불행 등 정서를 공유하는 개체들끼리 무서울 정도로 신속하게 모인다. 실험과 관찰결과 어린 시절 우리에서 자란 원숭이는 야생 원숭이보다 역시 우리에서 자란 원숭이와 짝을 이룬다. 특히 뇌의 일

---

11)Howard Bloom, 2000, The Global Brain: The Evolution of Mass Mind from the Big Bang to the 21st Century, 양은주 역, 2004, 집단정신의 진화, 파스칼북스, pp. 260~264

부를 절제한 수술을 받은 원숭이
는 뇌 사진을 주고받지도 않았음
에도 서로를 알아보았다는 것이
다. 인간의 경우도 이와 매우 유사

하다. 예컨대 타인들로부터 유별나다는 평가를 받는 사람들은 신통하게
도 서로를 찾아내고 끼리끼리 어울린다. 만일 사고방식을 공유하는 다른
사람들이 존재하지 않는다면 각 개인은 비정상적 정서로 말미암아 스스
로 미쳐가는 기분을 느낄지도 모른다. 만일 어떤 사람이 하루하루 살아가
며 느끼는 기분을 금기시하는 문화 안에 갇혀 있다면 그 개인의 실체는 사
실상 현실로부터 추방된 것이나 마찬가지일 것이다. 따라서 정서를 공유
하는 사람들의 집단은 안식처를 제공하고 그 안에서 개인은 스스로 가치
있다고 생각한다. 서로 비슷한 사람들이 일단 모여서 집단을 이루고 나면,
공동의 맥락을 자신들 집단의 우위를 나타내는 표지로 삼아 서로를 모방
하며 집단 내의 유사성을 확대해 나간다.

유유상종의 근원은 「주역(周易)」의 계사(繫辭) 상편에서 그 전거를 찾을 수 있다. 방
이유취 물이군분 길흉생의(方以類聚 物以群分 吉凶生矣), 즉 "삼라만상은 그 성질이 유
사한 것끼리 모이고, 만물은 무리를 지어 나뉘어 산다. 거기서 길흉이 생긴다" 하였다.
이후로 이 말이 연관되어 생성된 듯하며, 이 말과 춘추전국시대의 순우곤과 관련한 고
사가 전한다. 제(齊)나라의 선왕(宣王)은 순우곤에게 각 지방에 흩어져 있는 인재를 찾
아 등용하도록 하였다. 며칠 뒤에 순우곤이 일곱 명의 인재를 데리고 왕 앞에 나타나자
선왕이 이렇게 말하였다.

"귀한 인재를 한 번에 일곱 명씩이나 데려 오다니, 너무 많지 않은가?" 그러자 순우
곤은 자신만만한 표정으로, "같은 종의 새가 무리지어 살듯, 인재도 끼리끼리 모입니
다. 그러므로 신이 인재를 모으는 것은 강에서 물을 구하는 것과 같습니다"라고 하였
다. 현대에 와서는 이러한 인재의 모임보다 배타적 집단이라는 의미가 더 강하며, 비꼬
는 말로 주로 쓰인다.

집합적 인간 : 한편 짐바르도의 루시퍼 효과는 익명성과 이중성, 그리고 집단의식이 복합적으로 작용하면서 일어난다.

따라서 '집합적 인간'이란 선악의 이중성을 지닌 존재로서, 독립된 개체로서의 특성을 평가받지 않거나 익명성이 담보되는 경우 도덕적이고 이성적 가치판단보다 집단의식에 의존하여 악한 행동을 선택하는 실존이다.

개인은 집단 속에 깊이 몰입되면서 자신을 더 이상 독립적 개인으로 생각하지 않는 집합적 인간이 된다. 사람들이 이러한 상태에 빠지면 내적 자제력이 감소하게 되고 집단의식에 통제되어 비상식적인 행동을 하게 된다.

개개인의 인간은 양심적이고 이성적일 수도 있다. 그래서 자기를 도덕적이 되게 할 수 있다.

그러나 집단에 관련되는 한 인간은 항상 도덕적 가치를 인지할 수 있거나 그 인지한 가치를 항상 이성적으로 추구할 수 있는 것은 아니다. 동시에 항상 자기의 이익을 인지하고 그 인지한 이익을 추구하여 행동하게 되는 것도 아니다. 집단의식에 따라 개인적 가치나 도덕과 심지어는 자신의 이익에 반하는 행동을 취하게 되는 것이다.

그것은 인간이 집단 속의 인간, 즉 집합적 인간이기 때문이다. 개개인 간은 그들의 단체, 그들의 집합체, 그리고 궁극에 가서는 사회의 구성원이 며 그들은 그 구성원인 데서부터 오는 모든 동기, 즉 공동의식 또는 최소한 우리가 연대성이라고 부르는바 저 확대된 이기주의로부터의 동기를 갖추고 있는 것이다.

일탈하는 인간 : 한편 짐바르도는 저서 「루시퍼 효과」에서 집단 심리의 긍정적인 측면으로 관심을 확대했다.

사람은 집단의 영향 하에 악행을 일삼는 보편적 성향 못지않게, 패거리의 압력에 저항해서 올바른 일을 하는, 일탈적 능력도 갖고 있다는 것이다.[12]

그 좋은 예가 바그다드에서 동료의 만행을 폭로한 미군병사이다. 위험 을 불사하고 영웅적 행동을 감행했지만 이는 기존집단으로부터 일탈적 행위로 간주되어 보복을 받기도 한다.

한편 하워드블룸은 저서 「루시퍼의 원리」에서 모든 인간은 루시퍼와 같이 야심찬 조정자이며 하늘의 별까지도 정복하려 하지만, 자연의 혜택 에서 동떨어진 악령은 악령이 아니라 창조력 그 자체라고 말한다. 기존의 질서에서 일탈하여 새로운 질서를 창조하는 존재이기도 하다. 고립된 개 체 위에 설정된 공동체 사상 역시 집합적 인간의 개념에 의거하여 설정되 고 변화되고 있는 것이다.

인간은 이기심을 승화시켜 새로운 가치와 규범을 만들어 궁극적 이익 을 충족시키려 하며 공동체 역시 집합적 행동의 산물이라고 할 수 있다.

---

12) Zimbardo, P. , 2007, The Lucifer Effect: Understanding How Good People Turn Evil, Random House.

친구

    드라마나 영화를 보면 언제나 주인공은 착하고 예의 바르고 지나칠 정도로 정의감에 넘친다. 인간이 정의감에 넘치는 영화나 드라마의 주인공이 멋지다고 느껴지는 이유는 자신 또는 인간이 실제로 그렇게 착하게만 살 수 없다는 사실을 너무나 잘 알기에 그런 캐릭터에게 매력을 느끼는 것이다. 그러나 최근 이러한 비현실적이고 천편일률적인 패턴에 싫증을 느낀 사람들에게 소위 조폭영화가 인기를 끌고 있다.

    1990년대 이후 한국 사회를 관통하는 '문화적 쿠드'라는 게 있다면 단연 '조폭문화'이다. TV드라마 '모래시계'가 기폭제 구실을 하였고, 영화 '친구'가 흥행대박을 터뜨린 이후, '약속', '신라의 달밤', '달마야 놀자', '조폭 마누라', '가문의 영광' 등 웬만한 흥행작은 모두 조폭을 소재로 한다. 특히 2001년 개봉되었던 영화 '친구'의 관중동원은 무려 820만으로 최종집계 되었다. 실로 엄청난 숫자이다.

    그러나 영화 '친구'는 그다지 돈 들인 흔적도 없거니와, 흔히 영상미학이라고 하는 것도 거의 전무하다는 평가이다. 그래서인지 38회 대종상 시상식에서 영화 〈친구〉는 단 하나의 상도 받질 못했다. 관객을 끄는데 성공했지만 작품성으로는 인정받지 못한 것이다. 그런데 무엇이 대박을 터뜨리게 했을까?

    평론가들은 '무리의식'에서 성공의 원인을 찾는다. 즉 영화 〈친구〉는 카피 자체를 노골적으로 "함께 있을 때, 우린 아무것도 두려울 것이 없었다!"로 설정할 만큼 한국사회의 무리의식, 집단의식에 직접 호소하고 있다고 지적한다. 물불가리지 않고 내달리는 레밍(lemming)의 집단의식이 이 영화의 성공요인이라는 것이다.

(2)집단의 비도덕성

필자의 옛 친구 중에 영화 '친구'에 나오는 유오성과 같은 조직폭력배가 있었다. 그는 매우 필자에게 자상했고 사나이다운 대범한 모습을 보여주었기에 그가 깡패라는 사실을 실감하지 못하였다. 훗날 그가 칼에 맞아 죽었다는 이야기와 함께 물불 가리지 않는 무서운 깡패였다는 소설 같은 이야기를 전해들을 수 있었다. 개인은 도덕적이지만 집단 속에서 비도덕적 모습을 드러낸 것이다. 이러한 현상은 깡패집단만이 아니라 종교집단이나 공공조직에서도 흔히 나타난다. 기자와 공무원은 불가근불가원이라는 말도 있다. 너무 가까이도 너무 멀리도 하지 말고 적당한 거리를 유지해야 한다는 것이다.

사회생활을 하면서 필자는 많은 공무원들을 만나게 된다. 개인적으로 만나보면 대부분 올바르고 신의가 있는 사람들이다. 그러나 그들의 집단 속에서는 그렇지 못한 경우를 흔히 보게 된다. 음해성 투서를 가장 많이 하는 집단 중 하나가 공무원집단이라고 한다. 그러면서도 비리를 서로 감싸주는 것도 가장 잘한다고도 한다. 그래서 흔히들 공무원집단과 싸워서 득 볼 게 없다고 한다. 규정과 절차에 노예가 되어 있다고도 한다. 집단의식이 강하다는 말이다.

왜 그럴까? 정보통신부 장관을 지낸 진대제씨는 2007년 9월 조선일보와의 인터뷰에서 "업무를 의욕적으로 추진했다가 감사에 걸리면 공직생활이 끝날 수도 있다. 승진심사를 할 때 잘한 일이 무엇인지를 평가하지 않고, 잘못한 일이 무엇인지를 먼저 평가한다"고 하였다. 잘못된 평가체계가 규정과 절차에 노예가 되어 서로 음해하고 야합하는 비도덕적 개인을 양산하는 것이다.

집단은 루시퍼의 블랙홀이다. 라인홀드 니부어(Reinhold Niebuhr)는 도덕적이고 비이기적인 개인이 한 집단에 들어갔을 경우 그 집단이 사회이건 국가이건 자신의 이익을 위해 비도덕적이고 이기적인 존재가 된다고 하

라인홀드 니부어
(R. Niebuhr)

였다.[13] 즉 한 개인은 동정심도 있고 자기를 희생하면서도 다른 사람을 도우려는 이타심이나 의협심이 있다. 또 개인으로서는 양심적이고 이성적일 수도 있다. 그래서 자기를 도덕적이 되게 할 수 있다. 그러나 사회 집단은 그렇지 않다는 것이다.

집단은 몹시 이기적이다. 그래서 한 국가나 계급이 자기들의 이익을 위해서는 부도덕도 감행한다. 이러한 사회 집단의 악을 견제하는 데는 양심에 대한 호소나 설득 같은 것은 아무 효력이 없다. 한 국가나 사회 집단의 악을 견제하기 위해서는 폭력이나 강제력을 사용하지 않을 수 없다. 그러나 그런 폭력이나 강제력이 반드시 정의나 도덕적 선에 의한 것이 된다는 보장이 없기 때문에 그것을 다시 견제하는 또 다른 폭력과 강제가 사용되어 악순환이 계속되는 것이다.

니부어에 의하면 집단이 크면 클수록 그 집단은 전체적인 인간집단에서 스스로를 이기적으로 표현한다. 집단이 클수록 공동의 지성과 목적에 도달하기 어렵고 그래서 불가피하게 순간적인 충동 및 직접적이고 무반성적인 목적들과 연계를 맺게 된다. 집단이 클수록 집단적 자기의식의 달성은 어려워진다.

왜 집단은 이기적인가? 개인들은 결정적인 행위의 문제에 있어서 자기 자신의 이익이 아닌 다른 사람의 이익을 고려할 수 있고, 또 때로는 자기의 유익보다 타인의 유익을 위할 수 있다는 의미에서 도덕적일 수 있다. 그러나 인간 사회와 사회 집단에 있어서는 이 모든 것이 불가능하지는 않지만 성취하기가 더욱 어렵다. 모든 인간 집단에는 집단을 형성하는 개인

13)Niebuhr, Reinhold. , Moral Man and Immoral Society; A Study in Ethics and Politics, 이한우 역, 1998. pp. 61~65.

이 그들의 개인 관계에서 나타내는 것에 비해서 충동을 견제하고 지도할 만한 이성이 보다 적고, 자기 초월의 능력이 보다 적고, 다른 사람의 필요를 헤아릴 능력이 보다 적어서 더 많은 무제한의 이기심을 나타낸다.

한편 하버드 대학의 심리학자 대니얼 골먼(Daniel Goleman)은 니체를 인용하여 "광기 개체에서는 예외지만 집단에서는 법칙"이라고 말하고 있다. 사회심리학자 브라이언 뮬런(Bryan Mullen)은 폭도의 수가 많을수록 폭력은 더욱 난폭해짐을 증명하였다. 프로이드에 따르면 충동적이고 변화무쌍하며 신경질적인 집단에 빠져 있는 사람들은 유치한 감정의 노예가 될 수 있고 거의 무의식에만 따른다. 군중심리에 휩쓸린 인간은 도덕적 억제력을 잃어버리고 만다. 따라서 가장 큰 악은 개인차원의 일탈이나 죄가 아니라, 궁극적 악은 혁명과 전쟁에서 벌어지는 집단 살해, 다시 말해서 집단이 다른 집단을 지배하려 할 때 나타나는 거대한 규모의 야만, 곧 사회집단 행동이다.[14]

(3)탈레반의 비극

사람들은 패거리 짓기를 무척이나 즐긴다. 인류학자 홀(Hall)에 의하면

---

14)Howard Bloom. , Lucifer Principle-A Scientific Expedition into the Forces of History, 이무연 역, 2002, 루시퍼 원리-역사 원동력에 관한 과학적 분석, 파스칼북스. p. 31.

패거리 짓기를 좋아하는 군집 욕망의 뿌리는 원시사회에서부터 시작된 것이다. 당연히 원시사회에서는 다른 개체들의 거친 도전을 물리치고 생존하기 위해 집단이 필요했을 것이다. 큰 짐승을 잡기 위해서는 여러 사람이 힘을 모아야 했을 것이다. 그리고 함께 사냥에 성공하려면 집단에 대하여 거의 맹목적인 충성심이 있어야 했을 것이다.

현대사회에서도 사람들은 집단으로 행동하기를 선호하고 기꺼이 그 집단에 충성한다. 어디엔가 소속되어 있지 않으면 불안감을 느끼고 정신적 병리현상을 겪게 되며 심지어는 견디지 못해 자살하기도 한다. 소속의 욕구는 다른 사람들과 함께 있기를 원하는 욕구뿐만 아니라 다른 사람들이 자신을 좋아해 주기를 바라는 욕구도 포함된다. 자신을 좋아해 주기를 바라는 욕구에는 다른 사람들이 자신을 지배해도 좋다는 의미로서 곧 집단에 대한 충성심이 포함된다.

사람들은 태어날 때부터 끊임없이 상호의존적이 되도록 유도되기 때문에 집단과 타인과의 관계를 소중하게 여긴다. 그런데 문제는 집단의식이 외부의 적으로부터 자신들을 방어하고 자신들의 이익을 위해 집단 밖의 사람들에게 공격하려는 기제를 갖고 있다는 것이다. 그래서 현대사회에 와서도 집합적 행위를 선호하는 인간의 욕구는 선별된 자기들만의 집단을 만들고 사회 · 경제적 지위, 정치 · 종교적 신념 등을 공유하지 않는 타인들은 소외시킨다. 그리고 이러한 경향성은 전쟁, 폭력, 억압, 차별, 배제 등을 야기하는 인류사회의 비극적 요소가 되어왔다.

특히, 하워드 블룸(Howard Bloom)에 의하면 포스트모더니즘 시대의 근본주의자들은 적을 창조하고 위기감을 만들어내는 명수들이며, 그들의 세계에는 악인들이 가득하다.[15] 그들은 사악한 세력을 휩쓸어버릴 날이 눈앞에 다가왔다는 환상을 가지고 전쟁도 불사하며 마침내 명예로운 자리를 차지하게 될 것이라는 비극적 믿음을 갖고 있다.

2007년 7월 한국봉사단원을 납치하여 인질을 벌이며, 무고한 생명을 살상한 아프간의 탈레반의 행태에서 또 하나의 비극을 발견한다. 그것은 라인홀드 니부어가 지적한 도덕적 인간과 비도덕적 사회의 간극이 가져 온 실존적 비극이다. 탈레반 구성원들 개개인은 말 그대로 무슬림 정신에 충실한 도덕적 인간일 수 있다. 그러나 무슬림의 근본을 추구하는 '구도자'라 자칭하는 '탈레반'이 되면서 '신의 이름으로 거룩하게 명령된' 온갖 잔악한 행위들을 일삼았다.

탈레반은 여성들의 직장과 인권을 박탈하였으며 코란 외의 학습을 금지하였고, 영화와 음악은 도덕의 부패를 가져 온다는 슬로건을 내세우고 국민들에게 텔레비전 등 타락의 도구를 부수도록 명령했다. 만일 이를 어기면 돌로 치는 형벌이나 손발을 절단하는 형벌을 가했다. 코란은 이슬람교도가 환각제를 재배하거나 이용하는 것을 금하고 있으나 탈레반은 서방 이교도들이 사용하는 것이기 때문이라는 명분으로 아편 재배를 장려하고 있다. 또한 군대를 동원해 로켓과 탱크 등으로 아프가니스탄 내 불교 유적과 불상들을 부수는 등 유례없는 유적 파괴 행위를 공개적으로 일삼기도 하였다.

한편 탈레반 군대는 이교도들을 몰살시키기 위한 전쟁을 수행하고 여자와 어린아이들을 학살하면서 자신들은 신앙심 없는 사악한 존재를 말살하라는 알라의 명령을 따르고 있다고 주장했다. 그러나 인권단체의 시각으로 볼 때 탈레반은 무고한 생명을 거리낌 없이 대량 학살하는 비도덕적 집단의식을 드러내고 있을 따름이다.

---

15) Howard Bloom, 2000, The Global Brain: The Evolution of Mass Mind from the Big Bang to the 21st Century, 양은주 역, 2004, 집단정신의 진화, 파스칼북스, p. 333.

탈레반(Taliban)의 비극

우리는 아프간에 봉사활동을 갔다가 인질로 납치당한 사건을 통하여 또 하나의 집단 비극을 마주하게 되었다. 인질극은 사전적으로 완력이나 무력으로 무고한 사람을 묶늘어 놓고, 사기의 목적을 이루려고 벌이는 소동을 의미한다. 무고한 봉사단원들을 납치한 사람들은 탈레반이라고 하는 집단이다. 탈레반은 신의 뜻을 배우는 구도자라는 의미를 갖고 있다고 한다. 집단 내적으로는 참 좋은 뜻을 갖고 있으며 개개인은 좋은 아버지이고 좋은 이웃들일 것이다. 그런데 집단 밖의 사람들에 대해서는 수단과 방법을 가리지 않고 무고한 인명까지 해치는 비도덕적인 사람들이다.

우리는 개인적으로는 참 너그러운 사람이지만 집단행동에서는 모질기 짝이 없는 사람들을 흔히 볼 수 있다. 왜 그럴까? 라인홀드 니부어는 개인은 아무리 도덕적으로 살려고 하고, 실제로 도덕적인 성향을 가지고 있다 하더라도 집단이 되면 그 집단의 이익을 위해 비도덕적이고 비인간적인 성향을 보이게 된다고 말하고 있다. 이는 곧 탈레반의 비극이다. 인류 사회의 불행은 탈레반적인 집단들이 아프간만이 아니라 세계 도처에 널려 있다는 것이다.

이번 탈레반의 봉사단원 납치사건을 보면서 필자는 우리 사회 속에 들어 있는 탈레반적인 비도덕적 요소가 두려워진다. 집단의식에 노예가 되어 자신의 정체성을 상실하고 비도덕적 행동을 일삼는 사람들이 두렵다. 같은 패거리끼리는 한없이 너그러우면서 패거리 밖의 사람들에게는 모질고 잔인한 탈레반적 집단의식이 우리 사회에서 제거될 때 우리는 진정한 평화를 누리게 될 것이다.

(이성록 칼럼, 〈아름다운 세상〉에서 발췌)

2. 집합적 사고

1) 집합의식

개체의 합리성을 저버리고 집단의식에 사로잡힌 인간을 레밍(lemming)에 비유하기도 한다. 북유럽 스칸디나비아 반도의 툰드라나 황야에 서식하는 들쥐의 일종인 레밍은 우두머리를 따라 집단으로 맹목적인 이동을 하는 것으로 유명하다.

절벽이나 바다를 만나 떼죽음을 당해도 질주를 멈추지 않는다.

생소한 이 쥐가 우리에게 널리 알려진 것은 지난 1980년 4월 소위 서울의 봄 무렵이다. 당시 주한미군 사령관이었던 위컴이 한국인의 기질적 특성으로 레밍에 비유하여 논란을 일으킨 것이다.

쿠데타로 권력을 잡은 전두환 장군에게 많은 사람들이 줄 서는 현상을 빗댄 표현이었다.

당시 언론은 레밍을 '들쥐'라고 번역했다. 때문에 위컴 발언은 한국인을 들쥐라고 비하했다고 확대 해석되었다.

물론 감정이 상하기에 충분했지만 틀린 말은 아니었다. 한국인의 무리의식, 집단의식을 강조한다는 것이 용어상의 시비를 낳은 것이다. 전후 사정을 잘 알지 못한 채 분노의 여론이 일제히 달아올랐음은 물론이다. 맹목적인 진짜 레밍들처럼…

(1)집합의식의 개념

사람들에게는 두 가지 의식이 있다. 하나는 개체성을 특징짓는 각 개인의 개별적 의식이고, 또 하나의 의식은 모든 사람이 전체 사회 속에서 갖는 공통된 의식이다. 전자는 각 개인의 정체성을 표상하며 개인적 퍼스낼리티를 구성한다. 그리고 후자는 전체로서 집합적 정체성을 표상하며 그것 없이 사회는 존재할 수가 없다. 사람의 행동을 결정하는 원천이 후자의 요소일 때에는 사람들의 행동은 개인적 이익에 의한 것이 아니라 집합적 목표를 추구하는 것이 된다.

집합의식(collective consciousness)이란 사회집단에서 전체 구성원들에게 공유되는 일련의 사고방식, 규범, 가치관, 감정체계를 일컫는다. 즉 동일 사회의 평균적인 시민들에게 공통된 신념과 감정의 총체는 그 자체의 삶을 갖는 확정적인 체계를 이룬다. 그것을 우리는 '집합의식(collective conscience)' 또는 '공동의식(common conscience)' 이라고 부른다.[16]

집합의식은 프랑스 사회학자 뒤르켕(Emile Durkheim)이 개인의 활동과 구분되는 사회적 행동을 설명하기 위해 발전시킨 개념이다.[17] 그는 사회를 유기체에 비유하여 단순한 하나의 수량적 집단으로 간주하지 않고 규

범으로 단단히 결속된 도덕적 실체로 규정하였
다. 집단의 의식 상태는 집단 구성원 개개인이
나타내는 개별 의식과는 별도로 존재하며 그 자
체의 규칙을 갖고 있고 개인들의 통제 밖에 놓여
있다.

에밀 뒤르켕(1858-1917)

즉 집합의식은 개인이 처해 있는 특정한 조건
과는 관계가 없으며, 특수한 조건을 넘어서서 존
재하는 것이다. 뿐만 아니라 그 의식은 세대가
바뀜에 따라 변화하는 것이 아니며, 그와 반대로
계속되는 세대 간에 전승되기도 한다. 따라서 집
합 의식은 개별적인 의식을 통해서 실현되는 것이긴 하지만, 통제의 위치
가 개체 밖에 있으므로 개별적인 의식과는 별개의 것이 된다. 그것은 개별
적인 의식과 마찬가지로 그 독자적인 속성과 존재의 조건 및 발달 양식을
가지고 있는 사회 심리적 기제이다.[18]

(2) 집단주의와 집합의식

사람은 어떤 형식으로든지 다른 사람들과 관계를 맺으면서 집단 속에
서 생활할 수밖에 없다. 그러므로 포괄적 의미에서 사람은 누구나 '집
단' 에 속해서 생활하고 있으며 이것 자체가 '집단주의' 가 아님은 알 것
이다.

---

16) http://en.wikipedia.org/wiki/Collective_consciousness
17) Martin Masse, DURKHEIM'S COLLECTIVE CONSCIENCE, http://www.quebecoislibre.org/DIR010416.htm
18) 개개인의 심리현상이 아닌 사회 전체 수준에서 구현되는 집단의식에는 객관적인 계약관계에 의해 형성된 집단의식(representations collectives)과 순수하게 개개인의 주관적 감정에 의해 결합된 집단의식(sentiments collectives)이 있는데 집합의식은 후자를 지칭한다.

집단주의는 원래 개인주의라는 용어가 나오기 시작하면서 반대개념으로 생긴 것이다. 통상 집단주의라는 용어는 집단의 이익을 개인의 이익에 우선시키는 것이 정당하다고 하는 집단우선의 사고를 말한다.

집합(collective)과 집단(group)은 둘 이상의 모임이라는 점에서는 동의어이다. 그러나 집합은 집단에 비하여 규모가 크고 구성원을 선발함에 목표를 설정함에 있어서 어떤 특정한 절차를 갖추고 있지 않으며 상대적으로 덜 조직화되어 있다. 이를테면 스포츠경기 관람객, 광장의 사람들, 위험상황에서 도망가는 공황집단, 린치를 가하는 폭도들, 촛불집회 참가자, 변화를 요구하거나 혹은 변화에 저항하는 사회운동 참여자 등을 말한다.

집단은 집합과는 달리 구성원 상호 간 동류의식과 공통적인 사고방식을 가지고, 또 일정한 규범을 가지고 있는 경우의 집합체를 의미한다. 이를테면 클럽이나 서클, 기업체, 정당, 종교단체 등 구성원 사이에 분명한 상호 의존 관계가 인정되는 조직 단체를 말한다.

사람들은 집단에서 정서적인 안정을 얻으며, 목표의 달성을 효율적으로 이룰 수 있기 때문에 집단이 생기고 유지된다. 이와 같이 구체적 소재가 집단 각 성원의 의식 속에 있다는 점에서, 집단성원의 외재적 집합의식과는 구별된다.

(3)집합의식의 양면성
집합의식은 사회적 연대성 구축이라는 긍정적 측면과 몰개성화의 야기

등의 부정적 측면을 동시에 갖고 있다. 사회적 공동체성의 유지에 깊은 관심을 가졌던 뒤르켕은 사회적 결속력과 유대관계를 유지하는 데 있어서 '공유된 사회 규범과 가치'의 중요성을 강조하였다. 즉 동일한 사회의 모든 성원들에게 공통된 의식의 상태로부터 유래하는 사회적 연대가 있다는 것이다.

그리고 그 연대를 공유된 사회규범과 가치가 통제하고 있다고 보았다. 사회의 전반적인 통합을 위해서 그 연대가 수행하는 역할은 분명히 공동의식이 규제하는 사회생활의 범위가 어느 정도이냐에 달려 있다. 공동의식이 작용하는 사회관계가 많으면 많을수록 그 연대는 개인과 집단과의 유대를 더 많이 일으키며, 따라서 그 기반에서 나오는 집단 응집력도 더욱 커진다.

한편 집단 응집성은 곧 집단 배타성을 의미하기도 한다. 배타성은 개체의 몰개성화(deindividuation)를 통하여 해소될 수 있다. 어느 집단이든 그들만의 의식과 그들만의 행동반경에 따른 보이지 않는 지침과 자신이 아닌 같은 모임에 다른 이를 위해서 반드시 해줘야 할 의무감 같은 것이 있다. 이는 또 다른 이가 그들의 모임에 범접하는 경우 질퍽한 배척감과 깨지지 않을 것 같은 공고한 장벽을 경험하게 된다.

집단에 포함되면 타인의 욕망을 고려해야 하며 집단에 수용되기 위해서는 자신의 태도와 행동을 변형시켜야 한다. 집단의 소속은 긍정적 사회적 정체성 확립에 기여를 하며 집단이 제약적일수록 그 개인의 자기개념은 더 강화된다.

동시에 집단 몰입으로 개체의 정체감을 상실하면서 더 이상 자신의 행동에 책임을 느끼지 않게 되고 그들의 관심은 집단 쪽으로 기울어지고 행동은 즉각적 상황의 순간적인 단서들에 의해 조정되게 된다.

사람들의 자신의 행위에 대해 개인적 책임감을 상실하게 될 때 더 이상 규범과 가치에 통제되지 않고 행동은 충동적이고, 정서적이며 종식시키기 곤란하게 된다. 극단적으로 이러한 몰개성화는 동물적 내면을 해방시킨다고 본다.

한편 뒤르겡에 의하면, 집합의식이 지나치게 강할 때에 사회 혹은 집단은 개인에게 자살을 강요할 수 있다.[19]

사회의 통합이 너무 강하게 이루어짐으로 개인은 집단에 용해되고 개인주의 가치는 심하게 통제되면 그는 집단 이익을 위한 자기희생에의 압력에 저항할 수 없게 된다.

즉 공동체 위기를 모면하기 위해 제전에 인신 제물로 바쳐진 처녀들, 2차 대전 당시 전쟁터에서 목숨을 내놓고 적진으로 돌격하여 스스로 죽음의 길을 택했던 가미가제 특공대, 집단자살로 막을 내린 인민사원 교주 짐 존스의 추종자들, 그리고 중동에서의 이슬람 원리주의자들의 자살폭탄특공대 등이 바로 그 예들이다.

또한 집합의식은 범죄, 재난 혹은 격렬한 논쟁과 같은 부정적 사건으로 인하여 정서적으로 격앙되거나, 적개심으로 가득 찬 사람들이 일단의 모임을 형성할 경우 폭도가 되어 폭동을 유발할 수도 있다.

사태가 조기에 수습되지 않으면 폭도는 격앙되고 예측할 수 없는 과격한 행동을 하게 된다. 한편 집합의식은 대중운동을 유발하기도 하며 나아가 사회체제를 변화시키기 위해 혹은 변화에 저항하기 위해 의도적이고 조직적인 시도로서 민주화 시위나 인권운동 등과 같은 사회운동을 유발하기도 한다.

---

19)http://www.hewett.norfolk.sch.uk/curric/soc/durkheim/durk.htm

2) 집합무의식

(1) 원형으로서 집합무의식

칼 융(Carl Jung)은 인간 심리가 시공간적(視空間的) 제약을 초월하는 '집합적 무의식(collective unconscious)'의 일부분이라는 생각에 강조점을 두고 있다. 융은 프로이트의 제자였다. 하지만 프로이트의 무의식 및 꿈에 대한 견해가 어디까지나 개인의 정신을 대상으로 한 것이었음에 비하여, 융은 인류 전체의 정신을 대상으로 삼았다. 요컨대 무의식이 개인적인 부분과 인류가 공통적으로 지니는 부분으로 이루어져 있다고 본 것이다. 이에 따라 융은 '집합적 무의식'이라는 개념을 도입한 것이다.

프로이트는 인간의 무의식을 맹목적이고 무분별적인 것으로 규정하여 위험스럽게 여겼다. 하지만 융은 인간심리가 시공간적 제약을 초월하는 무의식 속에 그런 요소가 없는 것은 아니지만 그에 못지않게 긍정적이고 창조적인 면도 가지고 있다고 보았다. 또 융은 인간의 무의식을 설명하면서 집단 무의식이라는 개념을 사용했다. 집단무의식은 무의식의 한 부분으로서 누구에게나 공통되는 일반적인 내용을 담고 있다.

먼저 칼 융이 말하는 소위 '집합적 무의식(the collective unconscious)'은 일차적으로, 프로이트가 말하는 '개인적 무의식(the personal unconscious)'을 전제로 설정된 것이었다. 일반적으로 '집합'이라 하면 우리는 사회적 집단을 생각하기 쉽다. 그러나 융이 말하는 집합은 일정 규모로 구획되는 사회적 집단이 아니라 인간이라는 집단을 말한다. 따라서 그가 말하는 집합은 인간에게 보편적인 성격을 지칭하므로 집합적이라는 말은 오히려 '태고적(archaic)', '원초적(primitive)', '보편적(universal)'이라는 의미로 해석되어야 한다.[20] 그것은 인간이라면 누구든지 가지는 것이기 때문에, 후천적인 획득형질로 간주되는 것이 아니라 선험적인 것으로 규정된다. 그것은 결코 문화유형론(cultural morphology)이나 라마르크적인 유전[21]으로 규정될 수 없는 근원적 인간인식의 조형이다.

따라서 집합 무의식이란 한 민족 또는 전체 인류가 공통으로 지니고 있는 '원래적인 패턴(original pattern)'으로서 일종의 '태고적 기억'을 뜻한다. 개인 무의식은 특정 개인이 어릴 때부터 쌓아온 의식적인 경험이 무의식 속에 억압됨으로써 그 사람의 행동, 생각, 감정 등에 영향을 미치는 것을 뜻한다. 이에 비해서 집단 무의식은 오랜 옛날부터 인류가 조상 대대로 경험했던 의식이 쌓인 결과로 모은, 사람들에게 공통된 정신의 바탕이며 경향인 셈이다. 오랜 옛날부터 인류가 쌓아온 의식적인 경험은 상징을 통해 집단 무의식으로 전승된다.

여기에서 상징은 공상, 꿈, 신화, 전설, 민담 등을 의미한다. 이에 따라 융은 집단적으로 전승되는 신화, 전설, 민담 등이 집합 무의식의 원형을 포함하고 있다고 보았다. 그리고 그는 여러 민족의 신화, 전설, 민담을 광범위하게 분석했다.

프로이트가 무의식을 맹목적인 것, 무분별한 것으로 규정하여 위험스럽게 본 것에 비하여, 융은 무의식에 그런 요소가 있음을 인정하면서도 그에 못지않게 창조적이고 긍정적인 측면이 있다고 본 셈이다. 인간의 무의식 세계의 일부가 집단적인 차원에서 창조적인 문화 활동, 그러니까 신화, 전설 등의 상징 세계를 창조하는 활동으로 이어진다고 보았기 때문이다.

집합무의식은 매우 혼돈된 상태로 경험되지만, 이 경험들을 차분히 현

---

20) 김용옥, 도올의 도마복음 이야기, http://news.joins.com/article/2878344.html?

21) 획득형질도 유전된다고 보는 이 관념은, 유전물질이 불변의 것이 아니고 초자연적인 힘도 아닌 자연환경의 영향으로 약간 변형되어 자손에게 전달된다는 것이다. 1809년 라마르크(J-B Lamarck)는 기린의 목이 생존환경에 적용하여 길어지고 그대로 유전된다는 논리를 내세워 환경이 동물의 모양과 구조를 변형시킨다고 주장함으로써 획득형질의 유전성을 일반화하는 데 기여했다.

상학적으로 관찰하면 정교한 구조를 발견할 수 있는데 융은 이 구조의 구성요소를 '원형(archetype)'이라고 이름하였다. 이 원형들은 쉬지 않고 상호 작용을 하면서 의식을 보이지 않는 곳에서 움직이고 있다. 원형은 융에 의해 다양한 방식으로 정의되어 왔으며 개인을 집합적인 무의식에 연결시키는데 있어서 결정적인 역할을 담당하는 개념이다. 가장 기본적인 수준에서는 이 원형이 우리들의 사고를 구조화시키며, 따라서 세계의 질서를 부여해 주는 패턴들로 정의될 수가 있다.

 칼 융은 이러한 원형들을, 우리가 외부 세계와 조우하게 될 때 '우리 스스로에게 대처해 가는' 방식을 형성해 줄 뿐만 아니라, 심리구조의 의식적, 무의식적 측면들이 가지는 연관성을 이해하는데 있어서도 결정적인 역할을 하는 것으로 간주하였던 것이다. 융의 이러한 원형 개념은 정신구조나 혹은 유전적으로 계승되어진 경험 속에 구현되어져서, 세계에 대한 이해를 '선험적인 도식(schema)' [22]으로 주조해 가는 사고와 경험의 구조인 것이다. 이러한 집단무의식과 원형에 대한 이해는 자신과 자신이 처한 삶의 상황과 외부 세계에 대한 이해방식을 형성하는 것과 불가분의 관계에 있다. [23] 따라서 자신과 타인과의 관계, 개인과 사회의 관계 속에서 발생하는 문제들의 본질을 깨닫고 문제해결을 위해 가야 할 길의 방향을 안내받을 수 있다. [24]

---

22)인간이 상황을 인지하고 그 상황에 의미를 부여하는 것은 개개인이 가진 '스키마(schema, 선험적 도식)'를 통해 결정된다. 스키마(Schema)는 일반적으로는 과거의 경험에서 얻은 지식과 개념을 어떤 형식에 따라 과학적으로 정리 또는 체계화시키는 틀을 말한다. 인식론적 의미로는 독일의 철학자 칸트의 선험적 도식을 가리키는데, 인식에 있어 감성적 직관이나 선천적 범주를 중개하는 것을 의미하게 된다.

23)Morgan, Gareth., (1997), Images of Organization, Sage Publication; 박상언? 김주엽 공역, 2004, 조직의 8가지 이미지, 지샘, pp.366~367.

24)이보섭, 융 심리학을 기초로 한 민담-싸이코 드라마, http://jungfairytale.or.kr/m02.html

원형(arche)

사람들이 세계에 대해 자신을 관련시키는 방식을 통해 성격을 분석하는 융의 방법은 구체적인 실재를 형성하는데 있어서 원형이 담당하는 역할을 고려하도록 유도하고 있다. 몇 가지 원형은 우리의 인격과 행동을 형성하는데 있어서 대단히 중요하므로 칼 융은 그것들에 대하여 특별한 주의를 기울였다.

페르소나(the Persona) : 페르소나란 개인이 공개적으로 보여주는 가면 또는 외관이며 사회의 인정을 받을 수 있도록 좋은 인상을 주려고 한다. 페르소나는 생존을 위해 필요하다. 페르소나에 의해 우리는 못마땅한 사람도 포용하고 사람들과 친교를 맺을 수 없다. 하나 이상 가면을 쓰는 사람도 있다. 가정에서 쓰는 가면과 직장에서 쓰는 가면은 다른 것일 수 있다. 또한 친구들과 어울릴 때 쓰는 가면은 또 다른 것일 수 있다. 페르소나는 그 가면들을 모두 합친 것으로 하나의 페르소나가 다른 곳에서 다르게 적응하고 있을 뿐이다.

아니마(the Anima)와 아니무스(the Animus) : 융은 페르소나를 정신의 외면이라 하였고, 그 정신의 내면을 남자의 경우 '아니마', 여자의 경우 '아니무스'라고 하였다. 모든 남성 속에는 정신적 침전물로서 영원한 여성상인 아니마를, 모든 여성 역시 남성상인 아니무스를 갖고 있다. 만약 페르소나에 의해 아니마 혹은 아니무스가 억압될 경우 동일화가 일어나 여장 남성 혹은 남장 여성과 같은 반응을 하게 된다. 완전한 동일화가 일어나면 외과적 수술을 통하여 성전환을 하기도 한다.

그림자(the Shadow) : 아니마 혹은 아니무스가 이성에게 투영되어 남성과 여성의 관계 양상을 결정한다면, 그림자는 동성인 사람과의 관계 양상에 영향 미치는 원형이다. 그림자는 동물적 본성을 많이 포함하고 있다. 그림자는 양면성을 지니고 있어 일탈자로 공동사회의 걸림돌이 되지만 동시에 이를 억제하면 창의성과 생동감이 감퇴된다. 창조적 인간의 그림자는 때때로 자아를 압도하므로 기인으로 취급되기도 한다.

자기(The Self) : 융에 있어서 '자기' 개념은 프로이드의 '에고' 개념에 '타자의 존재'를 반영한 것이다. 미드(Mead) 역시 '나(I)'의 개념에 '너(You)'의 존재를 투영한 자신(Me)의 개념을 제시하였는데 융의 이러한 개념은 타자와의 관계 속에서 자기임(selfhood)과 자기실현의 상태를 나타내는 것이다. 융은 인간의 궁극적 목표로서 완전한 자기실현을 달성하는 것보다 자기를 인식하는데 중점을 두어야 한다고 권고하고 있다.

(2)블랙홀로서 집단무의식

우리나라에는 "모난 돌이 정 맞는다!"는 속담이 있고 일본에는 "튀어나온 못은 두드려야 한다!"는 속담이 있다. 조지오웰은 집단내부에 존재하는 동조에 대한 무서운 충동 때문에 여론은 어떠한 법제보다 엄격하다고 하였다. 그래 비난과 치욕을 무릅쓰고 여론을 거스르며 자신의 소신을 굽히지 않을 사람은 극소수에 불과하다. 학자들마저 집단 신조를 거스르는 사실을 보고하면, 연구의 객관성으로 칭찬받는 것이 아니라 오히려 처벌받는다. 즉 조롱당하거나 배척되며, 학술지로부터 논문을 거절당하기도 하고 주요 심포지엄에서 배제당하기도 한다.

사람들이 좋아하는 유머나 코미디 역시 집단동조에 실패한 사람들을 풍자하고 모방하여 웃음거리로 만듦으로써 결과적으로 사회적 응징의 수단이 된다. 예컨대 한 때 유행했던 소위 '최불암 시리즈', '사오정 시리즈', '만득이 시리즈' 등 유머는 다른 사람의 결점, 어리석음, 비정상성에 초점을 맞추고 있다. 사람들은 그 자리에 없는 사람의 버릇을 흉내 내며 억제할 수 없는 웃음을 터뜨리기도 한다. 코미디언들은 만일 누군가 넘어지거나 미끄러지면 모두들 즐거워하는 심리를 이용하여 스스로 조롱당하는 바보짓거리를 한다. 유머와 코미디는 인간이 인간에 대해 행하는 잔혹행위의 즐거움에 그 바탕을 두고 있는 것이다. 동시에 지나치게 많이 웃은 사람은 다른 사람들의 불완전함에 초점을 맞춤으로써 스스로에 대한 높은 평가를 유지하려 한다.

그래서 모나지 않게 둥글게 살아가야 함을 덕목으로 가르치고, 대부분의 사람들은 이에 기꺼이 순응한다. 뿐만 아니라 모난 돌을 타격하는 망치가 되기를 자청한다. 사람들은 '조지오웰적 세계(an Orwellian world)'에 관한 전망에 따라 자신의 마음을 통제한다. 왜 사람들은 대중이 선호하는 사고방식에 스스로를 가두는가? 확립된 행동양식, 심지어는 불편한 행동양식을 바꾸는 것이 그리도 어려운 까닭은 무엇인가? 인간이 심리적 이미지와 도식의 감옥에 갇힌 것은 무엇보다 근본적으로, 인간은 집합적 무의식에 구속된 집합적 존재이기 때문이다.

집합무의식이 수행하는 역할은 일종의 블랙홀(black hole)로서 설명될 수 있다. 블랙홀은 물리학에서 모든 움직이는 물체들을 빨아들이는, 눈에 보이지는 않지만 강력한 힘을 가진 영역을 나타내는데 사용되는 개념이

다. 이와 비슷한 방식으로 집단 무의식은 집단구성원들의 풍부한 에너지를 흡수하고 구속하는 강력한 힘을 지니고 있다는 것이다.

집단무의식은 창조적인 힘이 되기도 하고 파괴적 힘이 되기도 한다. 칼 융이 제시한 집단무의식의 원형 중에서 가장 강력하고 잠재적으로 가장 위험한 것은 '그림자(the Shadow)'이다. 그림자는 어떤 원형보다 인간의 동물적 본성을 많이 포함하고 있다. 특히 타자와의 관계에 있어서 최선인 것과 최악인 것의 원천이 된다. 즉 인간이 공동사회의 일원이 되기 위해서는 페르소나를 강화함으로써 그림자에 포함되어 있는 동물적 본능을 길들일 필요가 있다.

그러나 그 결과는 자발성, 창조성, 깊은 통찰력 등의 원동력을 감퇴시키

는 대가를 치러야 한다. 그림자가 없는 생활은 천박하고 지루하며 무기력한 것이 될 수 있다. 영감(靈感)은 언제나 그림자의 작용이다. 그림자는 어떤 학습이나 교양에 의해 얻을 수 없는 깊은 지혜일 수도 있다. 그럼에도 불구하고 집단에서 그림자는 억압되어진다.

막스베버는 개개인의 인간적 특질을 제거해 버리는데 성공할 때 관료적 조직형태가 발전할 수 있다고 하였다. 그러나 융은 이러한 특질은 결코 완전히 제거되는 것이 아니라 단지 보이지 않는 곳으로 추방될 뿐이라고 주장한다.

비유컨대 "노병은 죽지 않는다. 다만 사라질 뿐이다!" 라는 맥아더 장군의 고별사처럼, 그림자는 소멸되지 않으며 다만 억압될 뿐이다.

즉 그림자 속의 부적정한 요소를 의식에서 배제한다고 소멸되는 것이 아니라 사실은 무의식 속으로 쫓겨 가서, 호시탐탐 분출의 기회를 노리고 있는 것이다. 개인이 대처할 수 없는 갈등이나 곤란한 상황에 직면한다면 그 때가 곧 그림자의 속성이 분출될 기회가 된다.

만일 그림자가 사회에 의해 지나치게 억압당하거나 그 돌파구를 찾지 못할 경우에는 비참한 결과가 초래될 수 있다. 융에 의하면 "우리들 속에서 살고 있는 동물은 억압되면 더욱 야수적으로 될 뿐이다."

예컨대 종교적 가르침은 그림자에 대해 매우 억압적이다. 따라서 과거와 현재를 포함하여 세계사에서 무고한 생명을 가장 많이 해친 전쟁은 곧 종교전쟁이다. 종교적 교리에 의해 억압되었던 그림자가 반격을 취함으로써 수많은 생명들이 유혈의 심연에 빠져들고 만 것이다.

집단에서 무의식의 중요성을 이해하는 과제는 한 가지 전제가 따른다. 즉 무의식에 대한 이해를 통해서 그 속에 갇힌 에너지를 풀어주는 방향은 창의적 변환과 변화를 촉진하고 또 개인과 집단, 그리고 환경 사이에 좀 더 통합된 관계를 창출해 낼 수 있도록 만들어 주는 방향으로 이루어질 필요가 있다는 것이다.

(3)편집증적 집단무의식

한편 외부로부터 야기된 위기에 대한 판단이 명확하지 않을 경우 무기력과 좌절상태를 경험하게 되고 위기의 원인을 파악할 경우에는 공포의 감정이 형성된다. 공포는 자극의 한 형태로서 포기하지 않고 맞서 싸울 준비를 하도록 자극하며, 집단을 단결로 이끈다.

동시에 상황을 수습하기 위해 환상적인 실마리를 만들어내는 리더의 능력은 현실보다 더 중요하다. 특히 적은 사악한 악마라는 생각은 종종 그 실마리의 핵심이 된다.

결국 집합의식은 구성원들이 느끼는 집합적 불안에 대처하기 위한 무

의식적 방어기제들로서 현실세계의 불편한 국면으로부터 회피를 위하여 집단의존을 강화시킨다. 흔히 '구관이 명관' 이라는 의식은 과거의 관습을 이어가려는 자기합리화의 매력적인 방편이기도 하고 동시에 자신의 부담을 감소시키고 나태함을 유지하려는 집단의존 심리를 나타내는 것이라고 할 수 있다.

집단성원들은 공포와 불안으로부터 자신들을 구해 줄 메시아적 리더가 나타날 것이라는 환상을 갖고 특정한 개인에게 투사함으로써 집단의존성을 강화하거나, 자신들의 두려움을 어떤 종류의 외부집단에 전가시키려고 현실을 왜곡하는 '무의식적 편집증(unconscious paranoia)' 을 드러내기도 한다.

이 때 외부의 적은 환경 속의 경쟁자나, 정부의 규제, 일반대중의 태도, 혹은 우리를 잠식하기 위해 존재하는 것으로 보이는 특별한 개인이나 집단의 형태를 띨 수도 있다.

지젝(Slavoj Zizek)은 지도자와 동일화하고 자신의 개별적 자아를 지도자에게 굴복시키고, 자신의 사고도 이러한 역학 관계에 의해 억압시키며 자신을 단순한 도구로 만들어 가는 집단의식을 "편집증적 무의식의 표출(paranoiac acting out)" 이라고 지적한다.[25]

이러한 집단의식은 현실에 대한 집단의 평가 능력을 왜곡시키고 따라서 그에 대처할 수 있는 현실적 능력을 약화시키는 경향이 농후하다. 곧 그 상황에서 명백히 드러난 문제에 대하여 균형 잡힌 시각을 갖고 집단의 역량을 투여하기보다 지각된 위험으로부터 집단을 보호하고 쓸데없는 싸움을 하기 위해 그러한 자원이 허비되는 경향이 많게 되는 것이다.

---

25) http://www.theglobalsite.ac.uk/times/109zizek.htm

편집증적 무의식의 표출

지젝(Slavoj Zizek)은 2001년 9월 11일 미국 뉴욕의 WTC 테러 사건 직후인 2001년 9월13일 'Welcome to the Desert of the Real' 이라는 제하의 글을 통하여 미국의 집단의식을 지적하였다. 이후 실제로 미국사회는 지젝의 예견처럼 편집증적 무의식 행동을 표출하였다. TV는 미국의 비극에 한호하는 팔레스타인들을 클로즈업시키고, 아랍인들 모두를 '지하드', '테러', '근본주의자' 등등의 수사를 동원해 테러리즘과 폭력과 피에 굶주려 있는 집단처럼 매도하였고, 논객들은 연일 아랍과 무슬림에 대한 저주를 담은 말을 뱉어내고, 급기야 "가서 그들을 해치워라, 조지!(Go Get them, George!)"라는 헤드라인 기사가 등장하였다.

미국 깃발은 도처에서 날리고, 테러리즘에 대한 미국의 '정책'은 '전쟁'으로 둔갑하고 맹목적인 애국심을 호소하고, 그 '전쟁'은 성전 또는 십자군 원정이 되며, 냉전시대의 유물인 '자유세계'를 암흑과 테러의 세력으로부터 지키기 위한 전쟁이 강조되며 더나아가 민주주의와 자유를 위한 숭고한 전쟁으로 각색되어 선전되고 있다. 종교적인 자위도 가세해서 선과 악의 대결, 절대 악과 신의 수호자간의 대결로 되다, 좋은 나라와 나쁜 나라의 단순한 대결 구도로 축소되어 '우리 편 아니면 적 둘 중의 하나(you're either with us or against us)' 라는 독선적인 명제를 낳게 되었다.

셀 수 없이 많은 할리우드 영화에서 러시아 범죄 조직, 중국인, 독일 전범, 화성인과 외계 괴물 같은 에어리언 등등이 지구의 평화 더 나아가 미국의 평화를 위협하는 가상의 대리인으로 등장해 왔다. 미국의 편집증적 환상을 유지하기 위해 누군가가 제임스 본드의 역할을 해야 하고 누군가 빈 라덴의 역할을 해야 할 필요가 있는 것이다. 그러나 여기에 심각한 문제가 있는 것이다. 빈 라덴은 사실은 외부에서 만들어진 것이 아니라 미국의 편집증적 환상의 탄생 때부터 내부에 원초적으로 함께 있었던 것이었기 때문이라고 지젝은 지적하고 있다. 이 원초적인 구성은 사실 미국의 편집증적 환상의 이면이면서 그 환상이 숨기고 있는 진실을 말해 줄 수 있는 것이기에 늘 억압해왔던 것이었기 때문이다. '편집증적 무의식의 표출(paranoiac acting out)' 이라고 지적한다.

지젝(Slavoj Zizek)의 논점은 '편집증적 환상'으로 요약될 수 있는데 바로 이 용어 속에 미국의 문제가 요약되어 있고 테러에 대한 미국의 대응이 어떻게 구조화되는가에 대한 대답이 들어 있다. 왜냐하면, 19세기 산업 문명의 상징이었던 타이타닉호의 침몰이 상상할 수조차 없는 것이었던 것처럼 세계무역센터(WTC) 테러가 미국 내에서 일어난다는 것 또한 상상할 수도 없는 불가능이었지만 바로 이 불가능 자체가 편집증적 환상의 대상이기 때문이다.

따라서 편집증에는 이 불길한 현상이 완벽한 악마적 국외자로 전이되어야 하는 환상이 필요했던 것이다.

이 악마적 국외자는 미국과 완벽하게 분리되어 있는 이질적인 타자이며 피도 눈물도 없거나, 아주 교활하거나 또는 미개한 난폭자, 또는 악마적 속성을 지닌 이단자의 존재이어야 한다. 따라서 자유세계의 암흑과 공포 세계에 대한 응징은 정당성을 갖는다.

9월 11일 이후 미국의 모든 매체는 소방관, 경찰관, 구조대원, 테러에 항거하다 죽은 승객, 일반 시민을 영웅의 반열에 올려놓으며 추도 예배, 미국기 계양, 위로의 십자가 설치, 흑인들이 유태인의 손을 잡고 포옹하는 장면 등 모든 상징적 일들은 빈 라덴을 철저하게 악마적 국외자로 만드는 작업을 정당화시키기 위해 이루어졌다는 것이다.

결국 지젝의 논지는 서구의 평화와 상대적인 번영이 무자비한 폭력과 파괴를 소위 그 야만적인 국외자에게로 옮긴 결과로 얻어진 것이라는 것을 깨닫는 것처럼, 미국의 환상도 그 악마적 국외자의 희생을 통해 얻어진 것이라는 것을 인정해야 한다는 것이다.

크림빵 싸움과 이라크 전쟁

참으로 무서운 생각이 듭니다. 전쟁을 스포츠 중계하듯이 생생하게 보여주는 세상에 내가 살고 있다니… 이라크 전쟁을 보면서 많은 사람들이 도대체 무엇을 위한 전쟁인지에 대해 의문을 갖고 있습니다. 개인 간이든 국가 간이든 싸움이 벌어지는 이유가 참으로 단순한 것 같다는 생각이 듭니다. TV로 전해지는 이라크 전쟁을 보면서 문득 어릴 때 친구와 싸웠던 일이 생각났기 때문입니다.

탄광촌에서 보낸 어린 시절… 모두들 참 가난했지요. 제가 중학교 1학년 때 일입니다. 수업을 마치고 오돌 오돌 떨면서 친구와 함께 집으로 가는데 빵집 앞에서 모락모락 피어오르는 찐빵 솥이 우리의 눈길을 사로잡았습니다. 물론 우리의 발걸음은 빵집 앞에 멈추었고, 비록 사먹을 돈은 없지만, 유리 진열대에 올려진 빵들을 보며 언젠가는 먹을 수 있을 것이라는 아름다운 상상으로 입맛을 다셨습니다.

그런데 친구 녀석이 느닷없이 "만일 먹는다고 치면, 넌 뭐 먹을래?"라고 묻더군요. 제가 그랬지요. "너 돈 있니?"라고. 그러나 그 녀석 "아니 내가 만일이라고 안 했나. 만일이라고…"하며 '만일'을 엄청 강조했습니다. 만일이기는 하지만 나는 진지하게 "난 크림빵 먹을 끼다. 그럼 너는 뭐 먹을래?"라고 했지요. 그런데 그 녀석 대뜸 화를 내면서 "야 임마! 크림빵은 맛없다. 소보로가 더 맛있다. 난 소보로 먹을 끼다"라더군요. 그래서 전 "너 정말 먹어 봤나? 먹어보지도 않고 뻥치지 마라! 난 크림빵이 더 좋다" 했지요. 물론 그 녀석도 나도 지지 않고 크림빵이, 소보로가 더 맛있다고 화를 내며 우겼지요.

그 다음 어떻게 되었느냐고요? 그 때, 우리 정말 피터지게 싸웠습니다. 전 크림빵에 대한 소신을 버리지 않았고 결국 소보로빵을 먹겠다는 그 녀석의 일격에 쌍코피 터지고 말았지요. 그리고 집에 돌아와서는 친구와 싸웠다고 또 어머니의 매를 또 감수해야 했지요. 어머니에게 맞으면서 참 서러웠습니다. 먹어 보지도 못한 빵 때문에 친구에게 얻어맞고 어머니에게도 매 맞았으니…

요즘, 먹어보지도 못한 빵 때문에, 먹을 능력도 없으면서, '만일'이라는 가정을 두고 그토록 치고 박고 싸웠던 그 친구가 부쩍 그리워집니다. 그리고 좀 허술해 보이는 사람이 빵집 앞을 어슬렁거리면 괜스레 가슴이 짠해 옵니다. 철지난 옷을 입고 쇼윈도 근처를 맴도는 사람을 보면 내 발걸음은 공연히 무거워집니다.

물론 저는 지금까지 한 번도 변치 않고 크림빵만 좋아하고 있습니다. 그리고 크림빵을 먹을 때면 추억에 깊이 잠깁니다. 친구 녀석은 지금 무얼 하고 있을까? 지금은 무슨 빵을 좋아할까? 참으로 궁금하지만, 만난다면 녀석이 좋아하는 빵이 무엇이든 간에 따지지 않고 마음껏 사주겠습니다. 그리고 지금은 사람이 꽃보다 아름답다는 노래를 들으면서 빵보다 친구가 그립고 석유보다 사람이 더 소중하다는 생각을 합니다.

(이성록 칼럼 〈아름다운 세상〉에서 발췌)

한편 집단은 결속과 존속을 위하여 집단 무의식을 필요로 한다. 예컨대 유럽이 민족을 근대국가로 만들고 있을 때, 미국은 근대국가를 민족으로 만들어야 했다. '우리는 영국인' 이라는 자의식을 가진 사람들에게 '우리는 미국인' 이라는 자의식을 심기 위하여 하나의 집단의식을 필요로 했다. 미국은 이민자들로 이루어진 자신들의 약점을 극복하기 위해 참으로 집요할 만큼 '자유와 독립' 을 위한 투쟁이 얼마나 숭고하고 헌신적인가를 강조해왔으며, 미국식의 자유민주주의가 인류 최고의 이상임을 끊임없이 반복해왔고, 그 이상(理想)을 지켜주는 미국이라는 국가의 든든함과 고마움을 초등학교 때부터 가르친다. 자유와 독립이라는 이념은 미국을 결속시키는 장치이다.

오랜 세월에 걸친 혈연의 역사가 없기 때문에 독립혁명과 연방 헌법의 정신을 받아들이는 것이 곧 미국인이 되는 조건이었다. 자유와 평등의 이념을 함께 공유하기만 한다면 '누구나 미국인이 될 수 있다' 는 '미국 민족주의' 의 편리한 이점도 있다. 그러나 사실 미국 민족주의의 뿌리는 '앵글로 색슨' 이라는 인종적인 민족주의이다. 결국 미국인들은 미국의 시민 민족주의인 '자유와 평등' 이라는 이념을 대중에 끊임없이 강조하고 교육시키면서 한편으로는 미국 민족주의의 혈통적인 뿌리인 앵글로 색슨 문화를 매우 소중히 여긴다. 바로 이 두 가지 점을 적절히 가미시켜서 만든 영화가 바로 〈스타워즈〉이다.

스타워즈

30여년에 걸친 스타워즈의 장대한 역사는 1977년에 시작되었다. 새파란 애송이 감독 죠지 루카스는 20세기 폭스사 관계자에게 이 세상에 둘도 없는 SF를 만들겠노라고 큰소리쳤다. 그러면서 촬영과정에서도 수십 차례 시나리오를 수정해가면서 이른바 1탄을 내놓았다. 이제는 전설의 인물이 되어 버린 마크 하밀(루크 스카이워크)과 레이아 공주(캐리 피셔), 그리고 다소 껄렁한 해리슨 포드(한 솔로)가 등장했던 영화이다. 그리곤 곧바로 스타워즈는 미국 역사 이상의 의미를 지니는 제국의 역사를 만들어가기 시작한다. 당초엔 아이들이나 열광하리라 생각했던 이 작품은 미국만이 아니라 세계 각지에서 폭발적인 인기를 끌고 있다. 특히 스타워즈의 본 고장인 미국에서의 스타워즈 인기는 상상을 초월한다. 개봉된 지 삼십 년이 넘도록 특정영화가 거의 광신에 가깝게 신봉되는 배경에는 집단의식을 필요로 하는 미국인들의 기대가 들어 있다.

3)한국인의 집합의식

외국인들의 한국인에 대한 평가는 집합의식이 강하다는 것이다. 한국에서는 혼자서 밥을 먹는다거나 쇼핑을 한다거나 영화를 보는 사람은 아직까지 사회성이 결여된 사람으로 인식되기 십상이다. 소위 냄비근성이라는 자기비하적인 평가 역시 개개인의 가치보다 전체의 흐름에 영합하려는 집합의식의 소치이고 유행에 유난히 민감한 것도 집단으로부터 왕따를 두려워하는 집합의식의 소치이다. 자동차 등 소비재 구매 역시 체면이라는 집합의식의 환영(幻影)에 의존한다.

한국인 출신 버지니아공대 학생이 총기난사 사건으로 미국인의 보복을 받을까 지레 겁먹은 것도, 전도연이 칸영화제에서 여우주연상 받았다고 자기 일인 것처럼 흥분하고 영화관으로 몰려간 것도 한국인의 집합의식을 보여주는 것이다. '나도 끼고 싶다'는 욕망, 끼지 않으면 따돌림을 당할 것 같은 '외톨이 두려움' 심리에 기초한 집합의식은 광화문 촛불집회로도 나타나고, IMF 상황에서 '금 모으기 운동'이나, 2002년 '월드컵 응원'으로 나타나기도 했고 최근 자원봉사활동에 너도나도 팔 걷고 나선 것도 집합의식이 반영된 것이다.

평균인간 지향 : 이규태에 의하면 한국인은 가족이나 가문 같은 집안에서 개체의 이익을 희생시키며 교육도 개인이나 집단의 요구에 응하는 인격형성에 중점을 둔다. 즉 집단을 위한 몰아(沒我)의 생리를 가지고 있다. 또한 농촌공동체는 그 속에 사는 사람끼리 서로 동정하고, 실패하거나 불행한 사람을 서로 돕는데 시간과 노력을 아끼지 않았기 때문에 공동체의 삶이 요구하는 융화될 수 있는 평균인간을 지향하고, 그 평균인간을 이상적 인간으로 간주한다는 것이다.[26]

이러한 평균인간 지향성은 "눈치가 빠르면 절에 가도 젓갈 얻어먹을 수 있다" 지만 눈치코치 없는 "모난 돌이 정 맞는다!" 는 집합의식으로 전승되어 튀는 행동을 금기시하고 집단에 동조함으로써 평균에서 모나지 않는 인간상을 덕목으로 삼는다. 집단의 이익을 위하여 개체의 이익을 희생시키며 그래야 한다는 당위를 극대화시키고, 개체의 본능이나 욕구, 감정, 희망과 같은 본심을 극소화시킨다.

따라서 남의 비위를 건드리지 않으려 하고, 자신의 의중을 은폐시킴으로써, 눈치문화가 발달하게 된다. 눈치란 강자의 태도나 표정을 탐색하여 그의 비위를 맞추기 위하여 취해진 행동양식 중의 하나이다. 눈치는 언제나 강자를 전제로 성립되는 것이어서 가난하고 배고픈 백성은 오직 이 눈치하나에 의존하고 살아야 했으니 눈치코치는 약삭빠른 아부와 얌체 짓을 하도록 만드는 주범이기도 하다.

맥락적인 사고 : 한편 집합의식은 동양과 서양 간 차이가 존재한다. 리처드 니스벳(Richard E. Nisbett)에 의하면 먼저 동양인들은 상호의존적 사회

---

26) 이규태, 1984, 한국인의 생활구조, 조선일보사.

에 살기 때문에 자기를 전체의 일부분으로 생각하지만 서양인들은 독립적인 사회에서 살기 때문에 자기를 전체로부터 독립된 존재로 여긴다는 점이다.[27]

동양에서는 타인의 감정에 민감하게 반응하며 인간관계를 조화시키고자 하지만 서양에서는 자기 자신에게 충실하고 정의를 추구한다. 한국의 교사들은 역사적 사건을 설명할 때 전체적 맥락을 자세히 기술하는 것으로 시작하고 그 다음 중요사건을 연대기 순으로 나열한다. 하지만 미국의 교사들은 단도직입적으로 사건의 결과를 설명하며 연대기 순으로 사건을 나열하는 것도 거의 없다. 한국인 등 동양인은 합리적 사고보다는 호혜적 관계를 중시하는 맥락적인 사고와 소통 체계를 갖고 있기 때문이다.

따라서 한국인은 전체의 상황을 여러 가지 요소와 더불어 이해하려 하지만 서양인은 요인과 사건과의 관계를 복잡하게 여기지 않는다. 특히 한국인은 온고이지신(溫故而知新)의 사고에 따라 과거를 회상하고 지나간 일에 관심을 두며 조상의 업적, 과거의 유산을 자랑하는데 열성이지만 미래에 대한 의욕은 강하지 못한 숙명의식을 갖고 있다.

은폐의식과 표리부동 : 외국인이 한국에 와서 이해되지 않는 일 중의 하나는 식당에서는 서로 밥값을 계산하려고 싸우면서도 길거리의 가난한 자에게는 적선을 하지 않더라는 것이다. 회의 시간에는 아무런 의사표현을 하지 않고 침묵하다가 회의를 마치고 난 뒤 삼삼오오 패를 나누어 반대 의견을 드러내는 행태 역시 이해하기 어려운 일이라고 토론한다. 한국인

---

27) Richard E. Nisbett, 2003, The Geography of Thought: How Asians and Westerners Think Differently And Why, Free Press; 2003, 최인철 역 2004, 생각의 지도-동양과 서양, 세상을 바라보는 서로 다른 시선, 김영사.

은 왜 이렇게 겉과 속이 다를까?

우리 한국인은 보다 소수의 사람들과 보다 선택적으로 접촉한다. 미지의 사람과는 접촉을 가능한 한 적게 함으로써 자기노출의 위험을 덜려고 하는 은폐의식을 갖고 있기 때문이다. 정보의 전달에 있어서는 전달수단의 회로를 극소화하고 또 애매하게 한다. 전달수단의 또 다른 방법인 곧 손짓, 몸짓 등 비언어적 수단을 화석화해야 했고, 감정의 직접적 표현을 경박한 것으로 여겼다.

한국인은 의사소통에서 우회적 표현을 사용하는데 이것은 남에게 자신의 의중을 감추기 위해서이다. 한국인은 수직적 의식구조를 갖고 있어 모든 사물을 수직적 서열로 파악하며 호칭(呼稱)하나, 경어(敬語)하나 잘못 썼다가도 봉변과 치욕을 당할 수 있는 사회요, 자기 의사를 표현하는데 있어서 상대가 누구냐에 따라 조심을 해야 하는 사회이기 때문이다.

잃어버린 이름을 찾아서!

가까이 지내는 스님 한 분을 만났더니 "건물은 보이지 않고 간판만 보이는구나!" 불쑥 화두를 던지신다. 그렇다 우리나라 어디든 거리에 나서면 건물은 어디가고 온통 간판으로 만들어진 거대한 탑들만이 보인다. 어느 도시나 건물이 보여야 아름답다. 본질은 어디가고 현란한 간판만이 우리를 혼란스럽게 만든다. 사람도 사람이 본질이어야 할진데 사람은 보이지 않고 간판만이 보인다.

사람은 분명 이름을 갖고 있는데 이름보다는 사회적 신분이나 관계를 나타내는 호칭으로 불린다. 그러다보니 자신의 이름을 잊고 살게 된다. 우리는 성인이 되어 사회에 나온 후에 이름만 불리는 경우가 거의 없다. 특히 사람들은 자신의 이름보다 자신의 신분을 나타내는 호칭으로 불리는 것을 더 좋아 한다. 또 그렇게 하는 것이 예의라고 생각하는 사람들이 많다. 심지어는 부모가 자식을 부를 때도 사회적 신분을 나타내는 호칭을 사용한다.

　사람들은 간판을 좋아한다. 간판을 통하여 높임을 받고 싶어 하고 간판을 통하여 자기과시를 하고 싶어 한다. 그러다보니 가짜 박사도 많고 뒤에 사짜를 붙인 신종 호칭어들이 난무하고 있다. 게다가 한 사람이 몇 개씩의 간판을 달고 다닌다. 심지어는 나눔과 겸손을 강조하는 종교나 자원봉사 분야에도 한 사람이 OO협회장, OO이사장 온갖 간판을 독차지하고 있어 때로는 어떻게 불러야 좋아할까? 고민되기도 한다. 특히 우리 사회의 서열 따지기는 가히 예술의 경지라, 어떻게 호칭해야 할지 참으로 난감할 때가 많다.

　사회생활을 오래하다 보면 이름은 사라지고 성과 직책명만 남는다. 그래서 아무개 씨라고 이름을 부르면 낯설어지고 경우에 따라 불쾌한 감정이 들기도 한다. 이름을 불러서 어떤 사람을 구체적으로 지칭하는 것이 아니라, 상대방의 사회적 지위나 나와의 관계를 부르는 셈이다. 우리가 '사장님', '부장님'하고 부를 때는, 예의를 한껏 차리는 것 같아도 사실은 그 사람에 대한 애정이나 존경이 아니라, 현재 차지하고 있는 직책에 대해 존경심을 표하는 꼴이다.

　사람 그 자체가 중요한 것이 아니라, 지금 차지하고 있는 자리가 중요한 것이다. 그렇게 살다가 정년퇴임을 하고 나면 정체성의 혼란과 상실감을 느끼고 자폐증이나 우울증에 빠지고 만다. 현직이 아무리 짱짱하다 한들 영원히 그 자리에 있을 리는 없는데 이름보다는 직책을 불러야 한다. 심지어는 그 자리에서 물러난 뒤에도 과거 잘나가던 시절의 직책으로 불리기를 좋아한다. 한번 장관을 지내면 영원한 장관이다. 전직 장관을 강사로 초청했는데 현직을 두고 '전 장관'이라고 호칭해달라고 요청하여 황당하였던 적이 있다.

　작금 유명 인사들이 가짜 학력, 가짜 박사 시비를 받고 있다. 이는 우리 사회의 비극이면서 희극이다. 왜 그냥 이름을 부르면 안 되는 것일까? 건물은 어디가고 현란한 간판만 남아 있듯, 나는 어디가고 직책만 남아 있다. 사람이 간판보다 아름다워야 한다. 간판이 아닌 스스로 설 수 있는 힘이 있어야 한다. 사람들은 왜 자신의 이름 그 자체로 혼자 서지 못하는 것일까? 차제에 간판을 내려놓고 잃어버린 나를 찾아 나서자!

(이성록 칼럼, 〈아름다운 세상〉에서 발췌)

권위주의와 감투추구 : 한국인은 '중앙'이라는 이름을 선호하는데 그 이유는 거기에 권위가 있고 가치도 있으며, 질도 좋고 진짜라는 막연한 관념을 갖고 있기 때문이다. 이러한 의식에는 자기열등감이 반영되어 있다. 사회적 상호비교과정에서 자신의 열등의식을 극복하지 못하여 드러낸 집단 열등콤플렉스(inferiority complex)라고 할 수 있다.

다시 말해서 "마소 새끼는 제주로, 사람 새끼는 서울로" 보내야 한다는 속담 속에는 속담의 주인공이 마소 새끼와 다를 바 없는 사람 새끼이기에 서울로 보낸다는 열등 콤플렉스가 잠재되어 있다. 금순이도 삼돌이도 서울로 가면 명문 세도가들과 친분을 맺을 기회가 있다고 생각하기 때문이다. 심지어 거지도 서울 거지가 낫다는 생각은 부와 권력을 간접적으로 경험하는 것만으로 영광스럽게 생각하고 비록 출세가도에 오르지는 못할망정 대리만족을 얻을 수 있다는 허세가 자리 잡고 있는 것이다.

여전히 수직적 서열의식을 갖고 있는 한국인은 열등한 자신을 은폐하고 권세가들 주변에 맴돌고 그도 아니면 그들이 사용하는 값비싼 사치품을 걸치고 대리만족을 얻으려 하고, 우등한 권위나 형식이나 허울에 매달린다. 한국인은 입신출세를 삶의 이상으로 여겼으며 개인의 능력보다 학벌이나 권력을 중시한다. 따라서 한국인은 감투에 대한 집착이 매우 강하며 권력지향적인 경향을 가지고 있다.

그래서 섬김을 표방하는 종교단체에서도 감투자리를 놓고 치열하게 파워게임을 한다. 나눔을 표방하는 자원봉사단체의 감투도 실질적으로 나눔을 실천하는 사람보다, 힘이 있는 사회적 권력자들이 대부분 차지하고 있다. 한국인의 감투의식은 감투가 갖고 있는 의무보다 그 감투가 갖는 권위에 집착함으로써 결국 권위는 사유화된다.

권력의 사유화가 가능한 권위주의 사회에서는 엄격한 수직적 서열이 강조됨으로써 하위자의 의사는 상위자의 권위에 억압된다. 이러한 한국인의 권위주의 집단의식은 눈치의식, 체면의식 등을 발전시켰고 한편으로는 수동적이고 의존적 태도를 갖게 한다. 감투나 권력을 갖지 못하면 그것을 가진 사람과 사적인 관계를 가짐으로써 자신의 지위를 높일 수 있다고 생각한다. 그래서 권력자 주변에 사람이 들끓고 학연(學緣), 지연(地緣), 혈연(血緣)이 판을 친다.

권위주의는 사회적으로는 서열의식을 확산하고 심리적으로는 체질적

인 자기비하 의식을 갖게 한다. 인간관계에 있어서 높고 낮음이 준거 틀이 되어 자신보다 타자의 지위를 의식하고 눈치를 보고 자신을 낮추려는 자기비하의 처신을 한다.

그림이나 시도 내용보다 작자가 누구인지가 중요하고 옷 한 벌도 질보다는 메이커가 어디인지가 중요하게 된다. 당연히 사람도 사람 그 자체보다는 그가 어떤 지위에 있느냐가 중요하다. 따라서 높은 지위자에게는 자기비하를 하고 낮은 지위자에게는 자기과시를 하게 된다. 자기 현시성이 강할수록 학벌을 따지고 가문을 따진다.

집단의식이라는 한국병

내가 보는 한국은 개인주의보다는 집단주의에 가깝다. 그 사람이 속해 있는 집단의 성격이 많은 걸 대신해서 보여준다. 이를테면 고향이나, 학교, 직업 등이다. 이 지역에서 태어났으면 어떤 정당을 지지할 것이라든가, 이 학교 출신이면 어느 정도의 지적 능력, 그리고 그 직장이면 생활수준이 어느 정도 될 것이라는 걸 미루어 짐작한다. 그렇다면 다른 나라는? 하고 물을 수도 있겠지만 대답은 '그렇지는 않다'는 것이다.

캐나다의 기업에서는 출신학교는 참고자료일 뿐 절대로 중요한 기준이 되지 못한다. 같은 학교에 입학했다고 해서 4년간, 혹은 졸업 이후 그들의 인생이 똑같이 진행되지는 않는데 한국의 경우 일단 대학에 진학하고 나면 어떤 능력을 개발해서 어떤 개성을 가지고 있든 비슷한 취급을 받게 되는 것 같다. 한국의 고등학생은 그래서 예외 없이 유명 대학을 선호한다. 히스토리를 중요하게 여기기 때문에 꼭 대학을 나와야 하고, 그것도 일류 대학에 가야 한다. 그러다보니 한국 학생들은 모든 인생의 목표가 대입에만 맞춰져 있다.

나는 캐나다에서 주위 친구들이 대학을 선택할 때 우선 집에서 가까운 대학을 먼저 고려하고, 그 이후엔 장학 혜택이 많은지 등록금 부담이 어느 정도인지를 따져보는 모습들을 보아왔다. 물론 아이비리그로의 진학을 희망하는 친구도 있었지만 대학의 유명세가 대학 선택의 절대적인 기준이 되고 있는 한국의 유학생들과는 많은 차이가 있다.

한국은 지금 학력논란이 뜨겁다. 많은 사람들은 이 논란에 대해 "그들이 대학을 나오지 않아서가 아니라 거짓말이 문제"라고들 한다. 그러나 어쩌면 한국인들은 '그 유명인이 대학을 나오지 않았다'는 사실에 훨씬 더 충격을 받았을지도 모른다. 일부 유명인이 대중 앞에서 자신의 히스토리를 떳떳이 밝힐 수 없었던 건 실제보다 부풀려진 학력이 성공에 도움이 되었거나, 이미 성취한 일을 더욱 빛나게 해주었기 때문이다. 이제 대중은 그 유명인에게 필요 이상으로 후하게 주었던 점수를 필요 이상으로 야박하게 거두어들일지도 모른다. 누구나 능력 위주의 사회가 되어야 한다고 성토하지만 누구도 편견을 버리지는 않는다. 캐나다에서 내 삶은 내가 어떤 학교 출신이라는 것과는 별로 연관이 없었다. 그런데 한국에서는 이성 친구를 소개하는 간단한 일에서마저 출신학교를 반드시 짚고 넘어간다. 미국이 서부개척시대부터 강조했던 '미국은 기회의 나라'라는 건, 누구나 열심히 일하면 성공할 수 있다는 희망의 메시지였다. 그러나 한국에서는 얼마나 많은 기회를 편견이라는 장벽이 가로막고 있을지 안타깝기만 하다.

(글. 매튜 클레먼트, 2007년 08월 17일)

결과주의와 편의주의 : 그러나 혈연 학연 지연보다 더 나은 것이 거짓말이다. "거짓말도 잘하면 논 다섯 마지기보다 낫기" 때문이고 "거짓말이 외삼촌보다 낫기" 때문이다. 게다가 말만 잘하면 천 냥 빚도 갚을 수 있고 모로 가도 서울 가면 그만이니 가짜이든 진짜이든, 거짓이든 진실이든 결과만 좋으면 그만이다. 그래서 양화가 악화에 의해 구축되어 진짜가 가짜가 되고 가짜가 진짜가 되기도 한다. 진짜도 진짜 진짜가 있고 가짜 진짜가 있으며, 가짜도 진짜 가짜가 있고, 가짜 가짜도 있다.

2007년 후반에 가짜 학력과 학위로 교수가 된 사람들이 문제가 되자 한결같이 '능력이 있기 때문' 이라고 항변하였다. 한국인은 내용보다 형식을 좋아하고, 과정보다 결과를 중시하는 편의주의를 갖고 있다. 편리한 것이 선한 것이라는 편의주의는 빨리 결과를 얻기 위해 만사에 서두르고, 결과만 좋다면 과정상의 편법도 문제없다는 결과지상주의 집단의식을 형성하였다. 이러한 편의주의와 결과지상주의는 성공을 위해 수단과 방법을 가리지 않는 의식을 전파하여 상호 신뢰관계의 파괴, 지속성의 결여, 결과의 사유화(私有化) 등과 같은 부정적 결과들을 초래한다.

기지도 못하면서 날려고 하는 한국인의 집합의식 속에 과정은 거추장스러운 것이다. 오동나무보고 춤부터 추고, 콩밭에 가서 두부 달라, 우물가서 숭늉 달라며 떡 줄 놈은 생각도 않는데 김칫국부터 마셔대니, 천리 길도 한 걸음부터라고, 아무리 급해도 바늘허리에 실 매어 쓸 수 없다고 할 수밖에 없는 것이다.

목표를 달성하려면 절차와 과정이 있게 마련이지만 미래를 예측할 수 없으니 마음이 급하여 걷기도 전에 날려고 하니 도전적이고 오동나무만 봐도 벌써 거문고인양 춤부터 추니 창의적이라고 할 수 있겠으나 순리를 무시하고 '눈 감고 아웅' 하려는 편의주의는 성수대교나 삼풍백화점 같은 날림공사를 야기하고 일확천금을 꿈꾸고 패가망신하며 가짜 학위로 입신양명하려다 사회적 문제를 일으키게 하는 원인이 되고 있다.

한국인의 이러한 집합의식은 외국인들로부터 배척을 받는 주요 원인이 되고 있다. 한 신문은 '한국사회의 신뢰위기'라는 제목으로 다음과 같은 기사를 실었다. "지난 8일 제프리 존스 주한미국상공회의소 회장은 신뢰부재가 한국의 가장 큰 문제라며 한국인은 나만 살아  남으려 하는데 그런 전략으로는 거래가 지속될 수 없다고 하였다. 지난 해 아르헨티나에서는 한국인들이 가장 싫은 외국인 2위로 꼽혔고, 인도네시아에서는 각종 법규위반으로 강제 추방된 외국인으로 한국인이 1위를 기록했다. 최근 멕시코의 유력 일간지 〈레포르마〉는 한국인의 이민사회에 대한 특집기사에서 원래 멕시코시티 후아레스 구역은 여러 국가 이민자들이 사이좋게 공존하는 지역이었으나, 한국인들이 들어온 뒤로부터는 이웃 간의 정이 깨진 불만이 가득한 지역이 되었다고 성토했다. 이 신문은 나아가 한국인들은 공존하기 매우 어려운 민족이라고까지 하며 한국인에 대한 불신과 거부감을 드러냈다."[28]

충동조절장애 증후군 : 한국인은 곰과 같이 침묵을 지키고 있다가 범처럼 노여움을 드러내는 기질을 갖고 있다. 자신을 은폐하고 억압하다가 어느 순간 발끈하여 터져버리는 한국인의 특질을 충동조절장애(Impulse

---

28) 한국경제, 2001년 2월 11일.

Control Disorder) 현상으로 설명하기도 한다. 충동조절장애란 본능적 욕구가 너무 강하거나 자기방어 기능이 약해져서 충동을 조절하지 못하는 증세이다. 통계자료를 보면 소비도 충동적으로 하고 심지어는 가출, 이혼, 자살도 충동적이다. 어째서 한국인들은 이렇게 충동을 자제하지 못하는가?

전래되는 속담에 나타나는 집합무의식에서 그 원인을 발견할 수 있다. 물에 빠지면 지푸라기라도 잡는다지만 지푸라기를 잡아 봐야 소용없고, 호랑이에게 물려가도 정신 차리면 산다고 말하지만 그것은 운 좋게 살아온 사람의 말일 뿐, 대부분은 정신 차려도 죽게 된다. 속담에 나타난 한국인의 집합의식은 자신보다 월등하게 힘이 센 적수를 만나면 적수와 맞서 싸우기보다 '지는 게 이기는 것'으로 자기합리화를 하거나 '내 팔자'라는 자조(自嘲)적 태도를 드러낸다.

그래서 한국인은 눈 감으면 코 베어 가는 세상에서 법은 멀고 주먹은 가

깝지만 흔히 참을 인자가 셋이면 살인도 면하고 게다가 한 시를 참으면 백날이 편하다기에 자신의 감정을 절제하고 인내심을 발휘한다. 그러나 이러한 의식의 기저에는 비록 안 되는 놈은 두부에도 뼈가 있고, 자빠져도 코 깨지며 곰을 잡아도 웅담이 없지만, 그래도 하늘이 무너져도 솟아날 구멍이 있고 쥐구멍에도 볕들 날이 있다는 실현 가능성이 거의 없는 기대가

들어 있다.

그래, 지성이면 감천이라 했으니 곰처럼 참아보고, 내 팔자라고 자조해 보지만 그러나 이는 절망의 몸짓일 뿐 현실적 해결방안은 아니다. 물론 힘 있는 사람에게 눈치껏 아부해 보지만 여우 피하니 호랑이 만나고, "우리가 남이가!"를 외치며 약삭빠르게 줄서고 의탁해 보지만 믿는 도끼에 발등 찍히고 만다. 그래서 세상에 믿을 놈이 없고, 지렁이도 밟으면 꿈틀거린다는데, 울고 싶은 놈 뒤통수 때리니 가만히 있으니 가마떼기인 줄 아냐며, 발끈하여 범처럼 분노를 토해 낸다. 선천적으로 감성적인 한국인은 폭발 지점까지 스스로 억압하고 기어이 폭발하면 효과보다 소리가 더 요란스럽다.

한국인의 충동조절장애는 사회적 울화로서 한국인의 역사와 독특한 집합무의식을 반영한 것이다. 발끈하는 것은 무의식 속에 억압된 부분이 자극 받았기 때문이다. 맞은 놈은 펴고 자고 때린 놈은 오그리고 잔다며 스스로 위안하며 참아보지만, 형틀지고 와서 볼기 맞았으니, 분하여 자다가도 벌떡 일어나는 것이 정상일 것이다.

울다가 웃으면 똥구멍에 수염이 난다며 자제해 보지만 억눌린 분노는 사라지는 것이 아니라 차곡차곡 쌓여 있다가 어느 순간 터질 수밖에 없는 것이다. 한국인의 충동조절장애는 분노를 참는 것이 아니라 적절히 분출할 수 있는 기제를 갖게 될 때 해결될 수 있는 것이다.

종로에서 뺨 맞고 한강에서 눈 흘기지 말아야 한다. 화가 나면 눈치 보지 말고 화를 낼 수 있어야 한다. 말 한마디로 천 냥 빚 갚을 생각일랑 말고, 의견이 다르면 아니라고 말할 수 있어야 한다. 한국인의 의사소통 양식은 '의존적-형식적-일정한-신중한-협조적-솔직히' 의 순으로 이루어진다.[29] 눈치코치 보느라 자신의 의중을 은폐시킨 결과이다. 이제는 '솔직히-협조적-신중한-일관성-의존성' 의 순서로 의사소통의 방식이 바뀌어야 할 것이다.

우리 한국인은 감성적이면서도 기쁨이나 노여움, 슬픔이나 즐거움 등  희로애락의 감정을 그대로 노출시키지 않는다. 기쁠 때 눈물을 흘리고 슬플 때 웃기도 한다. 매사 '우리' 를 강조하면서도 패거리를 나누고 적대시한다. 어떤 경우에는 미련하게 참지만 어떤 때는 극단적으로 억지를 부린다. 슬픔은 기꺼이 나누지만 사촌이 땅 사면 배가 아프다. 비관적 생각을 낭만적으로 해석하고 낙관적 생각은 인생의 깊이가 부족한 것으로 보기도 한다.

자기비하를 하면서도 자기과시를 하고 부자를 욕하면서도 부자가 되려고 애를 쓴다. 변화를 원하면서도 변화를 두려워한다. 타자에 의존적이면서도 신뢰하지 못한다. 자랑을 하고 싶어 하면서도 자랑하면 팔불출로 취급한다. 이러한 집합 무의식들은 그만큼 외적인 억압과 사회에 누적된 금기사항들이 많았음을 의미한다. 억압과 금기들의 역사적 유산이 양극적이고 불안정한 정서와 충동조절장애라는 집단 병력을 남긴 것이다.

---

29) 오세철, 1982, 한국인의 심리, 박영사.

시발노무색기 공화국

중국 고사에 삼황오제의 이야기가 있다. 그중 복희는 주역을 만들었을 뿐 아니라 길흉화복을 점치는 법을 만들었다고 전해진다.

어느 날 복희는 황하의 물이 시작되고 있는 곳이라 하여 시발현(始發縣)이라 불리는 마을에 전염병이 돌아 많은 사람들이 죽어 가고 있다는 전갈을 받았다. 시발현에 도착한 복희는 전염병을 잠재우기 위해 3일 밤낮을 기도했다. 3일째 되는 밤에 웬 성난 노인이 나타나서 "나는 자연신이다. 이 마을 사람들은 곡식을 거두고도 자연에 제사를 지내지 않아 벌을 주는 것이다. 나는 집집마다 피를 보지 않고는 돌아가지 않으리라"고 했다. 그래서 복희는 마을 사람들에게 "집집마다 동물의 피로 붉게 물들인 깃발을 걸어두라"고 했다. 그러나 현(縣)의 관노(官奴)는 "귀신은 본디 깨끗함을 싫어하니 나는 피를 묻히지 않고 깃발을 걸 것이다"라고 생각하여 자기 집에 무색기를 걸었다.

그날 밤 복희가 다시 기도를 하는데 자연신이 또 나타나 노여워하며 '이 마을 사람들이 모두 정성을 보여 물러가려 했으나 한 놈이 나를 놀리려 하니 몹시 불경스럽다. 내 전염병을 물리지 않으리라' 했다. 그래서 다음 날부터 그 마을에는 전염병이 더욱 기승을 부려 많은 이가 죽었다. 이에 대해 복희는 "이 마을(始發縣)의 한 노비(奴婢)가 색깔 없는 깃발(無色旗)을 걸었기 때문이다(始發奴無色旗)"고 말했다. 그 다음부터 혼자 행동하여 다른 사람에게 피해를 주는 사람이나 제대로 알지도 못하면서 행동하는 사람을 始發奴無色旗(시발노무색기)라고 부르게 되었다고 한다.

당연히 始發奴無色旗는 사회적으로 배척되기 마련이므로 사람들은 조심 또 조심하며 산다. 며칠 전 오마이 뉴스에는 노조에 대한 그릇된 시각을 갖고 있는 사람들을 비난하며 '始發奴無色旗를 찾아내 척결하자' 는 칼럼이 소개되었다. 사회집단들은 집단의 이익에 반하는 始發奴無色旗를 가차 없이 척결하려 한다. 그러다 보니, 한 때 다른 관점을 가진 사람을 용공분자로 매도하여 척결하고 다른 한쪽에서는 프락치로 매도하여 숙청하는 웃지 못 할 희극이 이 땅에서 연출되었다. 지금도 여당과 야당은 서로 始發奴無色旗라고 비방하고, 코드가 맞지 않으면 적대시하며 한심이 보수와 빨갱이 진보로 편 갈라 서로를 척결해야 할 始發奴無色旗로 매도한다.

물론 사람들은 다원화된 사회에는 다양한 의견과 관점이 존재한다고 점잖게 말한다. 그러나 그것은 자신의 의견이 약세일 때일 뿐, 강세가 되면 다른 의견은 척결되어야 할 始發奴無色旗가 되고 만다. 그러다 보니 정치적 사안뿐만 아니라 사회문화 전반에서 다른 의견들은 설 땅을 잃고 있다. 적과 동지로 양분된 이분법적 논리만이 판을 친다.

　나와 뜻이 같으면 동지고 나의 의견과 다르면 적이다. 토론과 논리의 규범은 사라지고 살벌한 주장만이 칼날을 세운 채 난무한다. 게다가 정당한 주장마저도 자신의 생각과 맞지 않으면 始發奴無色旗라고 손가락질해대니 이 세상엔 온통 始發奴無色旗로 가득하다. 어찌할거나! 그야말로 대한민국은 시발노무색기 공화국이로다.

참고문헌

·

찾아보기

강영안, 2005, 레비나스의 철학-타인의 얼굴, 문학과 지성.

강은주, 2005, 공감훈련이 사무직 근로자의 공감능력과 갈등해소 양식의 변화에 미치는
영향, 석사학위논문, 경성대학교.

공병호, 2004, 〈칼럼〉가우스 법칙. http://www.gong.co.kr/

김용옥, 도올의 도마복음 이야기, http://news.joins.com/article/2878344.html?

김현경, 2006, 천 개의 공감, 한겨레신문.

데이비드 흄, 이준호 역, 1998, 도덕에 관하여, 서광사.

로버트그린, 강미경 역, 2002, 유혹의 기술, 이마고(주).

로저 트리그, 최용철 역, 1996, 인간 본성에 관한 10가지 철학적 성찰, 자작나무.

루드비히 포이에르바흐, 박순경 역, 1982, 기독교의 본질, 종로서적

리처드 래저러스 · 버니스 래저러스, 정영목 역, 1997, 감정과 이성, 문예출판사.

木村泰賢 著, 朴京俊 譯, 1992, 原始佛敎 思想論, 경서원.

박삼열, 2002, 스피노자 윤리학 연구, 선학사.

박성희, 공감, 1996, 공감적 이해, 원미사.

박정순, 1996, "감정의 윤리적 사활", 감성의 철학, 민음사.

박종영, 1995, 사회심리학, 대왕사.

손장권 외, 1994, 미드의 사회심리학, 일신사.

송기득, 1984, 인간, 한국신학연구소.

스탠필드, J. R., 원용찬 역, 1997, 칼 폴라니의 경제사상, 한울아카데미.

오세철, 1982, 한국인의 심리, 박영사.

오세철, 1986, 문화와 사회심리이론: 조직행동이론의 재구성.

윤원근, 2002, 세계관의 변화와 동감의 사회학, 문예출판사.

이규태, 1984, 한국인의 생활구조, 조선일보사.

이동원 · 박옥희, 2000, 사회심리학, 137; 홍대식, 앞의 책, p.141; 한규석, 1999, 사회심리학
의 이해, 학지사.

이보섭, 융 심리학을 기초로 한 민담-싸이코 드라마, http://jungfairytale.or.kr/ m02.html

이선자, 2006, 공감훈련이 교사의 공감능력과 교사-학생 간 갈등관리방식에 미치는 효과,
한국교원대학교 대학원, 박사학위논문.

이성록, 2001, 자원봉사 행동에 미치는 다차원적 동인의 영향력, 서울여자대학교, 박사학위 논문.

이성록, 2002, 새로운 공동체 영역 제4섹터, 미디어숲.

이성록, 2003, 자원봉사매니지먼트, 미디어숲.

이수원, 1994, 사회적 자아중심성 : 타인이해에서 성향주의의 원천, 한국심리학회. Vol. 13(1).

이종범 외 3인, 1994, 딜레마 이론, 나남출판.

임창빈, 2007, '세컨드라이프를 중심으로 한 MUVEs에서의 친밀감 상승에 관한 연구',
　　　　KAIST 문화기술대학원.

전경갑, 1999, 욕망의 통제와 탈주-스피노자에서 들뢰즈까지, 한길사.

최광선, 2006, 개인관계의 사회심리학, 시그마프레스, pp. 6~8.

토마스 홉스, 1994, 리바이어던, 한승조 역, 삼성출판사.

파트릭 르무안, 이세진 역, 2005, 유혹의 심리학, 북폴리오

홍대식, 1994, 사회심리학, 청암미디어.

Allan Gibbard, 1990, Wise Choices, Apt Feeling: A Theory of Normative Judgement,
　　　　Cambridge: Havard University Press.

Allport, G. W., 1954. The nature of prejudice. Reading, MA: Addison-Wesley, 이원영 역,
　　　　1993, 편견의 심리, 성원사.

Anthony Giddens, 권기돈 역, 1997, 현대성과 자아정체성: 후기 현대의 자아와 사회, 새물결.

Asch, S. E. (1951). Effects of group pressure upon the modification and distortion of
　　　　judgment. ;http://en.wikipedia.org/wiki/Asch_conformity_experiments

Askari Jomo Asante, 1999, Factor Impacting Burnout: HIV/AIDS Volunteers, The University
　　　　of Memphis, p.23

Bernhard H. F. Taureck, 변순용 역, 2004, 레비나스, 인간사랑.

Bernstein, M. and Crosby, F. J, 1980, An Empirical Examination of Relative Deprivation
　　　　Theory, Journal of Experimental Social Psychology, No.16, pp.442-456.

Black, David M., 2004. Sympathy reconfigured: Some reflections on sympathy, empathy
　　　　and the discovery of values, International Journal of Psycho-Analysis, 85:579-595

Braver, S. L., & Wllson, L. A., 1986, Choices in social dilemmas: Effects of communication
　　　　within subgroups, Journal of Conflict Resolution, 30, pp. 51~62

Brown, K. A. 1984. Explaining group poor performance: An attributional analysis.

Academy of Management Review, 9(1), pp.54~63.

Campbell, J. D., & Fairey, P. J. (1989). Informational and normative routes to conformity. Journal of Personality and Social Psychology, 57, 457-468.

Cialdini, R. B., Vincent, J.E., Lewis, S.K., Catalan,J., Wheeler, D., & Darby, B.L., 1975, Reciprocal Concessions Procedure for Inducing Compliance: The door-in the face Technique. Journal of Personality and Social Psychology,, Vol.31, pp.206-215.

Coleman, James S., 1994, A Rational Choice Perspective on Economic Sociology. In Neil J. Smelser & Richard Swedberg(ed.), The Handbook of Economic Sociology, 166-182. N.Y.: Rusell Sage Foundation.

Collins, R. 1984, The Role of Emotion in Social Structure. In: Scherer, K. R. and Ekman, P. (Eds.) ,Approaches to Emotion. Hillsdale/NJ: Lawrence Erlbaum.

Dahrendorf, Ralf, 1959, Class and Class Conflict in Industrial Society. Stanford, CA: Stanford University Press, pp. 237-240.

Daniel Goleman, 1997, Emotional Intelligence: Why It Can Matter More Than IQ, 2ed, Bantam Books.

Dawes Robyn M, John Orbell, Randy Simmons, Alphons van der Kragt, 1986, Organizing groups for collective action, American Political Science Review, 80, pp.97-103.

Dawes, R. and Messick, M. (2000). "Social Dilemmas" International Journal of Psychology, 35 (2), 111-116.; http://en.wikipedia.org/wiki/ Social_dilemma

Edwin Cannan, M. A., LL. D. (eds.). 1965, An Inquiry into The Nature and Causes of The Wealth of Nations by Adam Smith, N.Y.: Random House, Inc.

Elliot Aronson, 2004, The Social Animal, Eighth Edition,. New York: Worth Publishers.

Emmaneul Levinas, 강영안 역, 1999, 시간과 타자, 문예출판사.

Ernst Fehr and Simon Gachter, 1997, Reciprocity and Economics: The Economic Implications of Homo Reciprocans, University of Zurich Institute for Empirical Economic Research, Working Paper No. 40.

European Graduate School EGS, http://www.egs.edu/resources/lacan.html

Eyre, P., 1978, Identification and Empathy, International Review of Psycho-Analysis, 5:351-359

Forbes, R. J. &Jackson, P. R.(1980), "Non-verbal Behavior and the Outcome of Selection

Interviews," Journal of Occupational Psychology, Vol. 53, pp. 65-72.

Fredric Bastiat, 1850, Economic Harmonies, Irvington-on-Hudson, trans. W. Hayden Boyers, ed. George B. de Huszar, 1996. NY: The Foundation for Economic Education, Inc. http://www.econlib.org/LIBRARY/Bastiat/basHar.html.

Freedman, J. L., & Fraser, S. C., 1966, Compliance Without Pressure: The foot-in-the-door technique, Journal of Personality and Social Psychology, Vol. 4, 196-202

Fulton, M.E. and L. Hammond Ketilson. 1992. "The role of cooperatives in communities: Examples from Saskatchewan." Journal of Agricultural Cooperation 7: 15-42.

Garrett Hardin, (1968), "The Tragedy of the Commons," Garrett Hardin, Science, 162(1968):1243-1248.; http://dieoff.org/page95.htm

Gause, G. F. 1934, The struggle for existence. Baltimore, MD: Williams & Wilkins.; http://en.wikipedia.org/wiki/Competitive_exclusion_principle

Gifford. Robert, 1997. I'm cooperative, but you're greedy": some cognitive tendencies in a commons dilemma: Canadian Journal of Behavioural Science(Oct 1997):

Goethals, G. R., & Darley, J. M., 1977, Social comparison theory: An attributional approach. In J. M. Suls & R. L. Miller (Eds.), Social comparison processes: Theoretical and empirical perspectives, New York: Hemisphere. Goldthorpe.

Gordon, J. R., 1999, Organizational Behavior: A Diagnostic Approach, Prentice-Hall.

Guerney, B. G., 1977, Relationship enhancement: Skill training programs for therapy, problem prevention and enrichment. San Francisco CA: Jossey Bass.

Rickman, H. P., 1981, The Nature of Sympathy by Max Scheler, The British Journal of Sociology, Vol. 32, No. 2(Jun., 1981), 279-280.

Haley, W. E., & Strickland, B. R. (1986). Interpersonal betrayal and cooperation: Effects on selfevaluation in depression. Journal of Personality and Social Psychology, 50, 386-391.

Hastie, R., 2001, Emotions in jurors' decisions. Brooklyn Law Review, 66, 991- 1009.; http://faculty.chicagogsb.edu/reid.hastie/vita/

Henri Bergson, 정석해 역, 1982, 시간과 자유의지, 삼성출판사

Hobbes, Thomas. Leviathan: With Selected Variants from the Latin Edition of 1668, edited by Edwin Curley. Indianapolis: Hackett Publishing Company, 1994. pp.58~59.

Hochschild, A. R., 1979, "Emotion Work, Feeling Rules, and Social Structure. The American Journal of Sociology, Vol. 85, No. 3 (Nov. 1979), pp. 551-575.

Hochschild, A. R., 2003(1st ed., 1983), The Managed Heart, 20th ed., Berkeley: University of California Press

Hoffman, M. L., 1982, Development of prosocial motivation: Empathy and guilt. In N. Eisenberg(Eds), The Development of prosocial behavior, N.Y.:Academic Press.

Hospers, John, 1972, Human Conduct-Problems of Ethics, NY: Harcourt Brace Jovanovich.

Howard Bloom, 2000, The Global Brain: The Evolution of Mass Mind from the Big Bang to the 21st Century, 양은주 역, 2004, 집단정신의 진화, 파스칼북스.

Howard Bloom., Lucifer Principle-A Scientific Expedition into the Forces of History, 이무연 역, 2002, 루시퍼 원리-역사 원동력에 관한 과학적 분석, 파스칼북스.

Ivancevich, J. M. & M. T. Matteson, Organizational Behavior and Management, 3rd.ed, Irwin, 1993, p.398.

Joel Marks, 1991, "Emotion East and West: Introduction to A Comparative Philosophy", Philosophy East & West, vol. 41, pp.1-30.

Kathleen D. Vohs & Roy F. Baumeister, 2007, Feeling Duped: Emotional, Motivational, and Cognitive Aspects of Being Exploited, Review of General Psychology, American Psychological Association, Vol. 11, No. 2, 127-141.

Kelley H H., 1967, Attribution theory in social psychology, Nebraska symposium on motivation. (Levine D.. ed.), Lincoln. NE: Univ, Nebraska Press., p. 192-240.

Kelley, H. H., 1973, The Processes of causal attribution, American Psychologist, No. 28, pp. 107~128.

Kemper. T. D., "How Many Emotions are There?", The American Journal of Sociology, Vol. 93, No. 2 (Sep. 1987), pp. 263-289

Koslow, S. (2000). Can the truth hurt? How honest and persuasive advertising can unintentionally lead to increased consumer skepticism. Journal of Consumer Affairs, 34, 245-268.

Krohn, Marvin D. (1986), The Web of Conformity: A Network Approach to the Explanation of Delinquent Behavior, Social Problems, Vol. 33, No. 6, Special Theory Issue

(Oct. - Dec., 1986), pp. S81-S93

Leidner, R., 1999, "Emotional Labor in Service Work," Annals of the American Academy of Political and Social Science, January, pp. 81-95.

Lemert, E. M. (1974). Beyond Mead: The societal reaction to deviance. Social Problems, 21, (4), 457-68.

Liz Bondi, 2003, Empathy and Identification: Conceptual Resources for Feminist Fieldwork Geography, The University of Edinburgh, http://www.acme-journal.org/vol2.

Lussier, R. N., 1993, Human Reations in Organizations, Irwin.

M. Buber, 김천배 역, 1983, 나와 너, 대한기독교서회.

Martin Masse, DURKHEIM'S COLLECTIVE CONSCIENCE, http://www. quebecoislibre. org/DIR010416.htm

Matt Ridley, 1998, The Origins of Virtue, Author(s) of Review: Robin Dunbar International Affairs (Royal Institute of International Affairs 1944-), Vol. 74, No. 1 (Jan., 1998), pp. 208-209; Matt Ridley, 1997, The Origins of Virtue. New York: Viking. p. 295

Max Picard, Hitler in uns selbest, 김희상 역, 우리 안의 히틀러, 2005, 우물이 있는 집.

Max Scheler, trans. Peter Heath, 1983, The Nature of Sympathy, London: Shoe String Press.

Meyer, J. P. & Koebel, S. L. M., 1982, Students' test performance: Dimensionality of Casual attribution, Personality and Social Psychology Bulletin, No.8., pp.31~36

Miller,?Bruce L., 1981, "Autonomy and the Refusal of Lifesaving Treatment."? Hastings Center Report 11(4), pp.22~28.

Morgan, Gareth., (1997), Images of Organization, Sage Publication; 박상언? 김주엽 공역, 2004, 조직의 8가지 이미지, 지샘, pp.366~367.

Mullen, B. & Riordan, C. A., 1988, Self-serving attributions for performance in naturalistic settings: A meta-analytic review. Journal of Applied Social Psychology, 18. 3-32.

Niebuhr, Reinhold., Moral Man and Immoral Society; A Study in Ethics and Politics, 이한우 역, 1998, 문예출판사.

Notre Dame, 2005, Natura Naturans for the 21st Century? Philosophical Anthropology Conference.

Nourse, Edwin G., 1922, "The Economic Philosophy of Cooperation," American Economic

Review, 12, December 1922.

Osborne, Martin J. & Rubinstein, Ariel., 1990, Bargaining and Markets. San Diego: Academic Press, Inc.

Pettigrew, T. F., 1959, Regional difference in anti-Negro prejudice, Journal of Abnormal Social Psychology, No.59, pp.28~36.

Purdue University, http://www.cla.purdue.edu/cademic, "Jacques Lacan Modules, Cha.3 On Desire".

Rapaport, A. (1973), Experimental games and their uses in psychology, Morristown, N.J: General Learning Press. 1

Raven, B. H. (1965). Social influence and power. In I. D. Steiner & M. Fishbein (Eds.), Current studies in social psychology (pp. 371-382). New York: Holt, Rinehart, & Winston.

Richard E. Nisbett, 2003, The Geography of Thought: How Asians and Westerners Think Differently And Why, Free Press; 2003, 최인철 역 2004, 생각의 지도- 동양과 서양, 세상을 바라보는 서로 다른 시선, 김영사.

Robert C. Solomon, 1993, "The Philosophy of Emotion.", Michael Lewis and Handbook of Emotions, ed., Jeannette M. Haviland, New York: The Guiford Press.

Robert Merton, 1985, George Sarton: Episodic Reflections by an Unruly Apprentice, Isis, vol.76. pp.470-486.

Rogers, C. R., 1975, Empathy: an unappreciated way of being, Counselling Psychologist, 5, pp.2~10; http://www.elementsuk.com/pdf/ empathic.pdf

Ross Michael, & Fiore Sicoly. 1979. "Egocentric biases in availability and attribution." Journal of Personality and Social Psychology 37: 322-336.

SAT02.pdf; Daniel Moldt, Attribution and Adaptation: The Case of Social Norms and Emotion in Human-Agent Interaction, University of Hamburg.

Schacter, D. L., 1999, The seven sins of memory: Insights from psychology and cognitive neuroscience. American Psychologist, vol. 54, pp. 182-203.

Schacter, D. L., 1999, The seven sins of memory: Insights from psychology and cognitive neuroscience. American Psychologist, vol. 54, pp. 182-203.

Schacter, D. L., 1999, The seven sins of memory: Insights from psychology and cognitive neuroscience. American Psychologist, vol. 54, pp. 182-203.

Schultze, C., 1997, The Public Use of Private Interest. Washington, D. C.: Brookings Institution.

Sean Gonsalves, Empathy, 2005, Not Sympathy, http://www.alternet.org /columnists/story/24600/

Serge Ciccotti, 150 petites experiences de phychologie, 윤미연 역, 2006, 내 마음 속 1인치를 찾는 심리실험 150, 궁리.

Shand, Alexander H., 1996, Free Market Morality, 이상호 역, 자유시장의 도덕성, 문예출판사.

Shott. S., "Emotion and Social Life: A Symbolic Interactionist Analysis." The American Journal of Sociology, Vol. 84, No. 6 (May, 1979), pp. 1317-1334;

Stalder, D. R. 2000, Does logic moderate the fundamental attribution error?, Psychological Reports, 86(3), 879-882.

Susan T. Fiske, Lasana T. Harris, Amy J. C. Cuddy, 2004, SOCIAL PSYCHOLOGY: Why Ordinary People Torture Enemy Prisoners, Science 26, Vol. 306(5701), pp. 1482-1483.

Sutton, R. I.(1991), "Maintaining Norms about Expressed Emotions: The Case of Bill Collectors," Administrative Science Quarterly, Vol. 36, pp. 245-268.

Tanford, S. & Penrod, S. (1984). Social influence model: A formal integration of research on majority and minority influence processes. Psychological Bulletin, 95, 2, 189-225.

Taylor, S. E. & Brown, J. D., 1988. Illusion and well-being: A social psychological perspective on mental health, Psychological Bulletin, vol. 103, pp. 193-210.

Taylor. S. E & Brown. J. D., 1994, Positive Illusions and Well-Being Revisited Separating Fact From Fiction, Psychological Bulletin, by American Psychological Association, July 1994 Vol. 116, No. 1, 21-27.

The Group of Lisbon, 1993, Limits to competitive, Lisbon: Gulbenkian Foundation.

Theodore D. Kemper, 1987, How Many Emotions Are There? Wedding the Social and the Autonomic Components, The American Journal of Sociology, Vol. 93, No. 2 (Sep., 1987), pp. 263-289 .

Thompson, L. & Hastie, R., 1990, Judgment tasks and biases in negotiation, in B. H.

Sheppard, M. H. Bazerman & R.J. Lewicki, (Eds.), Research in negotiation in organizations, Volume 2, pp. 31-54.

Thompson, L., & Hastie, R., 1990, Social perception in negotiation, Organizational Behavior and Human Decision Processes.

Thompson, S. C., & Kelley, H. H. 1981, Judgments of responsibility for activities in close relationships. Journal of Personality and Social Psychology, 41, 469-477.

Tillich, P., 1976, Systematic Theology, Chicago: The University of Chicago Press, pp. 174~178

Trigg, Roger. 1999. Ideas of Human Nature: An Historical Introduction, Oxford, 2nd ed., UK: Basil Blackwell.

Van Maanen, J. &Kunda, G., 1989, "Real feelings: Emotional Expression and Organizational Culture," Research in Organizational Behavior, Vol. 11, pp. 43-104.

Wharton, A. S. & Erickson, R. J., 1993, "Managing Emotions on the Job and at Home, "Academy of Management Review, Vol. 18, pp. 457-486.

Wheeler, L., Koestner, R. E, & Driver, R.e., 1982, Related attributes in choice of comparison others. Journal of Experimental Social Psychology, 18, 489-500.

Wheen, Francis. 1999, Karl Marx, N.Y.: Fourth Estate Limited, 정영목 역, 2000, 마르크스 평전, 푸른숲.

White, R. K., 1977, Misperception in the Arab-Israeli conflict, Journal of Social Issues, 33, pp.190~221.

Wilder, D. A. (1977). Perception of groups, size of opposition, and social influence. Journal of Experimental Social Psychology, 13, 253?268.

Wyschogrod, E., 1981, Empathy and Sympathy as Tactile Encounter, J. Medicine and Philosophy, pp.157~172;

YORIFUJI, Kazuhiro. 1996, 賢い利己主義のすすめ. Tokyo: Jinbun Shion,; 노재헌 역, 2001, 현명한 이기주의, 참솔.

Young, Kimberly S. 2001, Caught in the Net: How to Recognize the Signs of Internet Addiction-and a Winning Strategy for Recovery

Zimbardo, P., 1970, The human choice: Individuation, reason, and order versus deindividuation, impulse, and chaos. In W. Arnold & D. Levine (Eds.), Nebraska symposium on motivation, Vol. 17, pp. 237-307.

Zimbardo, P., 2004, A Situationist Perspective on the Psychology of Evil: Understanding How Good People Are Transformed into Perpetrators, in The Social Psychology of Good and Evil: Understanding Our Capacity for Kindness and Cruelty, ed. Arthur Miller, New York: Guilford.

Zimbardo, P., 2007, The Lucifer Effect: Understanding How Good People Turn Evil, Random House.

http://cafe.joins.com/cafe/CafeFolderList.asp?cid=okbbok&list_id=419436

http://changingminds.org/explanations/emotions/empathy.htm

http://en.wikipedia.org/wiki/Collective_consciousness

http://goodking.new21.net/bbs/rgboard/view.php?&bbs_id

http://goodking.new21.net/bbs/rgboard/view.php?&bbs_id

http://lastmind.net/2004/10/tales_of_a_and_b.html

http://perspicuity.net/sd/sd-games.html; Social Dilemma Games and Puzzles By Leon Felkins, written 3/10/96.

http://sgti.kehc.org/myhome/lecture/anthropology

http://skepdic.com/confirmbias.html

http://www.hewett.norfolk.sch.uk/curric/soc/durkheim/durk.htm

http://www.ihkim.pe.kr/speech/kosbi/20051202.html

http://www.informatik.uni-hamburg.de/TGI/forschung/projekte/emotion/Moldt_vonScheve_

http://www.medigatenews.com/Users/News/copNewsView.html?Section=4&ID=1300;

http://www.rep.routledge.com/article/DB047

http://www.rep.routledge.com/article/DB047SECT9

http://www.theglobalsite.ac.uk/times/109zizek.htm